政治学講義

［第2版］

佐々木 毅――［著］

東京大学出版会

LECTURES ON POLITICS
2nd ed.
Takeshi SASAKI
University of Tokyo Press, 2012
ISBN978-4-13-032222-5

第二版まえがき

本書の初版は一九九九年一月に出版された。その後、望外なことに本書は毎年一定数の読者の手に渡ることができ、生命を長らえることができた。本書は元々が講義案であるが、正直なところ、そう読みやすいとも思えない。それにもかかわらず、それなりに命長らえることができたのはひとえに日本の読者の寛恕と知的好奇心の賜物である。

今般、東京大学出版会との話し合いの中で第二版を出すという話になった。私にとって、わざわざ第二版を出す意味はどこにあるのか、という問題がなかなか頭から離れなかった。また、私にとって第二版を出すというのは初めての経験であり、何をどうしたらよいか、少なからず戸惑いがあった。そうした模索を数か月した結果どうしたかについて、先ずは読者に明らかにしたい。

初版の構造からも分かるように、本書は序論、第一部「原論」、第二部「現代民主政治論」という三つの部分からなっている。このうち、序論と第一部については、章の表題を改めたり、読み易いように章の区分けを行ったりしたが、基本的には最低限の加筆・訂正を行うに止めた。これに対して、第二部についてはかなりの削除・加筆を行うことにした。つまり、序論と第一部は時間の経過に一定程度耐え得るのに対して、第二部については二一世紀の現状を抜きにした叙述ではわざわざ第二版を出版する意味が大きく減殺されると考えたからである。初版がいずれにせよ二〇世紀後半の知的産物であることを免れないものであったとすれば、第二版は幾ばくか二一世紀の政治の匂いを私なりに嗅ぎ取ったものにしたいというのが、その意図であった。このように初版の基本構造を維持しつつ、日本を含む新たな歴史的・政治的な現実を「どのように読み解くか」を試みたのが本書である。

第二部は各章にわたってかなりの加筆や削除があるが、やや目立つものとしては第三章に半大統領制論や執政中枢論などを追加する一方で、二〇世紀型政治をめぐる議論に傾斜した一部の記述を削除した。第五章においては政党をめぐる環境の変化に配慮した叙述を増やし、新興民主政を含む政党を取り巻く問題状況全体に対する展望を与えるように試みた。第六章については日本での「政治主導」論などを新たに付け加えた。第七章は二〇世紀型利益政治の構造的な変容を念頭にかなりの手直しを行った。これと連動して大きく書き換えたのが第八章である。経済のグローバル化の中での利益媒介における政府の役割の急速な変化に力点を置いた改訂を行った。分量的に最も大きく変更したのは第一〇章であり、初版の保守・リベラル論を超えて、金融市場主導のグローバル化と民主政治との両立可能性など、新しい論点を提起するように試みた。また二一世紀の劈頭に起こった「同時多発テロ」を念頭に、第九章で扱われた宗教や文化の問題を第一〇章でも取り上げた。こうした叙述の見直しを念頭におきつつ、初版より細かく本文との対応関係を念頭に参考文献について一定の補正を行った。

初版を執筆した頃は「歴史の終焉」論がそれなりに現実味を持つ時代であったが、それから十年余りを経て、それとは相当に様変わりした現実がわれわれを取り巻いているというのが、私の全体観である。その中で政治の基盤の液状化は間違いなく進行しつつあるが、グローバル化はそれを加速する要因でこそあれ、その基盤を安定化させる機能は持っていない。当然、政治の視線は狭く、短くなり、液状化との格闘の中でエネルギーをすり減らしている。そこから自由な民主政治と市場経済という両者の関係をめぐる問題の発生を想像することはそう難しくない。自由な民主政治と市場経済という「歴史の終焉」論の骨格を形成していた二つの仕組みが非友好的消耗戦に転落する可能性や、内外の新たな不安定な時代の到来を視野に入れておく必要性を改めて感じざるを得ない。いずれにせよ、二〇世紀後半の民主政治の独特の安定性は特異な歴史的な諸条件の賜物であったとすれば、われわれはそれからかなり遠い所に来てしまったようである。そのことを「どのように読み解くか」は、これからの政治学の直面する大きな課題であり、本書はそのささやかな取り組みの端初である。

東京大学出版会の奥田修一氏は旧版を参考文献を含め丹念に見直し、第二版の出版に多大のご尽力をして下さった。猛暑の中での同氏の献身的な努力によって第二版の出版にこぎつけられたのはこの上ない喜びである。改めて同氏に対し深甚な謝意を表したい。

また、今回の改訂作業に刺激を与えて下さった科学研究費基盤Ａ「二一世紀型統治システムへの転換」のメンバーの方々に対しても厚く御礼を申し上げたい。

二〇一二年九月

佐々木　毅

目次

第二部　現代民主政治論

はじめに

政治学をどのようなものとしてとらえるかについては、古来、多くの議論の積み重ねがある。それは、「政治学史」「日本政治思想史」といった別の講義において具体的に展開されることになるが、確かなことは、一つの出来合いの製品があり、それを覚えればよいといった事情にはないことである。ここでどのような政治学を講義するかは徐々に明らかになるが、差し当たり言えることは、政治学が政治における「合理的なるもの（reasonableness）」への関心と究極的に結び付いていることである。そして、この究極的な関心に対する回答は、政治学の長い伝統が示しているように、地域によっても時代によっても、実に多様な姿をとって現れた。同じ地域の同じ時代をとってみても、厳密な意味でのコンセンサスを見付け出すことはできない。

その上、政治について「合理的なるもの」を問うことは、極めて逆説的な意味を持たざるを得ない。つまり、政治は誰でも分かるように、人間にとって目に見える、一定の具体的状況の下での、他者を前提にした行為であり、およそ、観念的な意味での合理性（rationality）とは両立しない性格を備えている。古来、合理性の追求は絶対性、普遍性、超越性を追求することと結び付いていたわけであるが、政治はこれと端的に異質な現象性、偶然性、有限性と不可分な行為に関わっているからである。ここに政治において「合理的なるもの」を求めることの問題性が示唆されている。それ故、政治学の歴史においてはこうした政治的実践の「限界」を突破し、時にはその間尺を越えた合理性の追求が行われたのであった。絶対性、普遍性、超越性を備えた政治秩序の追求は、政治における「合理主義」の問題を生み出した。一九八九年の革命によって崩壊したマルクス＝レーニン主義はこうした合理主義の末裔である。また、それよりも温和な姿をとったものとして人間の政治行動の法則性を追求し、それによって政治をコントロールしようという社会工学の流れも綿々として続いてきた。

こうした絶対性を模索する政治的合理主義は、人間の政治活動に関わる偶然性、不安定性、有限性を克服しようという根深い願望から出てきたものであった。西欧政治哲学にはそうした伝統がプラトン以来、連綿として続いているという指摘もある。実際、人間生活の「うつろい易さ」「はかなさ」にいかに対処すべきかは政治に止まらない問題であったが、それへの社会的・政治的応答が繰り返し発生するのも避けられなかった。地上に永遠の価値を持つ、永続的な秩序を樹立しようとすることがいかに大きなエネルギーを引き出してきたか、忘れるわけにはいかない。

こうした考えはしばしば、「ギリシアもローマも滅びた」といった痛切な諦めの言葉としても現れたように、挫折の連続を味わうことになった。それは何よりも、人間の根源的な「未確定性」あるいは自由という限界に出会ったからである。つまり、人間の自由は先に述べたような人間の行為の現象性、偶然性、有限性と分から難く結び付いており、合理主義の政治的強行は人間の根源的（形而上学的）「未確定性」との戦いに巻き込まれ、やがてはその限界を暴露せざるを得なかった。さらに、自由が形而上学的問題に止まらず神聖な権利として認められるようになるにつれて、合理主義の強行は自由を無視し、さらにはそれを圧殺するものとして批判されることになった。自由と必然性、真理との緊張関係を理性（大文字の）の中で解消するというのが近代における合理主義の野心であったが、それは現実にはともすれば権力と真理との一体化、権力の集中、さらには一党独裁の根拠付けとなった。言うまでもなく、これは自由にとって危険な体制であった。

しかし、他面において、人間の自由の生み出す現象性、偶然性、有限性にすっかり身を委ねてしまうならば、政治において「合理的なるもの」を追求するという視点が失われる。実際、政治についてこうした視点を失った、あるいは初めから考えない議論や分析なるものがいかに流行しているか、さらにはそうしたことに対して何らの疑問を持たない人々がいかに少なくないかについては改めて述べるまでもない。しかし、何が「合理的なるもの」に該当し、何が該当しないかについて判断することを放棄するならば、政治生活を見る視点は確立することなく、いわば波の間に漂うことを覚悟しなければならない。当然、政治活動に対する方針は定まらず、偶然性のままに左右され、迷走することになってしまう。容易に想像されるように、それは再び政治的合理主義への願望に格好の舞台を提供することにもなるであろう。

人間は具体的な状況の中において何が「合理的なるもの」であるかについて判断を下すことによって具体的な行動を行う。誤解を避けるためには「合理的なるもの」という概念は「適切なるもの」という表現で言い換えてもよいが、要するに、「合理的なるもの」は無条件的なものではなく、人間の自由につきまとう具体性の相を帯びているということである。ところでこうした判断は具体性によって制約されつつも、同時に政治の世界を「構成」していくものである。実践においてはこの両面が統合されている。この統合を可能にする知的能力である判断にはそれなりの枠組みがある。この枠組みにはある意味で限界がないし、その範囲のみならず、その個々の枠組みの理解をめぐる論争は避けられない。さらにはその具体的判断内容をめぐって多くの論争と対立があることは予想されるところである。それを一つの真理によって裁断することは暴力的なものとならざるを得ない。

こうした真理よりも「適切さ」についての判断が社会的に集積されることを通して偶然性に彩られた政治生活に初めて形と方向性が付与される。換言すれば、政治の意味が社会的に一定程度分有され得るような公的空間がここに可能になるのである。政治的意味空間は政治判断を可能にするとともに、それによって「構成」される。従って、われわれの課題は何よりも今日において政治判断にとって必要な条件と枠組みは何であるかを探ることである。それは具体的な状況においてどう判断すべきかを予め示すものではなく、判断が準拠すべき大枠を問題にするものである。そして言うまでもなく、それを可能な限りにおいて備えることが市民の課題であるとともに、それに寄与することが政治学の基本的な課題である。

序論

第一章　現代政治学の展開

政治学は今日の社会科学の中で最も古い歴史を持ち、それは紀元前に遡る。西欧において社会現象を扱う学問は長い間にわたって政治学のみであり、さまざまの他の社会科学は一八世紀以降における政府と社会との概念的分離によって初めて可能になった。つまり、これによって社会そのものを研究する学問が成立し、それとともに、社会現象を扱う地位を独占してきた政治学は社会科学の一分野になってしまった。しかも、政府に対する社会の優位という自由主義的な枠組みの中で、経済学や社会学が政治学よりもむしろ社会現象をより根源的に把握できるという主張が広がり、政治学は王者の地位から従者の地位に転落しかねない状況に陥った。社会へと議論の重点が移動した結果、逆に政治学のアイデンティティを問われることになったのである。こうした「社会」主義の大きな流れの一環としてマルクス主義も立ち現れた。ここでは一九世紀後半以降の政治学の流れを振り返ることによって、政治学のアイデンティティをめぐる議論の系譜についての認識を固めるとともに、今日の問題状況に対する方向感覚を明らかにしておきたい。その際、二〇世紀の社会科学に大きな足跡を残したアメリカを素材としたい。

1　制度論からリアリズムへ

アメリカの政治学の出発は意外と遅く、一九世紀後半になって産業社会の確立、伝統的社会秩序の流動化を背景にした政治の改革問題に源を持っていた。その出発点は国家論を基調とする法学的、制度論的、機構論的なアプローチであった。その学問的基盤はドイツの国家学にあり、当時の日本と同様、アメリカの政治学は学問としての自立性をここに求めたのであった。その結果、法的規範の集合体としての国家の起源や構造や本質、主権や政治的権利・服従の根拠と限界などについての法学的・制度論的考察が政治学の中心を形成することになった。アメリカの場合、その強い個人主義、自由主義の伝統のために、国家論を通して公的世界を論ずる手掛かりを初めて得たという点で独特のものがあったが、その際、特徴的なのは国家＝人民・公衆の世界が社会から独立ないし超然としたものであるという発想を前提にしていたことであった。

これに対して批判的姿勢をとって登場したのが、リアリズムと呼ばれる潮流であった。Ｊ・ブライスの『アメリカ共和国』（一八八八年）は法学的・機構論的方法から政治学を解放した記念碑的作品であり、彼はアメリカ政治学会の会長演説において「政治組織を抽象的実体の如く、あたかも真空の中で存在しているかのように考える立場」に対して疑問を呈し、政治学の任務は政治機構をその現実の社会的機能やそれを動かしている人間のあり方や政治文化の伝統などといった、広い社会的文脈の中で理解することであると力説した。そのブライスが政党の役割に注目し、その機能を分析したのは法学的・機構論的方法からの離脱現象を端的に示すものであった。Ｗ・ウィルソンの『議会政治論』（一八八五年）の核心も立法の真の担い手を法学的・制度論的考察から自由に追求した点にあった。ブライスの「必要なのは事実だ。事実、事実、事実。事実さえ提供されればわれわれはそこから推論できる」という言葉は、リアリズムの実感の素直な表明であった。事実を分析するためには概念枠組みが必要であったが、そこで注目されたのが集団（group）であった。

Ch・ビアードやA・ベントレーによれば、政府の意思決定は抽象的原理に従って行われているのではなく、集団の間の競争や対立、集団の意向に従って行われており、集団こそ、法学的・制度論的考察方法を打破する鍵概念とされたのである（他の国々では集団に代わって階級が同じ役割を果たすことになる）。こうした集団の動きの解明は事実の追求に止まらず、「現実暴露」の機能も視野に入れていた。ビアードの『合衆国憲法の経済的解釈』（一九一三年）は憲法制定議会がある特定の経済的利害を持つ集団によって推進されたことを明らかにし、「憲法は本質的に経済的文書である」と宣言することによって学界の内外に大きな波紋を投げ掛けることになった。制度が社会から超然としたものであるどころか、制度そのものが社会によって作られたことを指摘した点で、国家論的なアプローチの一つの転倒が起こったのである。事実の追求のリアリズムが「現実暴露」「現実批判」と連動するところに、リアリズムの独特の位置があったといってよい。もっといえば、彼らのこうした指摘は公衆である市民たちのそうした現状に対する不満や危機感を高め、一定の政治的反応が発生することを期待するものであった。リアリズムには政治認識の実践性への視点が含まれていた。

2　政治学の「科学化」の試みとその限界

一九二〇年代になると政治学の「科学化」がCh・メリアムによって強力に提唱されることになる。さまざまな知識を結集することによって新しい政治状況に対応しなければならないという、強い危機感がそれを支えていた。第一次世界大戦は宗教や慣習、権威によって政治を運営できる時代の終りを告げ、大衆の政治参加の増大と社会関係の流動化、いわゆる「大社会」状況への対応を不可欠なものにした。人々の行動を予見し、コントロールすることによる

「政治生活の体系的・知的秩序付け」が、民主政治の将来にとって必要不可欠な、新たな課題であるとされたのである。そのためには、何よりも隣接科学の目覚ましい成果を取り入れるべきことが力説された。特に注目されたのは心理学の成果であり、G・ウォーラスの『政治における人間性』（一九〇八年）やW・リップマンの『世論』（一九二二年）はその中で最も注目すべき成果とされた。心理学の導入によって人間のタイプを分け、その行動を予測したり、政治的人格の解明を行ったり、個人や集団の行動パターンと他の要因との相互連関を明らかにすべきだというのである。生物学（優生学）、人類学、人種理論、地理学といったものも人間行動の予見にとって有力な武器とされた。宣伝の研究者として登場したH・ラズウェルはこうした人間と社会の流動化の政治的意味を一貫して追求した政治学者であった。リアリズムにおいて事実の追求が「現実暴露」や「現実批判」とつながっていたとすれば、ここでは事実認識は人間行動の予見による社会のコントロールへの関心と結び付いていった。そこでは究極的には、「望ましいタイプの人間」を教育と優生学の駆使によって作り出すことも視野に置かれていた。同じ頃、ソ連のコミュニズムやイタリアのファシズムが一斉に洗脳と政治教育の体系的遂行を通して人間の変革に向けて動き出したが、ある意味でこれと共通の関心がメリアムの中にあったといえよう。ラズウェルの『精神病理学と政治学』（一九三〇年）から『権力と人間』（一九四八年）に至る作品にはこうした関心が色濃く見られる。ここに大衆の操作を内包する形での政治学の「科学化」、テクノクラシー化が見られた。行政権による体系的政策の実行という期待感がその背後に潜んでいた。このように、それは既成の政党政治といったものとははっきりと距離をとりつつも、あくまで進歩と民主主義の旗を掲げるものであった。

　第二次世界大戦後になると、行動論（behavioralism）と呼ばれる新しい方法的理念が、この政治学の「科学化」の理念を推進することになった。「行動論とは何か」という問いに対する回答は必ずしも一致するものではなく、その基礎付けについても多くの議論があった。例えば、R・ダールは行動論を一九二〇年代以来の政治学の「科学化」運動の頂点に位置するものとし、「思弁的哲学者」「歴史家」「法学者」「倫理思想家」などの政治分析に対抗する運動であるという性格付けを行った。そこに行動論が何であるかよりも、「何でないか」をいう方が容易だという姿勢が見られた。仮に、行動論を積極的な形で提示するとすれば、「政治学が、政治事象のより綿密かつ直接的な観察や厳格に統制された観察によってテストされた経験的命題と体系的理論を備えるようになるのを助ける方法」だというのである。ここには経験的命題への強い傾斜とともに、体系性への期待が見られる。

この方法的論議に多大の精力を注いだのがD・イーストンであり、彼の『政治体系』（一九五三年）は自然科学をモデルとした政治学の樹立という基本理念によって貫かれていた。論理実証主義を下敷きにしたといわれる彼の行動論は八つの方法的理念から成り立っていた。第一は規則性（regularities）であり、政治行動に見られる同一性を発見し、それを理論的に説明すること、第二は検証（verification）であり、こうした一般化できる説明はテスト可能な形で示されること、第三はデータを獲得・収集するための技法（techniques）を不断に吟味し、洗練すること、第四はデータの発見と正確な記述のために数量化（quantification）を進めること、第五は倫理的価値評価を経験的説明とは異なるタイプの命題として峻別すること、第六は研究の体系化（systematization）であり、ある秩序立った知識体系として結実しなければならないこと、第七は政治行動の理解と解明を行う純粋科学（pure science）を社会問題解決のために知識を適用する活動に先行させること、第八に他の社会科学の成果を取り入れる形で相互の統合を図ることである。

この方法的理念は政治行動についての体系的知識を確立すべきだとの立場を鮮明にするものであったが、同時にこれまでの「科学化の試み」に対する批判を内に含んでいた。第一に、これまでは事実の単純な収集・累積をもって科学と見なすような傾向があったが、それに止まらない、体系的でしかも経験的な政治理論を構築しようとするものであった。第二に、これまでは純粋科学と実践科学との区別が曖昧で、しかも具体的な現実問題を扱う後者の方が前者よりも優先的に考えられる傾向があったが、こうした誤解をなくすことによって純粋科学としての政治学を樹立しようとするものであった。イーストンが方法論の第五の項目において倫理的価値判断と経験的説明との論理的区別を強調したのは、実践的関心が議論全体に対して大きな影響力を及ぼしてきたことへの批判の意味を持っていた。プラグマティズムであれ何であれ、これまで政治学の中に存在してきた強い実践的関心が経験的説明とは異質な命題を混在させる結果を招いたわけであるが、これを一度断ち切ることによって、初めて純粋科学への道が開けるという彼のメッセージは、メリアムなどの政治学のとらえ方とは違った知的雰囲気を醸《かも》し出すものであった。純粋科学と応用科学との関係についてのこうした見解が、一方で科学研究を禁欲的・静観的にとらえる強い傾向と、他方で純粋科学の現実への適用に対する極めて素朴な楽観主義とを内在させていたことは注目される。

こうした経験主義的政治理論の主張に対しては、方法的厳密主義が適用できるような研究対象に研究を制限する結果になり、政治的に重要な争点よりも些細な、狭い領域に研究対象を限定する結果になったこと、その上、政治の現実の叙述に重点が置かれた結果、暗黙に現状を擁護するような保守主義に陥り、政治学の批判的機能を見失ったことなど、純粋科学という理念の持つ問題点が指摘された。ある行動論批判者によれば、行動論は「非政治的政治学」と現状維持的保守主義をもたらしたのであった。こうした批判に対してイーストンは「ポスト行動論」という立場を唱え、政治学の有意性と実践活動を重視するような形での「行動論の拡張」を企てた。それは行動論についての彼の立場を放棄するものではなく、政治学が緊急の課題に対してより多くの関心を向けるとともに「経験的保守主義」に囚われないようにすることを専ら力説するものであった。

アメリカの政治学の方法的転換の歴史の背後には、デモクラシーのあり方についての問いが分かちがたく絡んでいた。これは『ザ・フェデラリスト』以来、建国以来の大問題である。この実質問題と方法的問題とは論理的には別問題のはずであるが、デモクラシーの国・アメリカではこの二つが当然のように陰に陽に結びつき、更に、専門部門としての政治学の社会的・政治的地位の確立という問題が絡むことになった。アメリカにおける政治学のこの独特な性格はB・クリックなどによって見事に分析されてきたが、常に念頭に置いておくべき事実である。

3　「科学化」をめぐる論争

イーストンの議論をやや広い角度から見ると、政治学（political science）と政治理論（political theory）、政治哲学（political philosophy）をめぐる論戦が浮かび上がってくる。いわゆる政治理論はそれまで政治思想の研究と価値判断に関わる議論を扱ってきたわけであるが、イーストンは政治理論がますます歴史主義（政治思想史研究）へと解消していく現実を熟知しながら、行動論の方法的理念によって政治理論という領域そのものを革新しようとしたといえよう。つまり、政治理論というものは彼の方法的理念に従えば経験主義的なものとしてのみ可能であり、価値判断を学問的に扱うことは不可能だというのである。こうした議論は当然のことながら、既存の政治理論からの反発を招く結果となった。その代表的な例としては、I・バーリンの「政治理論はなお存在するか」（一九六一年）をあげることができる。この中でバーリンは経験的問題群と論理的問題群についてはそれなりに明確な回答が可能であることを認めつつも、それとは区別される哲学的問題群の存在を主張した。この問題群には先の二つのような専門的知識に訴えることができない「正義とは何か」といったような、技術的に回答できない、究極的には価値判断に関わるような問い掛けが含まれる。それは人間行為の経験的・因果的説明を問うものではなく、その目標や根拠の妥当性を問うものであって、その根底には「人間とはいかなる存在か」という問いが潜んでいるという。そして、政治理論とは経験的理論だけでは不十分であり、どうしてもこの哲学的問題群に関わらなければならず、後者なしには人間も社会も理解できないのである。このようにバーリンは哲学的問題群が正当な問い掛けの領域であることを主張するとともに、哲学的問い掛けの中で避けられない価値判断を政治理論から切り離し、政治理論を経験的な内容に限定するイーストンの行動論的な政治理論の把握を批判したのであった。

政治理論や政治学の「科学性」をめぐる議論は、経験的理論の意味に政治理論を限定しようとする論理実証主義に対する広範な批判と結び付き、一九六〇年代以降、多くのメタ理論（フランクフルト学派、解釈学、行為論、ポスト・モダニズムなど）に関する研究を生み出した。結果として、正当な問い掛けを経験的にテスト可能な問い掛けに限定しようという行動論の企ての正当性は大きく掘り崩されたのであった。それどころか、価値判断に関わる政治理論が息を吹き返し、Ｊ・ロールズの『正義論』（一九七一年）に代表されるように、政治理論は大きく地歩を回復することになったのである。

これは政治学の「科学化」が決して想像されるように単純ではなく、しばしば自然科学について想像されたように、一定の体系から演繹的に結論が導き出せるような政治学の構築が「夢」であったことを物語っている。人間行動を一次元的にとらえ、それを数量化によって明確に定式化することによって体系を構築し、「科学化」できるといった発想、あるいは政治を社会に還元し、社会を個人の選択の積み重ねに還元するといった発想、こうしたものに対する異議申し立ては、決して価値判断を根拠にする政治理論に限られるものではなかった。例えば、新制度論と呼ばれる立場は人間行動の一次元的把握に反対し、人間に対する制度の影響に着目することによって政治現象の質的特性と多様性にむしろ目を開くことの重要性を説いている。国家概念に対する関心の高まりもその一環であるが、それは古い制度論の単純な復活ではなく、政治現象の制度的文脈に注目することによって政治行動の理解を深めようとするものである。行動論が政治行動の法則性に関心を向けるものであったのに対して、政治現象の個々の特性に対する感覚を鋭敏にしようとするものである。ここにも一般化による体系的知識の構築という、行動論に代表される企てに対する説得的な反論が見られる。

こうした結果は経験的事象の分析が意味がないとか、政治学を価値判断を中核とする議論によって置き換えるべきだといったことを意味するものでは全くない。例えば、新制度論に見られるように、経験的事象の分析に新たな地平を切り開くことは重要である。問題は経験的分析の意味であり、その有効性をどのような意味で認めるかである。人間行動の一般化による体系的知識の構築が過去のものになったことは経験的分析の意味を改めて自覚化し、吟味することが必要なことを示している。また、価値判断と経験的分析とを単純に対置することで済むということでないとしたら、この関係をどのように考えたらよいであろうか。この意味で行動論の挫折はパンドラの箱を開けたような結果をもたらしたとも考えられる。その結果として何か明確な一つの回答が与えられたというよりも、政治学についての新たな総合的把握をどのように確立したらよいかという課題が突き付けられたことになる。「はじめに」で述べた政治における「合理的なるもの」「適切なるもの」の探求という視点はこうした総合的把握を考えるための手掛かりを与えようとするものである。本書は科学主義的な政治学及び価値判断を展開する政治哲学と一線を画しつつ、こうした視点から政治理論の可能性を探ろうとするものである。

第二章　理論・概念・価値判断

政治学の自己認識をめぐる議論の展開は、例えば、行動論政治学において「常識」とされる発想——その影響は行動論者の範囲を越えて拡がっている——に対する見直しを迫ることになった。その一例としてここでは理論や概念、価値判断といったものの性格を政治についての思考との関係で吟味したい。

1　理論と現実

前章におけるD・イーストンとI・バーリンの議論でみたように、焦点の一つは理論をどのようなものとしてとらえるかにあった。イーストンはアメリカ政治学における理論軽視の事実追求主義を過度の事実重視主義として批判し、「理論に導かれない研究は無益であり、データによって支持されない理論は不毛である」という立場を繰り返し述べている。このうち、前者についていえば、知識の獲得や事実調査を行うためにはそれに先行する概念枠組みがなければならず、理論はこうした活動に基準を与えるものであるとした。かくして彼によれば、「事実とは、ある理論的関心の観点からする現実の特定的秩序付けである」ことになる。そうした観点から彼は理論研究がある種の自主性を持ち、必ずしもあらゆる段階で事実によって検証される必要はないとしている。実際、いわゆる行動論者は理論形成における思弁や想像力の重要性をしばしば指摘している。ところが、イーストンにはこれとは別の議論が見られる。それは理論の有効性の基準が政治的事実の説明能力、あるいはそれとの対応性にあるという主張である。要するに「理論は、原則として経験的データへの引照によって検証され得るものでなければならない」のである。ここに行動論の経験主義の理念が表れており、理論は現実の解明のための「道具」であるという指摘が繰り返される所以である。

こうした理論に対する態度全体には重大な困難が潜んでいる。すなわち、前者の立場をとるかぎり、理論は政治的現実そのものを初めて可能にする前提とされるが、後者の立場に立てば、理論とは独立に存在するところの確固たる現実を理論が前提し、それを基準にして自らの有効性が測定されるのを甘受しているかのように考えられている。ここには論理的に未整理な状況が反映しているが、こうした中で優位していると思われるのは後者の立場であり、経験主義は理論に対する道具主義的な見方と結合している。このことは裏を返せば、誰の目にも政治現象なるものが明らかな形で——一定の理論による特定的な秩序付けなしに——確固として存在していることを主張することであり、素朴な実在主義——「与えられたものの神話」——が潜んでいるといわれる所以である。こうした発想こそが漸進的な研究の積み重ねによって体系的認識が可能になるという判断の前提にあったのである。この後者の見解からすれば、理論はいわゆる道具であり、モデル、概念枠組み、アプローチ、研究戦略と呼ばれるべきものである。

科学論においてこうした見解とはかなり対照的な立場に立つのが、Th・クーンのパラダイム転換という発想であった。すなわち、科学史を経験的・個別的研究の積み重ねの累積的発展と見るのではなく、パラダイム転換という形での革命が発生することを重視する立場からこうした連続的な科学観を否定したのであった。パラダイムとは「世界や現実を見る一定のあり方」であり、これがちょうど、イーストンの理論についての第一の見方のように「事実を構成する」役割を果たしている。そして、一定の理論を前提にした上で諸々の事実について研究を進め、その結果を累積させることは当然であるとしても、「与えられたものの神話」に訴えることによって相互に異なるパラダイムの間を架橋することは不可能とされる。このようにここには理論を道具に還元するような、「与えられたものの神話」に寄り掛かろうとする経験的実在主義に対する拒否反応が見られる。クーンの議論には科学の作為性に対する鋭い視線が見られ、そのことを通してイーストン流の議論が陥り易い罠《わな》を明らかにする効果を持っていた。そしてクーンの議論は行動論者においては彼らのパラダイム転換活動を支援する議論として、また、それを批判する立場からは行動論の方法論の根本的限界を示したものと受け止められた。

「与えられたものの神話」に寄り掛からない以上、パラダイムや理論が事実に対して論理的に先行すること、それによって「事実が構成されること」を受け入れざるを得ない。これは理論を単なる道具と考え、「与えられたものの神話」に従属させることを拒否することである。逆に、「世界や現実を見る一定のあり方」としての理論によって世界や現実が構成されることを主張する。その上でこうして成立した「現実の特定的秩序付け」である事実をどのように解明するか、そのためにはどのようなモデルや道具が有効であるかが、初めて問題になる。このように理論とモデルとは議論の次元が異なるのであって、その意味でいえば、イーストンの理論についての二つの見解はこうした形で調整が可能なわけであるが、しかしそれは、明らかに行動論の枠を越える観点を含むものであった。もっと正確にいえば、理論は理論活動を行う主体から独立した何らかの現実が存在することを否定するものではない（否定すれば、独我論になってしまう）。このこととそれらが「どのようなものとしてあるか」を整理し、意味付ける理論活動の結果として成立するところの「現実の特定的秩序付け」とは区別されるべきものである。「与えられたものの神話」の欠陥は、こうした「特定的秩序付け」が予め、誰の目にも明らかな形で存在しているかのように考えた点にあった。理論とモデルの混同もここに起因するといってよい。

ところで「世界や現実を見る一定のあり方」という理論のとらえ方は単に世界や現実を理論によって「構成する」という見解のみならず、理論の人間論的基盤に対する視点をも含んでいる。つまり、われわれが世界や現実をどう見るかは煎じ詰めればわれわれの人間としてのあり方と深く絡むものであって、モデルのように簡単に「道具」として取捨選択できない人格的基礎を有している。その意味で理論は思惟の基本的枠組み、世界イメージの原型と一体的なものであり、われわれの思考行為や直観、価値判断といったものと結合している。これは世界や現実をどう見るかという問いの前に立たされた時、いかに複雑な知的・倫理的・感情的要素が胸に去来するかを考えれば理解できる点である。そして実際、古来の政治理論の展開はそのことを特筆大書したものに他ならない。

Ch・ビアードは「政治学において創造的な仕事をするための好ましい諸条件」という論考において、数量化などによってデータを集積・分析する作業の重要性を指摘しつつも、同時に何よりも決定的に重要な条件として知性の涵養をあげている。特に、彼は倫理学の重要性を説き、文化と文明の人間的な基礎に対する広い知的関心を不断に育成していくことの重要性を力説した。浅薄な好奇心や「何かをやればよい」式の仕事のやり方では創造的な仕事はできないというのである。リアリズム政治学の担い手の口から出た発言としては意外な感じを与えるかも知れないが、理論をめぐるここでの考察との符合は明らかである。理論は人間の思想的実存のあり方と決して切り離すことができないわけで、バーリンが哲学的問題群への正対が不可欠なことを説いたのもこれと関連する。同時に、理論の柔軟性には一定の限界があり、常に自己反映的、自己循環的傾向が内包されている。「見えないものは見えず」「見えるものは見える」という境地であり、いわゆる解釈学的循環なるものが顔をのぞかせざるを得ない。しかし、逆にいえば、理論的に柔軟であるということは「世界や現実を見る一定のあり方」が未成立であること、思想的営為の「底の浅さ」を示すものといわざるを得ない。

2　理論と実践

いわゆる理論と実践との関わりを解く鍵は以上のような議論に求められる。イーストンにおいては「与えられたものの神話」への寄り掛かりが純粋科学の追求と結び付き、それが純粋科学と価値判断の世界との峻別、実践的関心の混入に対する強い危機感と結び付いていた。こうした純粋科学の主張に対する批判については先に言及したが、この関連でまず検討すべきなのは経験的認識と価値判断の関係、いわゆる事実と価値の二元論である。興味深いことに多くの論者はこの区別、峻別を主張しつつも、価値的前提が経験的認識にとって一定の積極的な役割を果たしていることを認めてきた。これは理論についての先の議論を補強するものである。しかし、実際にはこの二元論は一方で理論を「与えられたものの神話」へと追いやるとともに、他方で価値判断と実践的決定を極めて主観的、決断主義的に理解する結果を招いた。問題はこうした経験的認識と価値判断を「どのような形で」「どのような意味において」主張するかである。しばしば見られたのは、この二つの認識と判断をあたかも全く別世界に属するもの、相互に無縁なものと考える傾向であった。それは人間自身を、この二つの決定的に無縁な世界の間で引き裂かれ、当惑するか、あるいは一方から他方へと絶望的な飛躍を試みる存在としてイメージする結果を招いたのであった。これは人間に先立って全く異質な、亀裂の入った二つの世界が存在するかのような解釈である。

先の理論についての考察からすれば、経験的認識と価値判断はともに「世界や現実を見る一定の見方」としての理論の構成部分、あるいはそのサブシステムをなしている。例えば、経験的認識に価値判断が浸透し、経験的認識が価値判断に影響を及ぼすというように、この二つの部分は互いに関係し合っている。実際、現実についての認識と全く無縁な形で価値判断が存在するという見解こそ、むしろ、異様というべきである。そして人間はこうした一定の見方――経験的認識と価値判断を含む――をもって現実の世界に対応することになる。このように、経験的認識と価値判断はわれわれの世界と現実の見方に含まれているものであって、われわれに何か先立って存在する、決定的に引き裂かれた二つの異質の領域ではないのである。従って、この二つの区別を承認することは、先のように世界についてのわれわれの見方の下に、その重要な部分としてこれらを包摂することと矛盾するものではない。

この議論は理論と実践についての新たな視点を提供してくれる。人間を専ら経験的認識の対象として考えるか、それとも価値判断を含む世界についての見方を有する実践的主体として考えるか、これが議論の焦点である。前者は政治学を自然科学モデルで考え、人間行動（behavior）を外側から因果関係の観点から分析し、「説明」しようとするものである。行動論にはこうした発想が潜んでいる。ここから導き出される実践的帰結としては因果関係についての認識を動員して大衆の行動をコントロールする社会工学が考えられる。心理学における行動論の代表者、B・F・スキナーによれば、社会工学による問題解決にとって不可欠なのは個人の自由、責任、尊厳についての「われわれの幻想」を放棄することだという。操作する者、操作される者との社会的な分極を前提にした技術的統制によって実践を置換するという、二〇世紀の科学的夢想がここに見られる。

これに対して後者は実践の主体としての人間に焦点を合わせるとともに、人間を内側から「了解」しようとする。大量現象としての行動に対して、意味付けによって支えられた行為（action）という概念が対置される。ここでは社会現象はこうした人間によって「構成される」ものであり、人間の行為の変化によって対象である現象そのものが変化するものと考える。これは人間がモノではなく、理論の変化と実践のそれとが連動する存在であることの証しとされる。その際、理論の変化、すなわち、「現実をこのように考えてきたが、実はそれとは違うことが分かった」ということは、やがて重大な実践的帰結を持つのみならず、結果として社会そのものの大きな変動を喚起することになる。例えば、自由主義的な労使関係の理解からマルクス主義的なそれへの変化が労働者階級の行動に大きな影響を及ぼしたことはよく知られた実例である。「現実はこうである」ということに関わる諸議論・イデオロギーや洗脳、説得といったものが重要な意味を持つのはこのためである。このように理論と実践とは、「現実とは何か」への問い掛けを通して、社会了解と自己了解を通じて互いに深い関わり合いを持っているという結論が導き出される。

後者のような形で人間を実践の主体としてとらえることは、スキナーが否定しようとした個人の自由、責任、尊厳に拠点を置くことに他ならない。そこでは理論は社会工学的な行動統制のための道具になるのではなく、意味空間を媒介にした自由と責任の発揮と両立する実践と結び付くことになる。「はじめに」で述べたように、人間の実践の世界が現象性、偶然性、有限性という特徴を持つのは、それが自由とつながっているからである。勿論、このことは実践の世界が経験的認識を不要にするという意味ではない。それは実践の場において「可能性の束」を示してくれる。このことと、人間の実践につきまとう偶然性や有限性の限界を、絶対的安定性を保証する完結した知の体系の現実への社会工学的適用によって突破しようとする企てとは全く異なった事柄である。理論と実践との分裂ではなく、その根源的連続性がここでの結論となる。

こうした認識を踏まえて政治学における概念のあり方を考えてみたい。「与えられたものの神話」に依拠する発想からすれば、概念は理論と同様、誰にでも明らかな形で存在している事実を説明するための道具とされる。ここではこうした事実を「純粋に記述する観点があり、それにふさわしい概念があるはずである」という立場が採用され、かくして記述的概念は規範的概念と峻別できるものとされる。その有効性はこの与えられた現実を説明する能力の是非によって判断され、どのようにでも規定可能な道具と見なされる。そして、全ての科学的な概念は実験的・経験的データによってテストされなければならず、それが不可能な概念は科学から排除すべきであるという、いわゆる操作主義（operationalism）が唱えられる。これによって日常的な言語世界において曖昧化している記述的概念を明確な形で取り出すことが科学の重要な任務となる。こうした概念のとらえ方は、先に述べたような事実の解明と経験的知識の体系の獲得によって政治の偶然性や有限性を超越できるという、「純粋科学」主義の夢想と結び付いている。

しかし、政治学において用いられる概念についてこうした人工的な安定性を模索し、これが実現していないことに「遅れ」の原因を見出そうとするのは、果たして妥当であろうか。先の純粋に記述的な概念という発想そのものがこれまで繰り返し批判してきた議論に依存していることは明白である。特に、判断する主体であるわれわれに先立って事実認識と価値判断という二つの領域が截然と峻別された形で与えられたものとして存在しているといった考えは説得性のないものである。それのみならず、政治の世界においては概念は便宜主義的に操作し切れる道具ではなく、われわれの生死を左右し、しばしば殺し合いを誘発してきたという政治的体験を全く無視している。そのことは二〇世紀における社会主義や民主主義、自由主義をめぐる血腥《ちなまぐさ》い戦いを考えるだけで十分である。今日においても自由や権力といった概念が多義性を持ち、それが議論の対立、さらには政治的対立にまで及ぶことは格別、異常な事態ではない。何故、そのような事態になるかといえば、概念は理論の決定的に重要な構成要素であり、世界と現実についてのわれわれの思考を構成しているからである。先に理論について見たように、概念の特定の理解は人間の思惟様式と深く絡み、いわば人格的基礎を持っているために、簡単に取り替えたり、入れ替えたりすることはできない。政治学において登場する概念は決して中立的な媒介物ではなく、「ある一定の方向へ政治についての考え方や行動を流し込んでいく、制度化された意味空間」のコアを形成しているのである。従って、ある概念についての解釈を共有するということは政治についての見方を共有することにつながる。特定の政治現象を叙述する時にある概念を用いるということは、実はしばしば特定の観点から状況を規定し、特徴付けることにつながる。ある概念をどのように用いるのが「正しい」かという発想は、政治についての見方が正しいかどうかにつながり、やがて政治的な実践や対立へと発展していく。逆にいえば、概念の解釈の統一を図ることは現実における対立の克服と密接に結び付いている。数学の概念をめぐって政治的対立が発生することはないが、人間や社会に関わる概念が殺し合いにつながることを鋭く見抜いたのがTh・ホッブズであり、そこで彼は数学をモデルにした概念からなる政治学の樹立によって平和を実現しようとしたのであった。但し、ホッブズが自白しているようにこうした統一自身、強権的な支配を前提にしてのみ可能である。純粋な記述的概念を追求しようとする論者は「どのようにして」それを実現しようとするのか。彼らは強権的支配の擁護者ではないかもしれないが、政治的対立の絶対的な克服への夢を潜ませていることは否定できない。

概念の解釈は理論と実践を媒介する不可欠の要素である。あらゆる概念について解釈が問題になり、同じ概念について異なった解釈が火花を散らすことを初めから防止する手立てはない。そこからの帰結として、これらの概念は「本質的に議論の余地のある概念」であるという主張が述べられてきた。すなわち、これらの概念の解釈は政治についての見方や評価を含んでおり、概念の解釈と適用は相対的にオープンであるということである。ここに人間の「未確定性」と自由の発露が見られるのみならず、政治の世界の現象性、偶然性、有限性が継続していくことになる。逆に、概念の解釈の統一を図ることの政治的意味はここに明らかである。概念について異なった解釈を持つグループが、このオープンな空間の中で相互に作用し合い、そうした対立を調整していく過程として政治を理解することも可能である。そして、概念をどう解釈するかという競争は人間にとって極めてシリアスなものであり、簡単に相手の主張に納得して引き下がることはできない。その原因はそうした態度が政治的便宜にかなうのみならず、政治の現実についての見方に根拠があるからである。こうした解釈と対立に枠をはめるものがあるとすれば、それは所与として存在するところの諸制度――これ自身、決して解釈の余地を完全に排除することはできないが――である。概念の解釈が自由の表現であるとしても、真空の中でそれが営まれるというわけではなく、具体性に即して行われざるを得ないからである。記述的概念の下に概念全体を包摂しようとする試みよりも、新制度論の方がここでの議論と親和性があることは否定できない。

ところでこれまで述べてきた理論、実践、概念といったものそのものをどのように考えるかという問題領域は、通常、メタ理論と呼ばれる。つまり、概念といったものの内容を具体的に論ずるものではなく、概念そのものの性格を理解しようとするものだからである。その意味ではこの序論は、こうした抽象的論議が盛んに行われたために、やむを得ず通らなければならない回り道であったともいえよう。しかし、こうしたメタ理論は実質的な議論を構築していく上で、決して無関係なものではない。

第一に、政治学は「それ以外の仕方においてあることのできるもの」としての実践の領域に深く根を下ろしていることである。これは政治学を実践学の一つと考えたアリストテレスに遡る思想である。政治を静態的で、動かし難い磐石《ばんじゃく》の世界として、あるいは「与えられたものの神話」に寄り掛かって理解するのではなく、変化と改善の可能性を孕んだ人間の活動領域として見ていくことである。「はじめに」で述べた、「合理的なるもの」「適切なるもの」の追求という政治学の課題設定はここにつながっている。

第二に、経験的事象についてのさまざまな成果を尊重しつつも、あくまで理論と概念に軸をおいて政治の世界の把握を試みることである。既に述べたように、経験的認識は理論的枠組みとの関係で生命を与えられるものであり、現実についての新たな総合的な把握が課題であるからである。概念の多義性を正面から受け止めながら、その理論的意味を問い、それが経験的認識に対して持つ意義を吟味することもここでの課題となる。

第一部　原　論

第一章　人間

政治学は人間についての考察を避けて通ることはできない。人間なくして政治はなく、政治は人間を素材にして人間が営む活動である。人間についてどう論ずるかは哲学や宗教の担当すべき領域、そして一九世紀以降は生物学もそれに対して発言権を主張できる領域と考えられてきた。しかし、いわゆる社会理論の背後にも人間についての一定の見方——人間性論や人間モデル論——が見られる。ここではこれらの諸理論に含まれる人間論を手掛かりに、人間への接近を試みることにしたい。

1　社会諸理論に現れた人間の姿

第一に言及に値するのは、社会システム論である。この種の議論は社会・政治システムに焦点を当て、システムの安定や均衡、統合を可能にする変数を明らかにし、環境変化の中でこれら変数が一定範囲で維持されていく仕方を論ずるものである。ここでは人間は社会システムの網の目に組み込まれた存在として現れる。すなわち、システムの安定のためにシステムは構成員に対して一定の行動を行い、役割を果たすことを期待する。この期待は非常にはっきりした制裁を伴うものから非公式的な期待まで多様であるが、人間はこの期待される役割や行動のパターンを会得し、

「内面化」することが要求される。この「内面化」は、「文化的に規定された規範や価値（役割の期待する目的）が、個々人の人格を構成するようになるプロセス」（パーソンズ）によって可能になる。こうした形で社会的役割を内面化させた人間は「社会化」された人間であり、社会システムはここに磐石の基盤を持つことができる。ここに現れた人間とは「役割を演ずる人」であり、社会と個人とは極めて調和的なものとしてとらえられている。換言すれば、人間は役割行動を担う従順な存在として描かれる。

こうした人間のとらえ方に対しては、人間の自由や尊厳、そして個性を無視するものだとの批判がしばしば寄せられた。極端にいえば、それは他者の是認を常に求める他者志向的存在で、逆ユートピアの従順な担い手であるというのである。システム理論の出発点は社会秩序の根拠を「内面化された社会規範」に求め、しかもそれを決定的に支配的な要素としたところにあった。確かに、人間にとってこうした規範は重要な意味を有しているが、システム理論はこの側面を特筆大書し、人間のあり方をこの観点によって封じ込めて、人間を従順な「役割を演ずる人」にしてしまったのである。その結果、権力が制度化され、「内面化」され、人間と権力との緊張関係を見失わせるものだという指摘にもなったのであった。K・ヴァン・ウォルフレン『日本／権力構造の謎』はこうした観点からする日本論として示唆に富むものである。

システム理論がシステムの観点から人間に接近したとすれば、個人や集団の側からシステム全体に接近するという理論構成も可能である。その代表例が合理的選択理論である。システム理論が社会学を母胎とするのに対して、合理的選択理論は経済学に拠点を持っている。それは市場における経済的交換というモデルを人間の社会的・政治的相互作用全体の解明に押し拡げたものである。当然、そこでは個人が分析の出発点とされ、個人の選択と自由に対する好意が深く浸透している。それを無視して国家とか社会システムから議論を始めることに対して強い拒絶反応を示す。

ここでは人間は合理的な選択に基づいて行動する存在としてとらえられる。すなわち、自らの利益の極大化を求める観点から行動の目的や手段について決定を下し続ける主体である。ここから出てくる理想の社会イメージは相互の利益を取引によって実現するポジティブ・サム・ゲームとして描かれる。いわば、強制抜きの自発的協調状態を合理的選択を通して実現することだという結論である。

この利益の極大化を志向する経済人モデルに対しては、それが余りに狭い物質主義の中に人間全体を閉じ込めるものだとの批判が寄せられてきた。これに対して合理的選択論者はそこでの利益が決して狭い利益を意味するものではないという修正を試みているが、ここには彼らの人間観の限界が現れている。確かに、経済人モデルは人間の一つの側面を巧みに描き出したものであるが、そこから全てを説明しようとする無理を犯すことになった。人間の社会性や社会規範の問題、利他的関心、習慣の支配といった論点に対して目を閉じたという批判は免れない。M・ラムザイヤー／F・ローゼンブルスの『日本政治の経済学』は合理的選択理論によって日本の政治を解明しようとしたものであるが、その分析はこの方法の限界を如実に示している。A・ダウンズの『民主主義の経済理論』やM・オルソンの『集合行為論』に見られるように、このモデルは一定の限られた範囲での人間を描く際にはその威力を発揮することは広く知られている。A・ハーシュマンがいうように、その活用の局面を選択することである。

システム全体から出発しないもう一つの議論としては、個人や集団の対立や抗争から社会・政治現象を解明しようという流れがある。これは権力や支配、それをめぐる紛争と抵抗といったものに焦点を合わせる点で、政治学の伝統に深く根差したものといえよう。ここでは合理的選択理論が理想とするポジティブ・サム・ゲームとは異なり、社会関係は基本的にゼロ・サム・ゲームとしてイメージされる。いわば分割不可能な価値をめぐって抗争と対立が発生し、一方の勝利が他方の敗北として把握される関係が基本となる。合理的選択理論が形式的平等を素朴に前提して自発的協調型のゲームの可能性を想定するのに対して、こうした交換ゲームのルールそのものに含まれる支配と抑圧の要素を強調し、社会規範の共有を前提にして政治・社会現象を理解しようとするのはユートピアに逃避するものだと批判する。むしろ、社会的対立があらゆる局面において存在し、社会構造には強制と抗争が不可避的につきまとうというのである。煎じ詰めれば、歴史は権力と抵抗のダイナミズムによって展開するのである。ここに現れる人間の姿は権力を追求し、あるいは権力に抵抗する政治人（homo politicus）である。強い自己主張と闘争心、合理的打算によって生きるのではなく強い意思と断固たる行為によって生きる人間といったものが、ここから浮かび上がってくる。それは決して従順なシステムの人でもなければ、利口な経済人でもない。社会システムの要請や合理的計算の世界からはみでる人間の姿といえよう。人間に深く巣くう権力と自己主張の契機を典型的に示したのがこのタイプであったし、古来、政治学が好んで取り上げたのはこうした人間の姿であった。そして二〇世紀においてもラズウェルに代表されるエリート論などはこうした人間の姿を好んで分析したのである。

この政治人という見方は「人間的な、余りに人間的な」側面を見事にとらえたものというべきである。人間の中に潜む権力欲や自己主張の契機を直視することは政治学の出発点である。しかし、ホッブズの「万人の万人に対する戦争状態」というテーゼが所詮、一つの極限状態の論理的徹底化でしかなかったように、これまた人間のある側面を大写しにして人間全体を僭称しようとするものに変わりはない。システム理論がこうしたホッブズ主義に対抗し、社会秩序の可能性を探るところから始まったことは、その一例である。合理的選択理論も「ゼロ・サム・ゲーム」型社会関係の克服の試みである。システム理論は古い立場に即していえば倫理主義であり、合理的選択理論は経済主義であったわけであるが、実は、これらは共に権力主義を抑制するための道具、装置として動員されてきたのである。その意味ではこれら三つの社会理論はこのように伝統的な理論の新しい変種である。いずれにせよ、社会現象における

「ゼロ・サム・ゲーム」を視野に収めない社会理論に欠陥があることは認めるとしても、全てをそれで説明しようとするのもまた無理があるのである。

これら三つの人間類型と相互の間の批判は、人間という概念が改めて「本質的に議論の余地のある概念」であることを示している。このうちのどれも人間を説明する能力を持っているが、人間をこれらのうちのどれか一つに還元してしまうことはできない。そして相互批判を通して、改めて「人間とは何か」を問う必要が促されたともいえよう。つまり、これらに見られる人間の姿は人間の特定の現れ方であっても、それを可能にする人間そのものはこれらの背後に潜んでいると考えられる。人間そのものはこれら三つの姿に対していわばメタ次元を構成しているのである。このメタ次元にあると思われる人間について問うことが次の課題とならなければならない。

2　「人間とは何か」について

「人間とは何か」という問いは古来、人間と動物との相違をめぐる議論と分かち難く結び付いてきた。今日いわれているところによれば、動物もまた欲望や動機付けを持ち、場合によってはある種の決定を行う点で、人間と共通性があるという。しかし、人間は単に欲望を持っているのみならず、それらを評価して、あるものを望ましいもの、他のものを望ましくないものと判断する独特の判断力を備えているといわれている。その点で動物の中で際立った存在とされる。このように単に欲望を有しているということではなく、それを評価する第二次的な欲望を持っている点が最大の特徴である。いわば反省的な自己評価能力を有しているというわけである。このことは人間が自らの欲望の中に質的な差異を確定し、優先順位をつける能力を備えていることを意味するが、実際、欲望の中に質的な差異を確定する働きを確認することはそれほど難しいことではない。つまり、弱い評価しか伴わない欲望が多数存在することは事実であり、これについては妥協も譲歩もそれほど困難ではない。あるいはそうしたものについては複数の欲望の間で、幅広い比較考量の余地が認められている。

これに対して強い自己評価を伴う欲望群が見られる。これらにおいては欲望の間にはっきりした区別が設定され、一方が善で、他方は悪、一方は徳であるとすれば他方は悪徳といったように表現される場合である。この場合には判断の枠組みが人間としてのあり方についての評価と結び付いた形で表明されたと考えられる。勿論、弱い評価の場合のように簡単に妥協したり、比較考量したりする余地はない。かつて功利主義は全ての実践的判断を快楽・苦痛という基準に一元化しようとしたが、それはここに見られるような弱い評価については妥当するが、強い評価を含むものには妥当しない。強い評価はその帰結がどのようなものかといったことを考慮することを拒否し、端的にその欲望やそこに潜む動機付けが望ましいか否かに焦点を合わせる。功利主義が計算と打算を常に推奨するものであるとすれば、強い評価はそれとは異なった言語的表現を発生させることになる。高貴／低劣、勇気／臆病、正義／不正といった系列の言語的表現は打算と比較考量の言語圏とは異なったものである。それを通して明らかになってくるのは、「自分はどのような存在たらんとしているか」という人格のあり方についてのメッセージである。強い評価を通してこうした人格の刻印が開示されるのである。

強い評価は自己考察・反省と不可分であり、それが成立することによって人間にふさわしい「深さ」が実現する。反省的、自己評価的能力こそが人間と動物との分水嶺を形成するからである。これは自らの判断と行動に対する責任感の定着に関係する。これを欠如した人間は「浅薄」であるのみならず、強い評価に見られるコミットメントがなく、責任感といったものの自覚も乏しい。強い評価を核にして人間は自らの世界と地平とを持ち、そこに自らのアイデンティティを求め、はっきりした意志を示すことになる。この強い評価を中心にして形成された人格が成立することによって、個性的で独自性を持った行為が可能になる。さもなければ外部からの影響によって付和雷同する（操作される）だけの、大量現象としての行動しか生じない。「深さ」のない人間ばかりのところでは行動とそれを操作する社会工学的統治がふさわしいともいえよう。

こうした自己意識の確立によって特徴づけられる人間を支えているのは、「自己解釈する動物（man as self-interpreting animal)」としての人間である。この場合、解釈とはいわゆる理論的な形をとるとは限らない。例えば、感情は世界や対象についての解釈と不可分のものである。感情についてそれが客観的かどうかを問うことは問題にならない。感情は一定の形で状況を解釈することと一体であり、感情は自己のあり方にとって決してどうでもよいものではない。恥辱をとってみれば分かるように、この感情は主体の解釈を前提にした、主体に関わる極めて重要な地位を占める感情である。こうした主体を離れて恥辱を云々することは凡そ意味を持たない。こうした感情は、「何が人間的な善であるか」を根底で支える基盤である。道徳的規範や卓越性の基準をこうした感情と別物と考えることは根本的な無理がある。しかしこのことは、人間が感情の段階においてのみ人格を開示すべきであるということではない。それというのも、感情の表明する人間的善がいかなるものであるか引き続き分析され、解明される必要があるからである。感情の示唆するところを概念を用いて分析し、その意味するところを分節化することによって内容を具体的に確定する作業が残されている。ここに解釈という行為の精神的次元が現れる。それによって何が人間的善であるか、何が人生において肝心であるかが、明確に確定できる。そして人間は一生の間、時宜に応じてこの自己解釈活動を繰り広げることになる。この分岐と解釈において決定的役割を果たすのが言語である。これによって未分化の感情は概念を通して分析されるのみならず、客観的に表現される。こうした一連の解釈活動を通してアイデンティティが立ち現れるのである。その際、先の三つの人間類型のどれかと自己解釈をずっと一体化できる人間がどれほど存在するかは極めて疑問である。

ここで二つの点について留意しておきたい。第一に、人間の自我はある種の「深さ」と自己完結性を享受しているが、このことは人間が社会から全く孤立して思考し、解釈することを意味するものではない。社会が原子のような人間の集積であると考えることはできない。むしろ、人間の感情にしろ、生活様式にしろ、社会的文脈の中で一定の意味付けを与えられる。そして社会的ネットワークを離れた形で自己意識が成立するのは極めて限られた局面においてのみである。このことは解釈行為において不可避的に用いられる言語と概念を考えれば一目瞭然である。言語は一つの社会的制度として人間を一定限度において社会化し、自己解釈作業は社会化の要素を含みながら進展する。そして必要な限りにおいて自己解釈の結果は社会的コミュニケーションと対話の素材になり、それが自己解釈に新たな刺激を与えることになる。そして、強い評価が社会制度と深く関係していることも珍しくない。重要なのは社会と人間との関係が両義的であることであって、人間は社会に依拠しつつも決して完全に社会化されることはなく、それを客体化しつつそれを変えていく可能性を常に留保している。社会的な意味空間は常に非一元的であるのみならず、多様な解釈の余地を人間に与える。「開かれた」解釈空間の中で、制度に依存しつつ制度から脱出するのが、人間の「未確定性」からの帰結である。「自己解釈する動物」としての人間は既成の解釈を見直す可能性を持ち、「本質的に議論の余地のある概念」を動員して社会に働きかける自由を持っている。ここに実践の地平が開かれることについては先に述べたところである。

第二に、人間が社会的意味空間と関わりを持つ自己解釈的動物であるということは、人間が絶対的自由の主体として他の存在を支配し、操作するものであるという理解と両立しない。主体と客体とを完全に分離し、自由は前者にのみ帰属するという発想は、他者との共存や価値の共有という発想そのものを拒否する。人間の主体性は社会的に拘束された限定付きのものであるという認識がそこには欠如している。人間の自由や自立性は社会的に共有された枠組みとそれに対する一定の責任を伴うものである。それによって人間の相互性が確立し、共有された枠組みを舞台にして自由の多面的な発現が可能になるのである。ホッブズが天才的に示したように、絶対的自由の追求は相互関係を破壊し、人間は生存そのものという動物レベルの問題に立ち返ってコンセンサスを作る以外に選択の余地がなくなるのである。人間が自らを全能であるかのように（神であるかのように）考えることは、結果として人間を動物に無限に接近させるというアイロニーがここに見られる。自由は一定限度で社会化されることによって、自ら開花することができる。絶対的であることは、自由にとっても権力にとっても災いなのである。

第二章　政　治

政治という概念をめぐって政治学、政治思想は展開されてきた。二〇世紀の政治を彩った諸々のイズムもそれぞれに独自の政治概念を掲げていた。自由主義の系譜においては政治は権力と結び付けられるとともに、個人や集団の権利や利益を実現するための活動と位置づけられてきた。社会や経済は自由の場とみなされ、政治はそれに外面的、手段的に関わるものという発想が支配的であった。G・W・F・ヘーゲルはそれを外面国家、悟性国家という形で規定した。また、マルクス主義は「政治は経済の集中的表現である」との立場をとり、政治は経済的下部構造、特に、生産関係と階級関係によって規定されるものとされ、最終的には政治や国家――階級支配の上部構造的表現としての――の克服が唱えられた。但し、そこに至る革命の過程においてはプロレタリアート独裁を含む、共産党の独裁が政治の内実を意味するものとなった。ファシズムにおいては民族的共同体への社会的統合が政治の課題となり、人間生活や社会の全面的な組織化と動員――「生活の政治化」――が積極的に支持されることになった。そしてこうした概念が政治の姿を変えるとともに、政治的対立と結び付き、幾多の流血の源になったのである。こうした歴史は、何か一つの政治概念が共有されるのが当り前であるといった発想の根拠のなさを浮き彫りにするものといってよい。従って、政治学は何か一つの政治概念が当り前であるかのように語ることに対し、相当に禁欲的でなければならない。そのことを念頭に、政治をめぐる概念の整理から入ることにしたい。

1　制度論から権力中心の政治理解へ

伝統的制度論は政治を国家活動と等置するという前提に立っていたが、二〇世紀の政治学はこの一体的関係を見直すところから始まった。アメリカの集団理論に典型的に見られたように、政治の焦点は国家活動からその外部で活動する集団の活動へと移り、むしろ、そこから国家のあり方を問う方向へと流れが逆転したのであった。そこから一国内における多様な集団の働きや役割、その政治的重要性を強調する多元主義国家論や、集団や階級間の闘争に政治の基本を見ようとする政治社会学者などの一連の動きが出てくることになった。エリート集団間の角逐や闘争に政治の真髄を見ようとしたいわゆるエリート理論も、そして政党についての広範な研究の浸透も、法学的国家概念からの政治概念の解放の一例と考えることができる。日本においても大正時代以来、政治概念論争が続き、例えば、「国家外的政治現象」の存否をめぐって政治学界で論争があったが、これもこうした動向の一つの現れと考えられる。

こうした国家概念からの解放の結果、多様な政治概念が登場することになった。第一は、政治を公的意思決定過程に関わる人間や集団の行為や相互関係と考え、そこに政治の姿を見ようとするものであった。俗にいうところの政治過程に政治現象を求める立場である。ここから政党、圧力団体、リーダーシップといった領域が政治の中心をなすものとして登場してくる。ある意味においてこの政治概念は制度論を前提にし、それとの緊密な関係を前提にするものであり、政治をより一般的、抽象的な概念においてとらえようとする立場からすれば物足りないものとされたが、逆にそこに強みもあった。ここに見られる政治は諸々の集団の自己主張や利益をめぐる競争と角逐に政治の姿を求めようとするものである。政治は各々の集団が公的意思決定過程に対する影響を介して、その利益——嗜好、要求、願望、必要といった表現が羅列的に並べられた――の極大化を図る競争的活動とされる。その意味では多元的主体の存在が想定されているが、影響力をめぐる活動である限りにおいて、こうした政治概念は権力概念へとつながっていくことになる。多元主義は権力概念と無関係であるどころか、その一つの定式化に他ならないからである。他面で、ここで受動的なものとされる公的機構とその担い手たちの自立性を完全に無視できないとすれば、再び国家や制度との関係が問題として浮上してこざるを得ない。政治が制度を規定するという側面が先のような解放論において支配的であったとすれば、制度が政治を規定するという側面が一つの焦点になっていく。日本について「仕切られた多元主義」だとか「大衆包括型多元主義」だとかといった規定がなされるのは、政治を国家・制度論からの解放としてのみとらえることの限界を認めたものといえよう。

第二は権力中心の政治概念である。これは第一の政治概念からの一つの帰結として理解することも可能である。M・ウェーバーは『職業としての政治』の中で、政治を国家という政治団体の指導及びその指導の及ぼす影響と規定し、権力の分け前に与かろうとする努力であり、権力の分配を左右しようとする努力であると規定した。そして政治に参加する者は何か他の目的に奉仕するための手段として権力を求めるか、あるいはまた「権力それ自体のために」、すなわち、権力が与える優越感を享受するために権力を欲すると述べている。そして国家は「合法的な物理的強制力の独占」を体現しており、そのため、政治は権力追求と限りなく一体化されたのである。政治を権力（Macht）中心に見るという発想は、政治現象を友敵関係――権力関係と抑圧がそこでの不可避な関係になる――の存在を前提にして常に考えるというC・シュミットなどにも継承されている。

アメリカにおいても権力中心に政治をとらえるという傾向は一九三〇年代からはっきりしてきた。そうした傾向の顕著な実例としてはH・ラズウェルの『政治』（一九三六年）をあげることができる。そこでは勢力の主体であるエリートがどのような形で社会的価値を最大限に獲得するかに初めから焦点が当てられ、政治が権力中心に考えられるべきことは当然のものとされている。政治や権力を国家から切り離し、より機能的にとらえることが一般的になる。例えば、R・ダールは『現代政治分析』の中で、政治を「コントロール、影響力、権力、権威をかなりの程度含む人間関係の持続的パターン」と規定している。この規定の意味するところは、権力を介して政治概念を「社会化」したところにある。つまり、通常、「政治的」とは考えられない団体——私的クラブ、企業、労働組合、宗教団体、家族など——にもこうした人間関係の持続的パターンがあるとしたのである。政治システムは社会システムのうちの一つのサブシステムであり、ある対象は政治学的にも経済学的にも分析できる。政治学の課題は政治的影響力の意味を確定し測定し、その多様な影響のあり方を分析することにあるとされる。その意味で政治は社会全体に存在するところの先に述べたような人間関係の持続的パターン一般とされたのである。このパターンに着目してダールは政府（government）が社会の中に多数存在しているとしているが、これら相互の間の区別は問題にはならない。特に、どの政府が「より高い目的」を追求しているかといった観点からこうした区別を論ずるのは不可能であるとされる。要するに、こうした権力を伴った人間関係の持続的パターンがあるかどうかが政治の存否の基準であり、それ以外の視点を政治概念の考察に持ち込むべきではないというのである。

このように政治を権力に着目してとらえるという立場は、国家権力に焦点を合わせるものから広く社会生活の中における権力現象に目を向けるものまで大きな幅がある。特に、後者のような立場に立つならば政治は社会現象の一つとなり、権力について問うことが政治を理解する上で不可欠になる。ところが権力という概念は政治に劣らず論争的な概念であり、実際、それを操作化することに対しては限界を指摘する意見が絶えない（次章参照）。しかし、別の観点からいえば、政治にとって権力が重要な要素をなすことを認めるとしても、権力に政治を収斂させて見る立場は余りに狭いとともに余りに漠然としているという批判が可能である。これはD・イーストンが行った批判であるが、彼によれば、権力以外の要素を全て切り捨てて政治を理解しようとするのは余りに狭い理解であるし、逆にあらゆる社会関係に政治が存在するということになれば政治は余りに漠然としたものになる。そうした発想では政治学は「権力についての一般理論」に携わるべきものとなってしまうが、今度は無限に対象が拡散するばかりではないか。しかし対象を限定しようとすれば、再び「政治とは何か」という最初の問題に戻らざるを得ないというのである。このことは端的にいえば、政治が関わる権力とは何か、その質的特性はどこにあるのか、といった点について問うべきものが残っていることを示唆している。

第三は、現在かなり広く流布していると思われるイーストンの政治の定義の試みである。すなわち、政治システムは「社会に対して行われる諸価値の権威的配分（the authoritative allocation of value for a society）」として特徴付けられる。ここでは人間の求める価値の希少性とそこから必然的に起こる対立、これを解決するために政治システムが拘束力のある諸価値の配分を行うことが語られている。権威ある、拘束力ある決定ということは、配分を求める人々が決定に拘束されると考え、それを受け入れることに他ならない。こうした「諸価値の権威的配分」が人類始まって以来、存在してきた一般的概念であり、歴史の展開は政治システムの形式の変化として理解される。国家はその中の一コマに過ぎない。第一のような政治の見方はこの歴史的発展段階の特定の時期に焦点を合わせるものに他ならない。つまり、イーストンのこの政治システムのとらえ方はより一般理論としての性格を持つのである。

勿論、ここでも第二の議論と同様、社会の中に政治システムが多元的に存在し、ダールが言及したような本来政治とは関係のない領域においても「諸価値の権威的配分」が行われている。これら政治システム相互の区別をイーストンは専ら権力と責任の範囲が広いか狭いかによって行うが、いわゆる政府と家族とは単なるその大小によって区別されるべきであろうか。これはこの政治理解が一般的、抽象的であるために払わなければならなかったコストと関係している。同じことは、権威的な配分として何故その決定が受容されるかについての議論についてもいえるのであって、その権威性の根拠は暴力に対する恐怖から、自己利益、伝統、忠誠心、合法性の意識など、実に包括的で多岐にわたっている。その結果、その受容の根拠は「何でもよい」ということになり、政治システムの間の区別も意味がなくなっていく。正統性（legitimacy）と有効性（effectiveness）との区別が不可能な政治のとらえ方といってもよい。これは第二のタイプの議論との違いがどこにあるかを疑わしめるものであるということもできよう。また、一般理論としての性格に強く固執する結果、政治について有意味な議論ができないような包括性が支配するようになっている。政治という概念の実践的含意——それは抽象的に思考するのではなく、常に具体的な区別と批判を前提にしている——について考えてみれば、このことは決して見逃すことはできないであろう。また、より具体的にはこの政治概念が余りに統治概念に傾斜し、それ以外の政治の側面に目を閉じているということ、その意味で狭すぎるという批判も可能である。イーストンが第二の政治概念に浴びせた批判、すなわち、余りに狭く、余りに漠然としているという批判は、彼自身のそれに対しても妥当すると言えよう。

2　自由人にふさわしい営みとしての政治

制度論的な枠組みから政治概念を解放すると今度は権力概念に政治が取り込まれかねないというのが、これまでの整理からする一つの結論である。政治学が広く社会に見られる権力現象の追跡に専ら従事するようになり、「権力についての一般理論」になってしまうというイーストンの指摘はその意味で正解である。しかし、政治を権力現象を媒介にして拡散的に理解するのは正しいのであろうか。政治を権力現象と一体化させることの妥当性を問い直すべきではないか。政治と権力を結び付ける議論の圧倒的な優位を傍らで見ながら、敢えて政治と自由との結合を模索することによって新たな地平を切り開こうとした潮流がなかったわけではない。これは社会関係における政治の質的特性にあくまでこだわる立場という点で、政治概念を「社会化」していく試みとは対照的な性格を持っていた。

その代表的な理論家がH・アレントである。彼女は政治概念と権力概念との一体化がいかに深く浸透しているかを熟知していた。この呪縛から自由になるための方法として人間の活動形態を抜本的に吟味する方策が採られた。『人間の条件』における三つの活動形態をめぐる大胆な議論の提起がそれである。第一は、労働（labor）である。これは他の動物と同様、人間が一個の生物として自らの生命を維持する必要から、消費のために自然を相手にして繰り返し繰り返し続ける活動である。消費のためのこの終りのない活動形態は人間の動物的側面を示すものであり、ここでは人間は自らの肉体に閉じ籠もり、あるいはそこに関心を集中する点で、基本的にプライバシーの中で生活する存在である。他の人間との関係は本質的な意味を持たない。第二は、仕事（work）である。これは労働のように繰り返されるだけの活動ではなく、一定のデザインに基づき、道具を用いてある人工的な事物や作品を作り上げる活動形態である。この意味で完結性を備えているが、ここでは人間は労働と異なり、自然と一体となって生きるのではなく、それから独立した永続的な世界を作り出す。個々人の生物的生死から独立した独自の物的・意味的空間——工作物のみならず、芸術作品や物語、歴史などによって——が出来上がり、人間は肉体とプライバシーに閉じ籠もる状態から脱却することになる。第三は、行為（action）である。これは人間の複数性を前提にして言語を介して多数の人間の間で可能になる自由な営みのことである。何よりもここでは他の人間との関係が本質的な意味を持ち、人間はこの中で新しい企てを始めることのできる存在として立ち現れる。行為は行為そのものが自己目的であるような活動形態であり、自由と「はかなさ」が背中合わせになっている。それは強いて言えば、自らがいかなる存在であるかを他人の前に開示する活動形態である。

そして政治は人間同士が互いに自由に関係を形成する個性的な行為の世界に帰属するというのが、彼女の見解であった。政治においてこそ、人間は自由と生きていることの意味とを確認できるのである。これは政治を権力と結び付ける見解と正面から対決する意味を含んでいた。行為と仕事、労働を混同することは論外である。もし、政治を仕事モデルに従って考えるならば、唯一人の人間が全てを計画し、一つの青写真に従って制度を作り、支配を行うというように、あたかも一つの工作物を作るような感覚で政治を扱うことにつながる。こうした発想はプラトンの哲人王以来、政治理論の伝統の中に確固たる地位を占めているが、その強みは人間社会の不確実性と偶然性を克服したいという願望にあった。しかし、それは人間の複数性と自由に対する原理的不信感に根差しており、容易に暴力による抑圧や社会工学的支配へと変貌していくものだというのである。政治を権力として理解する立場はここに原点があるということができる。また、政治を労働モデルに従って考えると、生命そのものを最高価値とし、その拡大再生産を目指すことがあたかも政治であるかのように考えられることになる。アレントにとって近代世界は労働中心の世界であり、社会という概念は労働を軸にして形成された擬似的な公的世界であった。そこでは生産の効率化と大量消費が目標とされ、人間は個性や多様性、そして自由の主体として行為を担うどころか、人間という種のメンバーとして画一的な行動（behavior）を行うことが期待される。正に、行動論の成立は行為の終焉を示すものだというのである。ここでアレントが批判の的にしているのはK・マルクスの「労働する動物」としての人間という見解である。

このように、プラトン的世界は主体の複数性及びその自由と矛盾し、マルクス的世界は外面的画一性と生命の維持という必然性への従属に終るのであって、この双方ともに政治と自由との結合という彼女の構想と対照をなしているのである。「行為と政治を離れては自由はあり得ない」というこの基本的立場は、「政治が少なければ自由は多い」という自由と政治を背反的にとらえる——政治を権力と重ね合わせることによって——自由主義や、生命や財産、物質的必要の観点から政治をその単なる手段として考える立場とははっきりと異質である。政治を自由との結び付きにおいて質的に独自な活動形態として析出した点に、この議論の意味がある。

　政治を複数の主体の自由を前提に展開される高度な公的活動としてとらえるという考えは、アレントに限らず、例えば、B・クリックなどにも見られる。政治を権力や「諸価値の権威的配分」に還元する見方が一般論、抽象論を志向するのに対して、こうした政治と自由との独特の結合関係に着目する見解は「あるタイプの政治」に視点を合わせ、その高度な質的特性を強調するとともに、そこから現状を批判することになる。アレントが政治らしい政治を見出したのは、例えば、革命の初期に登場する自然発生的な評議会政治であったし、それとは反対にフランス革命やロシア革命以後の政治は労働主導政治として容赦のない批判の対象となっている。そして自由と非両立的な政治がいかに跳《ちょう》梁《りょう》跋扈《ばっこ》しているかについて十分に承知しているが故に、彼らは政治を権力や「諸価値の権威的配分」などで規定することに興味を示すよりもこの希な体験の再構築に向かうことになる。クリックによれば政治は自由人によって賞賛されるに値する「究極の精神活動」であり、それは決して必要悪といったものではない。政治学が数多く見られる現象の漫然たる観察にその精力を費やしてきたと考えるならばともかく、何が優れ、何が劣るかという実践的関心を基礎に置きながら、諸事象を観察分析してきたことを考えると、ダールやイーストンに見られるような一般論や抽象論に向かう方向が全てではない。従って、この二つの方向を念頭に置きながら、政治についての考察を深めていく必要がある。

3 政治の概念を求めて

政治を一般論、抽象論の方向でとらえようとする試みには、質的なものをどう扱うかについての問題がつきまとっていた。社会の多様な局面において政治が見られるとしても、それらの政治の間の区別をするとすれば何がメルクマールなのかという問題である。一つの回答は量的な大小に還元するやり方である。「大政治」は量的に――さまざまな意味で――「小政治」よりも大きいという回答である。これは質の問題に量で答えるという意味で答えたことにはならないが、彼らの議論の立て方からすれば自然な反応といえる。大きな権力であれば、それが企業の権力であっても、公的権力になるというダールの議論は、この量的視点の優位を如実に反映している。一方で政府がより高い次元の目的を追求しているなどといった議論は排除されているが、他方で、全て質的なものを量的なものに還元し切っているかといえば、必ずしもそうとはいえない。例えば、ダールはいわゆる政府が一定の領域内で物理的強制力の正当な行使に対して排他的な規制権限を有しているとしているが、これは内容からして明らかに政府（あるいはその権力）の質的特性に着目した議論であり、量的とばかりはいえない見解である。つまり、政治を権力によって特徴づけつつも、後になってそれぞれの政治の質的相違を理論的に吟味することなく、忍び込ませているといわざるを得ない。それぞれの政治の質的特性がどこに由来し、それが量的考察とどう整合性を持つかは明らかにされることなく、並置されているように見える。その意味で、政治の質的特性を重視する立場からすれば、極めて不満足な結果に留まっている。

政治が権力や「諸価値の権威的配分」と無関係でないということと、これらに政治を還元してよいということとは違ったことである。ここでの課題は第一に、政治の質的側面を浮き彫りにすることによって量的な考察に一定の枠をはめることである。この点について、S・ウォーリンは、「政治的なものの基本的性格のひとつであり、政治理論家の主題のとらえ方を強力に枠づけてきたものは、『公共』のものとの関連である。……社会に存在するあらゆる権威ある制度のうちで、政治制度の特色は全共同社会に『共通の』事柄にかかわる唯一のものである点にあるとされてきた。国防、国内秩序、法の執行、経済的規制などの機能は、主として、これらの機能の与える利害やはたす目的が共同社会の構成員のすべてに有用であるという理由で、政治制度が第一に担うべきものと認められてきた」と述べている。つまり、政治は公的なもの、共通のもの、一般的なものに関わる活動であるということである。政治という言葉の語源はポリスであり、ポリスとは自由人が自治を行う、極めて独特な共同社会であった。そして自治の内実はこの公的なものをどのように運営管理するかにあり、それは私的な利害に関わる活動とは区別されるべきものとして質的に特殊なものと見られていた。従って、それを実行し、判断する基準は私的な団体（典型的には家）の運営とは異なるものと見なされた。ダールやイーストンの政治に関する規定の中にも、このわれわれに共通のものとしての政治という発想が潜んでいる。ダールが物理的強制力の正当な行使に対する排他的な規制権限に言及しているのは、こうした政治が構成員にとって「共通の」事柄を扱うものであることを示したものであるし、イーストンが「権威的」配分にこだわったのも政治が「共通の」ものに関わる活動であることを直感していたからに他ならない。E・バークの場合に見られるように、政党は「国民的利益」に奉仕するという点で、私的な利害得失にばかり目を奪われた徒党や派閥とは違うといった議論が出てきたのも、こうした政治についての基本理念の帰結であった。

第二に言及しなければならないのは自由と政治との関係である。そもそも公的なもの、共通のものはいかにして可能か。これが可能なためには構成員が平等に与かることのできるものがなくてはならないが、それが自由である。あるいは互いに平等な自由人が存在することが公的なものを語るための出発点である。もし、主人と奴隷といった関係しか存在しなければ、そもそもそこに共通のものが成立する余地はない。自由な主体が複数存在し、それが公的なものについての現実の担い手になることがなければ、公的なものは静態的なものに留まり、政治に生命が通わないことになる。この意味での自由は「政治が少なければ少ないほど自由は多い」といった意味での自由に還元されるものではなく、政治への参加及び集団的自己決定を支える自由である。いわゆる消極的自由もそれを支える政治的自由の活動なしには現実には存立し得ないのである。いずれにせよ、政治は一定数の自由人が存在し、それらが「共通の」諸課題を処理するために活動するという公的空間と不可分の関係にある。そして自由人同士の間の関係を調整し、あるいは権力を樹立し、運営するためには複雑な制度と組織が必要になる。それがあってこそ、政治にふさわしい権力が可能になり、責任体制も可能になる。いわば自由人の間の水平的関係を前提にして「共通の」もの、公的なものは肉化されるのであって、そこで政治制度が登場するのは必至となる。政治制度は社会的上下関係があるところではどこでも見られる行政機構（官僚制）とは根本的に異質の存在であり、政治と自由との結合を目に見えるようにした仕組みである。

以上、政治を権力及びそれに類するものに結び付ける議論が支配的なことに配慮しつつ、ここでは敢えてそれとは異なる要素を政治概念の中に見つけ出そうと試みた。それを要約するならば、共通の事柄、公的な事柄が複数の主体を介して営まれるところに政治の大きな特質があり、そこでは暴力行使がコントロールされるとともに、説得や討論に主たる舞台を委ねるような政治が展望されることになる。公的なるものと共通の事柄の現実における追求と、主体の自由と複数性との双方にこだわること、この二つの要素の間の独特の緊張関係こそ、政治の核心として揺るがせにできない要素である。そして政治における権力の要素を否定することは論外であるとしても、これまでとかく政治イコール権力という形で、権力というファクターにのみ目を奪われてきたことへの反省はどうしても必要である。従って、社会的文脈のない（抽象的）権力を追いかけ回すのが政治学であるといった薄気味の悪い考えはここではとらない。政治という概念は権力よりもより複合的な概念であり、権力を一定の社会的文脈に位置付けることによって初めて政治が可能になるというのが、ここでの立場である。そうした考えに基づき、ここでは政治を「自由人からなる一つの共同社会の中での公共的利益に関わる、権力を伴った（権力をめぐる）多元的主体の活動」としてとらえておきたい。この立場はダールやイーストンのようにどこにでも存在するような、のっぺらぼうのような抽象的な政治概念を拒否するとともに、アレントのように希有の歴史現象に政治の真髄を求める立場とも異なるものである。敢えていえば、「どこにでもある政治」ではないが、「どこにもないような政治」でもないのである。

ところでダールは、自らの政治概念がアリストテレス以来の政治概念の伝統、すなわち、公的目的や公的利益、公的側面に関わる活動であるという観念を、意識的に排除したものであるとしている。その根拠は、こうした政治概念が人間の経験的現実と一致しないということ――公共精神に満ちた人間はいないし、公共の利益が人々を動かしているわけではない――にあった。確かにそのような人間ばかりが存在するわけではないが、さればといって政治イコール権力と全ての人々が心得て振る舞っているかといえばそうではない。むしろ、そうした見解に対する風当たりが強いのは、多くの人々がダール説に従って政治を見ているわけではないからである。政治イコール権力という立場をとる人々はしばしばリアリズムを掲げるが、そのリアリズムが性急で、リアルとは必ずしもいえない独断に過ぎないことも見据えておかなければならない。アリストテレスにしても、人間が公共精神に満ちていると考えたからそうした政治概念を採用したわけではなく、それは政治をどのように考えるかという複雑な問題に対する応答であったのである。

ところで序論で述べたように、政治学における概念の性格は経験主義的操作主義だけで片付けられるものではない。政治という概念の場合、それをどうとらえるかは政治の見方にとって重大な影響を及ぼす。政治イコール権力という理論の古典的定式はプラトンの対話篇『ポリテイア』のトラシュマコスの発言に見られる。それによれば、政治とは所詮、強い者が弱い者を支配することであり、正義にしろ、法にしろ、全て彼ら支配者の利益の表れに他ならないというわけである。トラシュマコスのこの議論は強い政治的シニシズムの表れのように見えるが、敢えて、この教説の信奉者がどう行動するかを考えてみるならば、一方には権力志向の権力亡者という選択があるし、他方には、権力絶対否定主義や反権力主義という選択肢が出てき得る。言うまでもないことながら、権力亡者は余りに動物的、野獣的であるとすれば、後者は人間よりも神にふさわしい体制を志向するように思われる。しかし、結論的にいえば、どちらも人間の可能性と限界をにらみながら営まれるべき政治に対して真剣な対応をしていないという点で、不毛な選択のように思われる。これに比べれば、人間は「ポリス的動物」であるのに対して、「ポリスを作らないのは神か野獣である」というアリストテレスの言葉は至言である。

最後に若干の追加的説明をして本章を終えたい。何よりも、先に私が提示した政治概念は政治にとって権力の持つ意味を否定したものではないことである。ダールやイーストンの議論の問題点は彼らが権力や権力的要素に目をつけた点にあったのではなく、それをどのような文脈に置くかについて十分な吟味をしなかったところにあった。次に、公共の利益という概念にかなり重要な位置を与えたが、公共の利益が一義的に決定されるとか、決定されるべきであるとかいったことを言おうとするものでは全くない。むしろ、政治においては公共の利益は諸問題を考察し、提示するための枠組みであり、多元的主体が直接間接にその内容をめぐって競うことを想定している。アリストテレスによれば、人間は「ポリス的動物」であるとともに、言語能力を持つ特異な動物である。従って、政策問題であれ、制度問題であれ、多元的主体は言語を介して競い合うことになる。それは「われわれはどういう状態にあるか」「われわれは何をなすべきか」についての問題設定と解決策の提示という形で行われるが、「自己解釈する動物」としての人間はこうした言語を介した討論と説得に対して一定の反応をし、考えを変え、あるいは行動を変えることにもなろう。ここに経済問題や倫理問題とは違った、政治に独特な意味空間が成立する。政治的意味空間は経済動向の是非や道義的問題を第一義的に問題にするのではなく、「われわれの社会をどうするか」ということをめぐる議論の世界である。その意味で「われわれ」という主体に即した過去、現在、未来についての総括と展望に関わるものである。勿論、その具体的内容は一義的ではなく、多様な内容を持つ意味空間が交錯する中で人間は生活するわけで、そうした中で比較考量と自己了解とを結び付けながら、公的生活の地平を展望していくことが政治の基礎になるのである。政治を変えることも権力を変えることも、決して不可能ではない。ここで展開した政治像は、前章で述べた人間の姿と緊密な関係を有している。

第三章　権力と政治権力

政治を権力によって専らとらえようとする立場に対して、前章において批判を加えたが、そのことは権力の問題の重要性を些かも否定するものではない。政治は権力現象の根深さから決して自由になることはできず、権力はあたかも業《ごう》のように政治につきまとう。それは変貌極まりない形で遍在している。そのことを前提にした上で、どのように権力問題に接近するかが政治学の基本課題である。ここでは自由と政治という概念によって挟み込むような形でこの課題への応答を試みたい。

1　権力論の二つの理念型

議論の出発点として、権力論に見られる二つの大きな潮流を取り上げたい。第一は、権力を端的にゼロ・サム・ゲーム現象、すなわち、二つの主体の関係において一方が他方の犠牲において価値を獲得・増大し、他方が価値剝奪を受けるという関係としてとらえる潮流である。これは権力の、いわば power over に着目したものであるとか、あるいは非対称的把握（asymmetrical conception）と呼ばれる。もっと一般的な言い方をすれば、権力は希少価値をめぐる激しい競争や闘争と不可分であり、人間のエゴイズムに源泉を持つ悪魔的な世界を典型的に示すものである。第二の潮流はこれとは対照的に、権力は関係者全員に価値付与をもたらす集団的能力であるととらえる立場である。権力はここでは主体相互の協力と調和的関係と一体不可分であり、権力の共同体的理解（communal conception）といった言い方もされている。そして、前者が power over 中心であるのに対して、後者は power to 中心の理解ともいわれている。

前者については古来、実に多くの議論がなされてきた。その中の最も典型的なものとして服従の維持や統制との関連で権力を考える、N・マキアヴェッリやTh・ホッブズ、あるいは、前章でのC・シュミットの議論が念頭に浮かぶ。J・ボダンに始まる主権論にもこうした権力のとらえ方が明瞭に見られる。この権力理解においては紛争や不服従といった敵対的状況が前提され、それを押さえ込み、服従や統制を実現することが権力の権力たる所以とみなされる。「行為者が社会関係において、抵抗にもかかわらず、自らの意志を実行できる地位にある蓋然性が権力である」（ウェーバー）、「権力とは、意図した政策に対する不同意がある場合、（事実上であれ、脅迫であれ）地位剝奪の力を借りて他人の政策に影響を及ぼす過程である」（ラズウェル＆カプラン）といった言明に、それが端的に表れている。そこから、治者と被治者（エリートと大衆）との峻別、さらには、権力を力（force）とほとんど同じ意味に理解する傾向が出てくる。「権力は銃口から生まれる」という見解はその一例であり、そうなれば、「戦争とは、敵を自らの意志に従わせるための暴力である」（クラウゼヴィッツ）という考えにも近くなる。しかしながら、非対称的権力理解の裾野はもっと広く、剝き出しの力による抑圧にとどまらず、一定の依存関係とそれを促進する条件付けに着目する立場もこの中に含まれる。すなわち、服従する側の選択の幅がこうした条件付けによって事実上決定され、一方的な依存関係が再生産されるという場合にも、非対称的権力が働いているというのである。従って、ゼロ・サム・ゲーム的な権力関係には力に傾斜したものから、より間接的な形をとるものまであることになる。

こうした非対称的権力論は政治的立場を越えて広く見られるものである。それはまた日常的には「権力対自由」という図式として思い描かれている。この権力理解は、「誰が誰を支配しているか」という問いに応答しようとするものであり（あるいはそれが政治そのものであると考えられ）、その反面で権力、力、権威、暴力などの間の概念的区別は背後に退く傾向が強い。

これに対して、共同体的理解は権力を強制と同一視するような立場、支配服従関係に求めるような見解に対して、強い異議を唱える。その典型はH・アレントに見られるところであり、彼女は次のように権力を定義している。

「権力とは人間の単に行為する能力ではなく、他人と協力して行為する能力に対応するものである。権力は決して個人の所有物ではなく、集団に属し、集団が存続する限りにおいてのみ存続する。われわれが『彼は権力の座にある』と言う時、彼は人民の一定数の人々の名において行動する権利を付与されていることを意味する。権力の源泉をなす集団が消滅するや否や、『彼の権力』も消滅する」。

このように権力は意見と合意に基づいて一致して行動するという人間の能力に基礎を持つ、集団の能力である。権力はプラス・サム・ゲームの一種であり、正統性と不可分である。その意味で彼女のいう行為の世界の産物が権力であり、個性や自由と矛盾するものではない。それどころか、権力こそが、自由と個性を可能ならしめる公的空間を支えるのである。従って、自由を抑圧する暴力と権力とは同一視されるどころか、むしろ、その対極に立つものとみなされる。暴力は武器の発達によってますます恐るべきものに成長したが、しかし、それはあくまで一方による他方の抑圧と強制と不可分であり、従って、「銃口からは暴力は生まれても、決して権力は生まれない」というのが、彼女の結論であった。アレントにおいて、権力は権威、さらには自由と密接に関係するものとしてとらえられ、これに対して主権論のような議論は行為モデルではなく、仕事モデルに依拠して政治を考えるものだと批判されている。

共同体的権力観は二〇世紀において、パワーエリート・モデルと対決しつつ形成された面がある。その一例として、Ｔ・パーソンズをあげることができよう。彼によれば、政治は集団の目的達成機能であり、権力はそのために欠かせない集団の能力である。それは力のようにサンクション中心のものではなく、何よりも、集団の目的達成に向けて人々を統合していく能力であり、集団の共同利益に寄与するものである。人々の協力関係が自発的に進展する場合、究極的には力は不要となる。制裁を武器にする力は基本的に権力の「予備（reserve）」であっても、決して権力そのものと同視すべきものではありえない。権力は社会に深く根を下ろしている一つの象徴的メディアであり、社会の合意によって支えられているという。従って、一部のパワーエリートの「所有」に属するといったものではないことになる。これは第一部第一章で述べた「社会学的人間」から帰結する権力論である。

2　権力論と自由論

先の二つの権力論の理念型は、自由との関係を見れば容易に分かるように、対照的な視座を提供している。以下の考察との関係で問題を提起するとすれば、この二つのどれか一方を採用すれば問題は片付くのか、この二つの関係を考え直してみる余地はないか、といった問題が出てこよう。権力と自由との関係を直接吟味することによって、この基本問題への接近を図ることにしよう。

出発点として、ＡとＢという二人の人間の関係を想定し、ＡがＢの行動や傾向をある仕方で変える限り、ＡはＢに対して権力を持つと考えるという、最もポピュラーな議論を取り上げよう。この場合、権力関係は「ＡがＢにＸをするよう影響を与える」、「ＡはＢがＸをする原因である」と考えられている。この権力論は主体（ＡとＢ）を前提にするのみならず、Aの側の意図（intention）とBのXという行為・結果との因果関係を想定している。権力論はこれを前提にこうした影響力を行使するための手段を問題にし、それのカタログ化を試みてきた。例えば、R・ダールはその手段を習慣（パターン化された行動への反応）、選択肢のプラス・マイナスについての情報を与える説得（これには、合理的説得と操作的説得の二つがある）、価値剝奪・付与による刺激（この中に物理的強制が入っている）の三つに分類している。この中には先の二つの理念型が混在し、興味のある手段論となっているが、ここでより重要なのは権力が、主体、行為、意図、帰結という四つの概念を核心として含むということである。そして、権力関係は相互に影響し合う社会関係に深く根差し、人間の自由の両義性と抜きがたい関係にある。すなわち、権力は一方で自由の現れであるとともに、他方でその制限や侵害であるという関係が極めて明瞭に見られるのである。誰がどのような意図に基づいて他の主体が一定の行為をするよう意図し、それをどのような手段で実現したかということが、問題の核心である。ここには自由による自由の制限、そして、何よりもその責任への視点が含まれている。意図と結果との因果関係が問題になるのはそのためである。権力関係の存否をめぐって議論が噴出するのは、正に主体とその責任問題と密接に絡むために他ならない。特に、具体的な状況においてその判定は責任追及という新たな主体的責任と表裏一体の関係にならざるを得ない。

ここで出発点として取り上げた権力論については、幾つかの難問が横たわっている。端的にいえば、それは個人主義的・自由主義的権力論であって、実際には誰という形で主体をはっきり確定できず、しかも意図もはっきりしない形で権力が行使されているといった問題にどう応答できるのか（換言すれば、それは権力関係とは見なさないのか）という疑問が出てくる。実際、ある集団が目立った行動をとることもなく、無意識的にあるいはルーティン化した形で権力を行使することをどう扱うのか。これに対しては、先のような権力論モデルをそのまま適用することはできず、そこで集団を主体と考え、その利益やイデオロギーに即して意図を把握し、結果や帰結から逆算的に集団の権力を確定するという手続きがとられることになる。そして、当該の集団の責任はその内部の権力関係に即して処理されるという、二つのステップを踏まざるを得ないことになる。

しかし、ここで最も深刻であるのは、個人主義的権力モデルとある意味で対極に立つ構造的権力の問題が浮上してくることである。それは極端な場合、個人主義的モデルに見られた権力と主体・責任問題を表裏のものとして考えるという発想そのものを根こそぎ破壊してしまいかねない重大な問題を提起している。それというのも、もし、構造が全てを決定するとすれば、権力は自由と責任の問題というよりも一種の運命、宿命になってしまうからである（構造決定論）。この問題はマルクス主義において主体性論として繰り返し現れた。N・プーランザスとR・ミリバンドとの間で行われた論争においては国家と社会階級との関係が争点となり、そこでは、国家権力を階級関係という客観的構造の現れととらえ、政治エリートを「システム」が要求する政策なりの単なる運営者、執行者とみなすか、それとも、国家権力を階級関係という客観的・構造的関係から区別し、多様な行使の可能性を前提にした自由と責任の領域の問題として取り上げるべきかが論戦となった。

マルクス主義のこうした議論は今では迂遠な議論のように思われるかもしれないが、例えば、かつてK・ヴァン・ウォルフレンが『日本／権力構造の謎』で取り上げた日本における「システム」の支配という視点は、基本的にこれと異なるものではない。この著作の意図は日本における権力構造がいかに作用しているかを暴露することによって、そのデモクラシーという外観に惑わされないよう内外の注意を喚起し、さらにはその改革を促すことにあった。そこに描かれた「システム」の支配は教育から司法、日常生活に至るまで全面的に貫徹し、個々人はその前に身動きのとれない、無力な状態に陥っている姿であった。「システム」はあたかも宿命のように個人の動きを封じ込め、その結果、変革を試みようにもそれを担い得る主体が見出せず、その手掛かりさえ見えないという新たなジレンマに遭遇せざるを得ない。このように、構造論中心の権力論には自由や主体の問題をどう位置づけるかという課題が横たわっている。

ここから判明するのは、権力論において問題なのは個人主義的モデルがどうかということよりも、主体や客体の自由や責任の問題がどのような形で把握されているかが重要だということである。それが予め排除されてしまうならば、個人がどうとか、集団がどうとかいうことすら、問題にならなくなる。こうした観点から政治学において注目されたのが、M・フーコーの権力論であった。彼においては、プーランザスになお見られた階級を中心とした社会対立と権力関係は消え、関係概念としての権力が人間の生活の隅々にまで浸透している。権力が真理も主体も支配し、それらを構成すると考えられている。つまり、真理や主体が成り立つのは権力によってであり、これらは権力の担い手に他ならないのである。個人は権力の源泉であるどころか、その僕《しもべ》であり、その道具、その現れに過ぎない。権力の埒《らち》外に立ちうる主体は存在しない。主体の意図や選択そのものがなくなるため、これらが権力を成り立たしめているという議論自体もその基礎を失ってしまう。自由と権力をめぐるドラマは人間のあり方がすっかり変質し、「主体性の死」が宣言されることによって成り立たなくなった。その意味で彼は、権力の自己運動・展開の中に人間が完全に解消される姿を描き出した。権力が人間の自由や責任との関連を失い、歯止めを失って「脱主体化」した結果、権力概念も人間も根本的に変質したのである。そして、人間を道義的人格として遇し、その自由の制限や侵害に見合う権力の責任を問うということそのものができなくなった。ましてや、事態の改善とかこうした権力支配の構造を改める主体はどこにも存在し得なくなる。勿論、フーコーは個々の状況における抵抗や反抗を擁護しているが、その説得性が今一つなのはここに原因がある。

フーコーの議論は権力と自由をめぐるこれまでの議論に対する根本的な挑戦である。人間を完全に権力の下にあるものとし、自由について語る必要がないという議論は、人間の絶対的自由という論議と同じように本書の採るところではない。すでに第一部第一章で論じたように、人間の主体性は決して絶対的なものではないが、さりとてそれが絶無であるということでもない。主体性は他の人間、あるいは社会との間で「分有された」側面を持つとともに、他方で既成の自我のあり方は変更と見直しの余地を含むものであった。権力をめぐって議論が絶えない最大の原因は、正に人間の自由のこうした中間的性格にある。権力論にホッブズやフーコーの議論によって決着をつけようとしても、人間そのものが異議を唱えるという言い方もできよう。

ここで1で論じた権力論の二つの類型を思い出してみよう。非対称的権力観はゼロ・サム・ゲーム的関係に専ら着目し、共同体的権力観はプラス・サム・ゲーム的関係に着目して議論を立てていた。この二つは権力調達のために用いられる手段の相違論にまで矮小化することもできようが、より根本的には自由と権力の絡み合いへの格好の入口を提供している。そもそも、権力をこれら一方だけでとらえられるのであろうか。前者、すなわち、power over に着目する場合、それはある主体の自由による他の主体の自由の制限であるのみならず、ある個人や集団がその力を発揮して課題に取り組むものとしても現れる。このことは権力対自由という構図の傍らに、権力は自由の個人的・集団的発現であるという側面があるということであり、power over が power to と背中合わせになっているということを意味する。一見したところ、自由と権力は絶対的対立に見えながら、実は、複数の主体の自由の相互関係・衝突がこの対立の内実であるということである。power to を伴わない power over という権力のとらえ方には根本的な無理がある。

他方で、共同体的権力観に見られた相互の自発的協力による権力の存続という観点は、power over を全面的に排除するものであろうか。そこで、自由の中に権力を解消したかのような議論を展開したアレントの主張は検討に値しよう。J・ハーバーマスによれば、それは権力を理想のコミュニケーション状態に基礎付けようとするものであったが、それは権力の発生については成り立ち得たとしても、権力の維持や存続が問題になると、合意志向型のコミュニケーションでそれを説明するという議論ははっきりと限界を示すようになる。諸々の政治制度が樹立され、権力維持のための組織が生まれるとともに、power over の側面が姿を現さざるを得ないというのである。アレントがこうした power over の出現に対して否定的な立場をとったことは明らかであるが、その結果、彼女の「真性の」政治の世界が極めて狭い、制限的なものになってしまった。power over の側面を無視することによって権力と自由との一体性を純粋に維持しようとすることは、他面において power to の働きにとって大きな制約となる。何故ならば、それは歴史の一瞬に光り輝いた光線にしか意味を認めないことになるからである。あるいは、それはアナーキズムがそうであったように、権力否定の名の下に人間を内面からがんじがらめにし、「未確定動物」としての人間とその自由を犠牲にする結果を伴わざるを得なかった。その意味で power over を無視した power to 一辺倒の議論にも固有の無理があることになる。

従って、権力論にとって重要なのは非対称的権力観と共同体的権力観のどちらか一方を選択することではなく、両者の相互連関を見据えることである。すなわち、集団的目標達成のために互いに協力し合う（power to）ということの基礎の上に、人間同士の間における権力の行使（power over）が不可欠になるという関係がそれである。後者のみの権力は孤立と相互不信、そして、闘争の世界の産物である。「そこでは人間の生活は孤独で貧しく、汚らしく、残忍で、しかも短い」（ホッブズ）という規定は実に名言である。他方、power over を呪詛し、その否定を企てる立場は、さまざまな色合いの共同性や協力関係に訴えることによってそれを乗り越えようと試みてきた。そこには反権力主義のレトリックが鳴り響いていた。このように、権力亡者も反権力主義も、実は、人間と人間関係を過度に単純化することによって権力をめぐる問題に決着をつけようとする点で共通の落し穴にはまり込んでいるといわざるを得ない。そのことを認識した上で権力の問題に向かい合うという視座がなければ、権力問題はいわば不毛の選択の間を一方から他方へと揺れ動くだけに終ってしまう。それがやがては政治的未成熟の問題にもつながっていくことになる。

3 権力の「現れ」

権力の作用を測定し、確定することは権力の主体とその責任の所在を明らかにし、さらにはその変更や改革を考えるための前提になる。この問題を探ることは先の二つの理念型とは違った意味における権力概念の論争性を浮き彫りにする意味を持つとともに、権力と自由との無気味な関係にも光を投げかける意味がある。この問題をどのように扱うかについては方法論的な問題が絡むこともあって、どの次元で問題を取り上げるかについての自覚の必要が改めて問題になる。

この問題についての最もポピュラーな議論は、いわゆる比較的狭い社会を素材にした研究をめぐって展開された。S・ルークスの所説を基に権力の位相を吟味してみよう。第一の立場は、「それぞれの決定について、関係者のうちの誰が最終的に採用された選択肢を発案したのか、誰が他者によって発案された案を否決したのか、あるいは誰が却下された案を提案したのかを判定する。次いで、彼らの行動を個々の『成功』ないし『失敗』として表にする。かくして、成功の総数の中で最も大きい割合を占めた関係者が最も影響力があると考えられる」という立場である。この立場はある意味で常識的であると考えられるが、実際には、権力を観察可能な行動に即して同定しようとするものであり、権力概念の「操作化」という行動論の方法的理念とも接続していた。この種の立場が常識的であるということは、必ずしも、それが無前提であること、あるいは、その意味で「客観的」であることを毫《ごう》も意味しない。少し考えれば分かるように、そこでは関係者相互の間の直接的な紛争や意見の対立にこそ、権力関係を確定する最も格好の材料があるという前提に立ち、そこでの決定過程に権力分析の焦点を当てている。特に、重要な争点がそこでの決定的な材料と考えられている。紛争とは目に見える行動を通して顕在化した選択をめぐる争いであり、利益（interest）は政策への選好という形で専ら理解されている。その意味でこうした形での権力の確定の試みは、争点と場の設定を限定することによって初めて可能であった。これが一次元的権力観（one-dimensional view of power）と呼ばれるものである。

ここでの問題は対象の限定をどう考えるかである。つまり、こうした権力のとらえ方が常識的に理解しやすく、さらには欠かせない視点を提供するものであると考えることと、これだけが権力を確定する唯一の方法であると考えることとは明らかに異なるからである。後者の立場に立つことは権力の「現れ」をこの次元に限定することであり、その理由を説明しなければならない。それのみが「観察可能な権力現象」であるといった方法論的独断だけでは回答にならないことは明白である。日本の政治報道は圧倒的に政界報道によって占められているが、それらは少なくともこうした意味での権力の確定に役立つ手掛かりを与えてくれる。問題は、そうした情報と分析の比重をどれだけのものと考えるかにある。

これに対して異議を唱える二次元的権力観（two-dimensional view of power）は、権力現象を余りに狭く限定したことを端的に批判するものである。この立場は、権力には二つの顔（two faces）があるという議論を展開する。すなわち、権力の第一の顔は一次元的権力観が取り上げた具体的意思決定の場に明確な形で見られる顔であり、それとともに、こうした公的意思決定の舞台に登場しないよう、争点を隠蔽する権力の作用が存在するというのである。この後者が権力の第二の顔である。この第二の顔は「個人または集団が意識的、無意識的に政策をめぐる対立を公の嵐にさらさないように障害物を作り、あるいはそれを強化する限りにおいて、個人または集団は権力を持つ」という形で、規定される。この見解は一次元的権力観そのものを否定するわけではないが、それが余りに視野が限定されている点を批判の対象にしたのであった。争点が表舞台に登場しそこでの星取勘定が権力を確定するバロメーターになることは否定できないとしても、そもそも何ゆえにある争点はこうした舞台に登場し、他の争点は抑圧される結果になっているかというのが、二次元的権力観が注目した点であった。実際、ある集団は既存の諸関係が有利に働いているために、既得権益をそもそも問題化、争点化させない形で、極めて効果的に擁護することができる。この「非決定の決定」は、「彼らの価値や利害に対する潜在的な、あるいは明白な挑戦を抑圧させ、失敗させる」という点で一つの決定であり、権力の重要な作用である。日本における官僚制の強大な権力が長い間にわたって争点化されず、あるいは重要な政策が官僚制の枠内で処理されて「政治化」されなかったといったことは、直ぐ思い浮かぶ同種の問題である。

これは一旦、争点化がなされた後で勝利するのに比べて権力の働きがより強力であり、有効である場合と考えられる。その意味では一次元的権力観は最も根深い権力の姿を見失い、表面的な現象によって権力を確定しようとしたと批判されても仕方がない。あるいは、一次元的権力観は争点化そのものを阻止する形で権力を行使する集団の立場からすれば、そこでの争点そのものが初めから「安全」なものに限定されていることになる。実際、日本においても政界報道は「面白い」ものであるかもしれないが、それが争点の隠蔽を前提にした権力ゲームである限り、「国民のことを考えない、国民不在の権力争い」（永田町政治）と映ることは避けられなかった。挙げ句の果てが、政治に対する国民の無関心を助長する結果となった。このように二次元的権力観は権力分析の対象範囲を大きく広げることに貢献した。ここに新たに「潜在的争点」の重要性が浮上してくる。

ここでの問題は「潜在的争点」の存在をどのようにして確定できるのか、そのための指標は何かである。これは権力概念を観察可能な経験として活用しようという前提に立つ限り、避けられない問題であった。そこで言及されたのが紛争と対立の存在であった。つまり、「潜在的争点」は公的決定の舞台に登場した争点ではないが、紛争と対立、あるいは苦情として現れるはずであるというのである。換言すれば、「公然たるものであれ、隠然たるものであれ、対立が存在しない限り、そこには現行の価値配分についてコンセンサスが成立しており、従って、非決定の決定はあり得ない」というのである。このように対立や紛争の存在こそが非決定の決定という権力作用のメルクマールであり、そこに権力と自由との領域的境界を設定したのであった。

三次元的権力観（three-dimensional view of power）はこの「潜在的争点」という視点をさらに拡大し、そこでの経験主義的議論の枠組みそのものに対して疑問を提起するものであった。すなわち、権力を対立や紛争に着目してとらえようとすること自体、視野の制限を甘受しているのではないかというのである。何故ならば、権力は紛争や対立の局面においてのみ現れるわけではなく、相手側の欲求や要望そのものを変形し、それに直接影響を与えることによって行動を予め決定づけるという形でも作用しているからである。つまり、権力の最も巧妙な形は争点が公の舞台に登場するのを防止することにあるよりも、そもそもいかなる意味においても紛争や苦情が発生しないようにすることにある。従って、紛争や苦情に「潜在的争点」の存在を限定するのは、コンセンサスの幅を大きくとり過ぎることになる。もっと端的にいえば、いわゆるコンセンサスと呼ばれるものは「本当の」コンセンサスであるのか、「虚偽の、操作された」コンセンサスではないのか、という問いかけである。コンセンサスといわれるものが、実は「虚偽の、操作された」それであるとすれば、権力の作用は二次元的権力観が考える以上に人間に深く入り込んでいることになろう。ここには二〇世紀の政治がイデオロギーと「洗脳」の政治であったという生々しい体験に加えて、ルーティン化した社会関係に潜む利害の衝突を一層、鋭く抉《えぐ》り出そうとする意図がはっきり見られる。権力行使者の利益と排除された人々の「本当の利益」との対立――「暗黙の紛争」――にまで、権力確定の素材が広がっていくことになる。ここには人間が自由な決定だと思うものが「本当は」自由な決定ではないという、無意識と意識との境界に関わる問題が浮上してくる。ここでは権力と自由との緊張関係がなお痛烈に意識されているが、もし、権力がわれわれの肉体的・精神的作用の真の主体ということになれば、フーコーの議論になってしまおう。

ところで三次元的権力観の難点としては、権力をどこに見つけだすのかについて明確な限界を確定することが困難だという点がある。コンセンサスが「本当の」ものでなく、押しつけられたものであることをどのようにして確定するのか。また、「本当の」利益といっても、それ自体、多少なりとも規範的な判断と結び付き、一義的な確定はできないのではないか。こうした難問は三次元的権力観に潜む権力の「主観性」という問題を鮮やかに映し出している。つまり、先の二つの議論のように経験的に確認できる現象に権力の「現れ」を限定する方法はそれなりに共通の了解を作る上で貢献するものであったが、しかし、三次元的権力観によれば、権力にはそれでは測定できない人間の意識そのものを巻き込んだ作用があり、従って、権力現象には限界がないという側面を見ておかなければならない。何故ならば、権力と人間との関係は基本的に「意味付け」の関係であり、経験的に観察できる範囲に必ず収まるという保証はないからである。ここに三次元的権力観の意義があるのであって、「主観性」の陥穽を避けようとして、観察可能性の問題に「意味付け」の問題を無理に解消しようとするのは、権力と自由との抜き差しならない関係にかえって目を閉じることになりかねない。

4 政治権力の問題

以上のような権力をめぐる議論によって政治権力についての議論をどの程度、代行させることができるであろうか。そもそもこの両者の議論をどの程度、区別すべきなのであろうか。実は、そうした問いかけ自身が余り見られないことが何よりも注目される点である。特に、政治を権力に従って専ら把握しようとした議論ではこうした問題そのものが背後にすっかり隠れてしまった。勿論、権力の研究においてさまざまな権力の区別が論じられていないわけではない。例えば、政治・軍事権力、経済権力、文化権力といった区別がそれであるが、そうした場合、ゼロ・サム・ゲーム型権力観を前提にした上で権力のリソースの相違がこれらの権力の分類基準になっている。政治権力が軍事権力としばしば同一視されるのは、それが力を源泉としていると考えられているからである（他の二つの権力の場合には富とイデオロギーがそれに相当する）。その場合、恐らく権力と政治権力とを分けて議論することは話題にならないであろう。しかし、前章を含め、これまでこうした議論を批判的に検討してきたわけで、こうしたリソースの違いにのみ政治権力の独自性を認めようといった議論を容認することはできない。政治が何らかの意味で権力を伴う活動であることは疑う余地はないが、その中で政治権力は「どのような質的特徴があるか」という点にこそ、問題の核心があった。その意味では政治を権力によって説明し、政治権力を権力によって説明しようとすることは、議論の入口に立ち止まっているに過ぎない。ここに知的混乱の原因がある。この入口を入り、政治権力の質的特性を明らかにすることが、正に、政治学の課題であったのである。

そこでまず確認しておきたいのは、政治権力やその他の権力について語るのではなく、端的に権力そのものを問題にし、そこから個々の権力について議論するという手法はかなり新しい現象であることである。端的にいえば、元来は政治権力やその他の権力の質的特性が問題であって、権力そのものを真っ先に問題にするというのは人間の平等その反映である「社会」という抽象的概念の登場によって初めて可能になったのであった。アリストテレスをあげるまでもなく、政治権力は前章での政治概念からも推測されるように、独特の権力である。J・ロックの『統治論』ほど、格好の素材はない。この有名な作品は一方で父権によって政治権力を置換させようとするR・フィルマーの議論への反論であるとともに、政治権力とはいかなるものであるかを問いかけた作品であった。その際、政治権力（political power）は父親の権力（paternal power）、主人の奴隷に対する権力（despotical power）、夫の妻に対する権力などとの区別において論じられている。これらの権力はそれぞれその根拠も目的も違い、これらを権力として一括して論ずることは言語道断の話である。このうち、政治権力は自由で平等な人間の間の契約（社会契約）によって樹立された政治社会（political or civil society）の集団的意志を遂行するものであり、法に従った統治と公共の善のために行使されるべきものであった。他の権力は端的に言って、自由で平等な人間が形成した権力、そういう人間同士の間で行使されるべき権力ではない。ここに政治と自由との明確な関係とともに、政治権力の集団的性格（power to）が見られるのである。民主制か否かは政治権力の運用の具体案に関わるものであって、政治権力の性格の問題とは区別されるべきものである。いずれにせよ、ロックがこの著書において civil government を主要概念としたのは決して偶然ではない。正しく、government 一般が議論の焦点ではなく、質的に特殊な意味での government が問題であったのである。そして、政治権力の問題を権力の大小（量）に着目して解こうとする議論は根本的に間違っているというのは、アリストテレス以来の卓見である。今日の企業権力の強大化を見るまでもなく、政治権力が最強だという前提からする議論は最初から間違った方向を辿ることになる。

政治権力は前章の政治概念から推測されるように、自由で平等な人々の相互関係に根拠を置いている、彼らに共通の、公的権力である。簡単にいえば、「われわれの権力」である。その目的は公的な利益の実現であり、その具体的内容をめぐって政治は展開される。これに対して、企業などの私的権力は違った目的（例えば、利益の極大化）を特定の範囲の人間との関係で追求するものである。そして、単なる力と異なり、権力と呼ばれるものは組織と制度なしには存在し得ない。企業統治（corporate governance）は会社法などにその制度的基盤を有しているが、政治権力は通常、憲法などの制度に基盤を持ち、その意味で「制度化された権力」である。政治権力が「われわれの権力」であるということをどのように制度やその運用を通して確保し、あるいは実現するかは、政治学の基本的なテーマであることはいうまでもない。以下、四つにわたって政治権力の性格についてまとめておきたい。

第一は、その公的性格についてである。それは政治権力を経済的利害関係に還元するような議論とはっきり一線を画すことを意味する。しかしこのことは、政治権力がこうした利害関係と現実に無関係であるということを意味するものではない。政治権力も社会において活動する以上、こうした利害関係との関わりが生ずることは避けられない。それにもかかわらず、その中に埋没することなく、一定の緊張関係を維持し、あるいはそれを再生産する可能性を持った権力である。一定の利害との癒着が明らかになれば、権力のそうした運用についての疑問が生じ、再検討と見直しが起こるのが異常ではなく、むしろ、それ自身の中に予定されているという意味である。政治問題はこうした権力の運用の是非をめぐって発生する。いろいろな意味で政治権力について「腐敗」が問題になるのはそのためである。政治権力を一定の利害関係に還元するような見地に立つと、「腐敗」という発想が消え、政治権力の可能性について議論ができなくなる。それは早晩、権力亡者になるか、あるいは反権力主義を奉ずるかという、自縄自縛状態に陥ってしまう。

第二に、「われわれの権力」という性格から派生する諸帰結がある。「われわれの権力」という性格は政治権力を分かりやすくする上で便利であるが、逆にいえば、「誰がわれわれか」という難問を生み出すことになる。政治が複数の主体による活動である限り、ここで問題になるのは「いかにしてわれわれの権力を構成するのか」と「それをどのように運用するのか」という二つの問題である。従って、政治権力の成立やその運用に関する手続きを定めた法的・制度的装置なしには政治権力は不可能であり、この権力はこうしたルールと不可分の関係にある。政治権力が単なる力から離れ、権威に依拠するような外観を呈するのも、これと基本的に同様の事態である。こうした法的・制度的装置は自発的服従の余地を広げ、自由との調整を安定的に行う機能を持つとともに、権力の運用が「予見性」を受け入れることにもつながる。当然、物理的強制の「節約」と説得の動員が政治権力の「あるべき姿」として掲げられることになる。アリストテレスは人間を政治的動物と規定しつつ、同時に言葉を持つ動物であるとしたが、それは物理的強制が政治権力の常態でないことを示唆している。Ch・メリアムの有名な言葉、「権力が暴力を用いる時、権力は最も強いのではなく最も弱いのである。権力が最も強いのはそれが力に代わる魅力を持ち、排除よりは誘惑と参加、絶滅よりは教育などの手段を採用する時なのである」は、なお、真実である。政治権力論は物理的強制中心の権力論の系譜に対して、制度と法的ルールの重要性を改めて示すという意味がある。

第三に、政治権力は巨大な組織を必要とし、権力の集中をめぐる問題が不可避的に発生する。そして、政治権力は人間の弱さと罪深さが大写しになる格好の舞台になる可能性が常に存在する。古来、政治権力の乱用によって歴史上、多くの悪行と巨大な犠牲が発生し、「われわれの権力」が政治人による蛮行の手段になったという指摘はお馴染みのものである。権力の規模そのものが生み出す独特なダイナミズムと巨大な誘惑を考える時、個人主義的モデルで政治権力を理解しようとする企ての決定的な限界がはっきり姿を現す。実際、政治権力は人間の最大の献身と最大の悪徳との目も眩《くら》むような展示場になる。その意味で政治活動のパラドクスがここに集中的に表現されている。政治権力が共同行為の持つ魅力を備えているとともに、想像を絶する悪徳の巣窟になったことから目をそむけることはできない。こうした独特の扱い難さを持つ政治権力を使いこなすことが政治活動の避けられない課題であり、政治権力の崇高さを誉めたたえるだけの議論が怪しいのはいうまでもないが、その汚辱ばかりに目を奪われるだけでは問題は些かも前進しない。そしてある集団の政治的能力は煎じ詰めれば政治権力の運営能力に尽きることになるが、それは時には十年や二十年では判定できないところが厄介なところである。

第四に、政治権力が「われわれの権力」である以上、政治権力の担い手である公民に重い責任がのしかかることは避けられないという点である。一つには、公的な事柄に対する強い関心を持つとともに、必要に応じて公的な事柄のために一定の犠牲の用意がなければならないということは、古くから言われてきた。公民の教育が重視されたのはそのためである。実際、「公的な利益のために個人的利益を犠牲にする政治的精神」を徳と称えてきた伝統は長い。しかし、同時に重要なのは、「われわれの権力」がわれわれの観点からしてそれにふさわしいような形で行使されているか、公的利益にふさわしいかどうかについて重大な責任があるということである。ここに手続き問題を越えた権力の運営問題が現れる。それは常に政治権力の現状に対して批判的視点を持ち、政治権力に眼前の権力者を越えた公的世界に献身する姿勢を要求する責任である。素朴な公共精神や愛国心がともすれば権力の暴走と乱用を下支えする結果になるとすれば、この批判的視点こそはそうした陥穽を免れる高度の合理的な公的精神とでもいうべきものである。先の第三点とも重なるが、この責任は素朴な公共精神だけでは果たすことができないのである。

最後に政治権力もまた権力一般が持っている道義的責任の問題を回避することができない。しかも、政治権力の場合、この個人的・道義的責任に加えるに、この権力が公的利益にふさわしい形で行使されているかという政治的責任の問題が加重されている。しかも、これまで述べたようにその及ぼす影響は広く、巨大である。「私」と「あなた」という次元での責任に加えるに「われわれ」という次元で考えなければならないということになる。ここに政治権力の持つ道義的問題性——「悪魔とも手を結ばなければならない」——が姿を現すことになる。俗にいうところの政治と倫理との緊張関係はなくなることはなく、それを直視して具体的な判断を下していく以外に道はない。政治権力の問題を個人的レベルの議論に引き寄せて考えればそれは道義的問題に還元されかねないし、逆に「われわれ」次元ばかりが暴走すると政治権力は道義性をすっかり失ってマキアヴェリズムに転落してしまう。マキアヴェッリの偉大さはこの緊張関係を率直に告白し、それを「克服」しようなどとはしなかった点にあった（残念ながら、その後の人類はこの問題の「克服」を試み、政治権力の暴走を下支えしたのである）。

第四章　政治システム・政府

政治が直接・間接に政治権力に関わるとすれば、政治権力の組織化とその機能が問題になる。これこそ、伝統的に制度論や機構論が中心テーマとしてきたものであった。特に、多様な政治体制を経験した西欧世界において、それらはアリストテレスの政体論以来、事実上、比較制度・政治論の内容を形作ってきた。アリストテレスは支配者の数（一人、少数者、多数者）と統治の善悪（公益に適うものかそうでないか）という二つの基準から政体を六つに分類し、それぞれ、王制、僭主制、貴族制、寡頭制、国制、民主制と名付け、さらに、彼独自の基準に基づいてこれらの間のランキングを行った。その後、これら各々の名称には若干の変化があったし、これら単純政体と違ってこれらを組み合わせた混合政体という形態が最も安定した政体として浮上した。Th・ホッブズがこの六政体・混合政体論に対して正面から異議を唱え、支配者の数だけに着目した三政体論を唱えた時、彼は意識的に統治の善悪という基準を切り落とした。何故ならば、統治の善悪論は彼の企図する絶対主権論と端的に矛盾するものであったからである。モンテスキューの共和制、王制、専制という三分類はそれに比べて明らかにアリストテレスに近い性格を持つ（勿論、彼なりの関心に従って、一人支配への関心が異常に高いことを認めた上でのことであるが）。

このような議論において大きな時期を画したのは主権論の登場であり、この問題は明治の日本にまでその影響を及ぼした。しかし、他面において、主権論はある意味において抽象的権限中心の議論であり、それによって政府に関わる議論が全て決着したわけではなかった。人民主権といっても、J＝J・ルソーのように人民による立法権の直接的行使論から代表による統治まで多様であり、後者にも議会制と大統領制という大きな区別があり、さらに、それぞれにおいて多様な側面を数え上げ、比較検討することは極めて簡単なことであった。君主主権といっても、独裁制に近いものから明治憲法のように迷路のように諸権力が割拠したものまで大きな幅があったのである。従って、ここに制度論が主権論を越えて生き延びる余地は極めて広く、現在もなお広いのである。

二〇世紀は一方において、社会主義体制やファシズムという新しい政治体制を経験した。世紀中葉の議論にはその衝撃が実にはっきりと刻まれている。また、二〇世紀はそれまでとは比較にならないほど、制度論が対象にすべき地理的空間を一挙に広げた。しかし、同時に二〇世紀は「民主主義の世紀」であり、幾重にもわたった民主化の波は新たな政府論への刺激となった。冷戦の終焉と一九八〇年代後半以降の巨大な民主化の波は再び制度論への大きな追い風になっている。他方において、序論でも述べたように現代の政治学は制度論的枠組みから自由に問題を捉え直そうと試み、新しい角度から政府を論じようとした。そこに政府の制度論的枠組みよりも現実的な機能に焦点を合わせようとする議論が出てくるのは必至であった。ここではこれらの新しい試みを検討しながら、政府論を考える際の原理的視点を論ずることにしたい（民主制に関わる制度的問題など、各論的内容については第二部に譲ることにする）。

1　イーストンの政治システム論

有名なD・イーストンの政治システム論は一般システム論の影響の下に形成された、政治活動を一般的、経験的にとらえようとした代表的な試みであった。システム論は原子論的な要素還元主義——複雑な現象を単純な要素とその諸関係に分解し、そこから全体を理解しようというホッブズ的立場――に対し、こうした形ではとらえられない全体と部分との相互依存関係に目を向けることによって構造やシステムを把握しようとする立場であった。イーストンによれば、個々の要素ではなく、相互作用が社会システムの単位であり、政治システムは人間が営む相互作用の全体の中の独特な相互作用のセットと考えられている。政治システムを構成する要素（変数）は機能的に相互依存的関係にあり、作用・反作用を繰り返しつつ一定の安定状態を実現するものと見なされていた。その際、特徴的なのはこの安定が絶えず変化する環境の中での政治システムの「存続（persistence）」を意味していたことであり、それは生物と同様、環境からの攪乱に直面しつつも、そのストレスを乗り越えていくものと考えられていた。存続するためには、環境からのストレスを凌ぐことができる無類の柔軟性を持たなければならない。特に、自らを変革し、その構造や目標を変えることができる能力が必要とされる。イーストンはシステム理論とサイバネティクス（通信と制御の理論）とを組み合わせることによってこうした柔軟性が可能であるという観点から議論を展開した。このようにイーストンにあっては政治システムは変化する環境の中で自己変貌をとげながら存続していく一つの生命過程をもった存在として描かれることになった。そこには紛れもなく生物学の影響が見られるのである（図1）。

ところですでに述べたように、イーストンは政治システムを「社会に対する諸価値の権威的配分」と考えた。その意味で政治システムは社会システムの中で独自性を持つ。ここでいう諸価値の配分とはいうまでもなく、所有している価値を剝奪したり、あるいは獲得可能な価値の獲得を妨害したり、価値への接近に対して差別的な取り扱いを含む形で個人や集団に対して価値を配分することを意味する。その場合、この配分は同時に「権威的」でなければならないとされるが、そのためにはこの配分に拘束されると考え、服従することが条件になる。そのように考える理由は多岐にわたり、自己利益への合致や正統性感情との合致から、暴力に対する恐怖や伝統への忠誠心まで、限界は設定さ

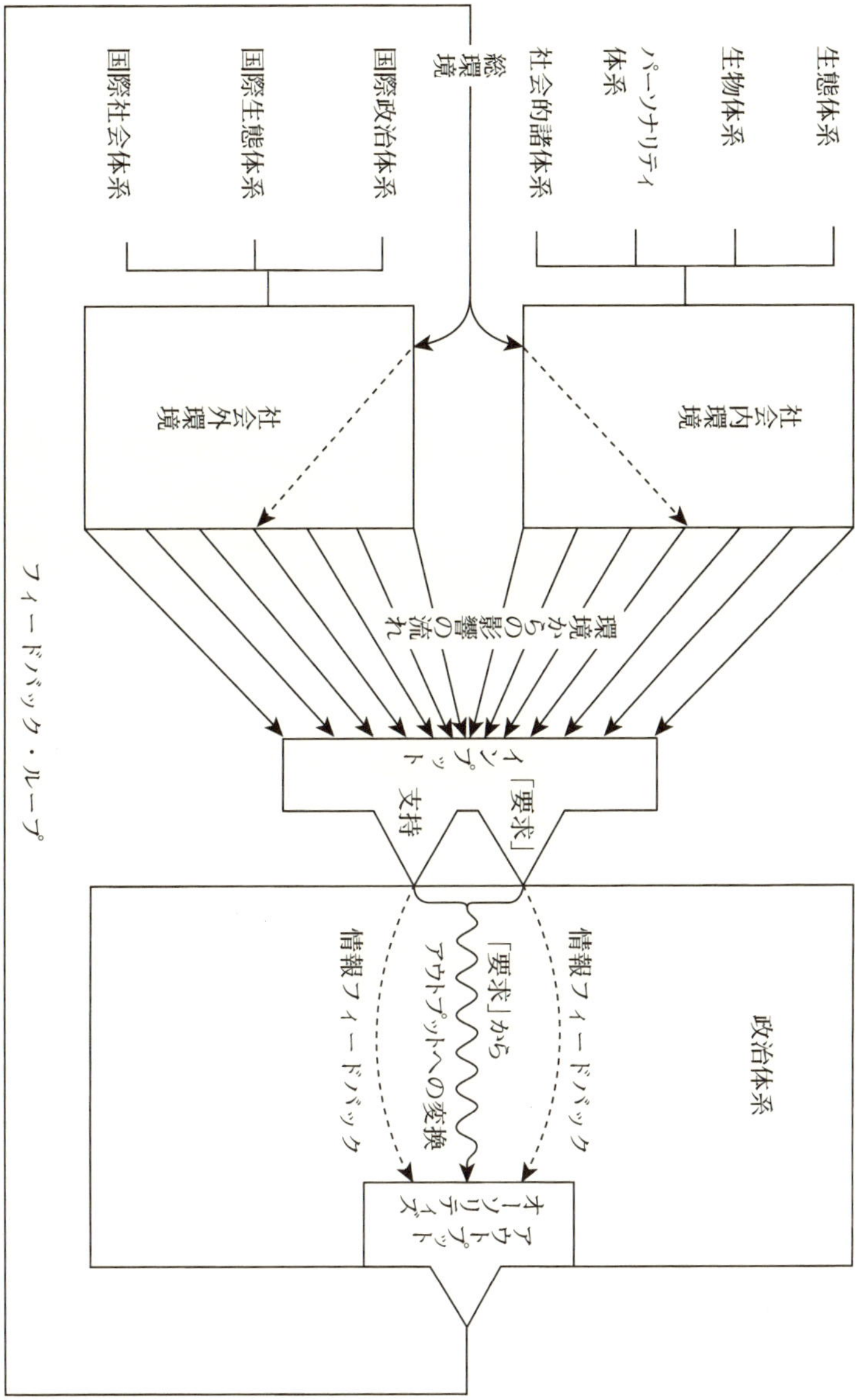

図1　政治体系の動態的応答モデル

出典：D. Easton, *A Systems Analysis of Political Life*, 1965, p. 30（邦訳 43 ページ）.

れていない。このように理由はともあれ、人々の服従を実現できるような諸価値の配分が行われている限り、政治システムの「存続」は確保される。換言すれば、政治システムの「存続」とは、「社会に対する価値配分を決定すること」と「それが大部分の人々によって権威的であるとして受容されること」という、二つの必須変数（essential variables）が一定の臨界点（critical limits）以内に止まっていることに他ならない。

彼の政治システム論は四つの要素から構成されている。まず、政治システムと環境（environment）という二つの要素が区別される。前者は後者によって取り囲まれ、そこから不断に影響を受けるという関係にある。次に、この環境からの影響やストレスに対してシステムは反応（response）を通して、自らの変化を企てることによって「存続」を図る。システムの「存続」はこの反応能力に依存することになるが、その際、環境についての諸々の情報が政策決定者に戻ることが不可欠である。これが第四の要素としてのフィードバック（feedback）である。つまり、政治システムが自己制御能力を有するのはこうしたフィードバックが機能し、自己閉鎖的でない形での環境への反応が可能だからである。政治システムの「存続」可能性はそれが開放的システムであることと深く結び付いていた。

これらのうちの環境を彼は社会内的環境と社会外的環境とに大別し、前者をさらに生態システム（自然的条件と他の生物）、生物システム（人間の自然的資質）、人格システム、社会の他のシステム（経済その他）に分けており、後者はその国際版と考えられる。こうした環境からする政治システムへの影響は入力（input）と呼ばれ、要求（demand）と支持（support）からなる。この影響を受けて政治システムは権威的決定を行い、それを環境に対して放出するが、これが出力（output）である。この出力を通して政治システムは環境に変化を与え、間接的に入力に影響を及ぼすことが期待されている。この政治システムと環境とを中心にした議論においては焦点が政治システム一般の「存続」にあることに注意を喚起したい。民主制といった特定の政治システムの形態がどうなるかといったことは、少なくとも第一次的関心事ではないのである。その意味であくまで一般理論であることを志向している。

政治システムについての伝統的議論との比較を行うためにも、彼の政治システムの構造にもう少し立ち入って検討する必要がある。彼は政治システムを三層構造を持つものと考えている。まず、政治共同体（political community）が基底的部分として想定されている。すなわち、政治共同体とは「種々の異なる要求の平和的解決に向けてその集中的エネルギーを捧げようとしている人間集団」と規定される。その内実がどのようなものであれ、一定の政治構造の存続を支持する限りにおいて政治共同体は存続するものと考えられる。他の二つの部分が変化したとしても、これは存続する。これが解体するのは内部分裂が深刻化し、もはや同じ政治構造の下に共存することができなくなった場合に他ならない。その意味で内乱や大規模な分離運動が政治共同体の存続を不可能にすると考えられている。イーストンの議論で大事な点は、政治共同体を政治システムの外部にではなく、その内部に、その一部分として組み込んだ点にあった。

第二は体制（regime）である。これは「システムに送り込まれた要求が解決される方式と決定が実施される方式との双方を規定する一切の装置」と言われている。この中には政治システムの実現すべき価値や目標、原理の他、諸要求を処理し実施する際の手続きや規範（rules of games）、諸決定のための権力配分システムとしての権威の構造の三つが含まれている。ここからも推測されるように、体制は「憲法的諸原理」に他ならず、政治的行為の目標と手続き、決定者の構造を定めるものであり、政治的相互行為の枠組みがこれによって確立することになる。また、これによって政治共同体は自らの政治システムの具体的ルールを手に入れることができる。体制には伝統的に制度論が扱ってきた論点がほとんど含まれており、政治システムの具体的な形態はこの点と関連している。注意すべきは、こうした体制の変化は政治システムの変化そのものと同じではないという構成になっている点である。

第三は決定者、当局（authorities）である。イーストンはこれを政府と呼んでいるが、これが具体的に価値配分活動を行う当事者である。彼らは体制に基礎を置きつつも、体制を現実に作動させ、要求を出力に転換しながら、政治システムにかかるストレスを凌ぐという形で、システムの「存続」に対して重大な責任を負っている。当然、そうした中で彼らの影響力や彼らに対する支持が常に調達されるものではなく、現実にはその交代が頻繁に発生することは予定されている。

このような三層構造は政治システムがどのレベルでストレスを受けとめるか、どのレベルにまでストレスが及ぶかという問題と関連している。これこそ政治システムの自己変革能力の問題であり、環境に対するその柔軟性の秘密に他ならない。容易に想像されるように、出力の変化で対応できるならばそれでよいが、それで不十分な場合には政策決定者の交代が必要になり、それでも対応ができない場合には体制を部分的に修正するか、あるいは全体を修正することも問題になる。そして、究極的には政治共同体の崩壊にまで及び得るのである。イーストンは決定当事者や体制、政治共同体の変化を「政治システムの変化」と規定し、これに対して全てが同時に変化する場合にそれまでの政治システムが消滅すると考えているようである。このような議論の意味については後でじっくり検討することにしたい。

さて、こうした政治システムと環境との関係をもっと立ち入って検討してみよう。先に述べたように、イーストンは入力のうち、政治的に意味のあるものとして要求と支持に議論を限定した。それというのも、この二つこそ環境がシステムに対して加えるストレスの大小や性格をとらえる上で効果的であるからである。まず、要求とは「特定の問題に関連して権威的な価値配分がそれに対して責任を負う人々によって行われるべきである、あるいは行われるべきでないとする意見の表明である」。ここで重要なのは、要求が利害対立の解決に向けて明確に決定当事者の行動を促している点であり、そこにその政治的性格が見られる。従って、こうした性格を欠く期待や世論、欲求といったものは直ちに要求になるわけではない。要求の主たる機能は環境で生じている事態を政治システムに伝達し、非政治的領域と政治的領域との橋渡しをすることにあるが、時には、政治的役割を担っている人々が直接要求を提起する場合もある。イーストンは後者を政治システム内部から生じた入力として（「内発的入力」）、環境からするそれとは区別している。いずれにせよ、要求は政治システムにとって大きなストレスになる。それが満たされないと支持の減少を生み出すという間接的なストレスにつながるのみならず、そもそも要求の量が余りに多かったり、あるいはそれが質的に極めて困難な場合には決定当事者に過大なストレスがかかることは避けられない。これが要求入力の過負荷(demand-input overload)現象である。これに対応するために、要求を加工し、それを縮減・変形する構造的な機能が必要になる。それを通して、要求は「争点」へと転換され、出力の対象範囲が限定される。この要求の制御作用を担うのが門衛（gatekeeper）であり、民主政治における政党、利益集団、マスメディアなどがこの役割を果たしている。勿論、大規模な反乱の発生といったことになれば門衛はバイパスされ、決定者自身が要求を自ら提起するといったことも現実にはあり得る。この構造的縮減変形機能と並んで、「何を争点にすべきか」についての共通の文化的了解が要求を濾過し、コントロールする役割を果たす。勿論、要求の提出そのものを政治システムがどう評価しているかという体制上の問題がある。民主制のように要求の提出を奨励するような体制においては、要求入力の過負荷がさらに進展することになる。そうなれば、構造的制御体制を充実させ、回路能力を高めることによって対応せざるを得なくなる。

入力のもう一つの柱は支持である。支持の対象は政治システムの先の三つの層それぞれである。支持の臨界点以下への低下は政治システムを危機に陥らせる。政治共同体への支持の感情を一定以上に保つことは極めて重要であるし、特に、門衛の役割を担うような有力者たちの政治システムに対する不支持は警戒を要する。不支持に対しては強制によって応答することも考えられるが、それには限界がある。そこで支持の安定的な調達のためには、第一に、体制の権威構造を変えることによって政治対立や不満に応答することが必要になる。権力の配分構造の変化や参加のあり方の見直しといった方策がそれである。それでも十分でない場合、体制の規範や目的そのものの変更も必要になる。これを彼は、「支持の構造的規制」と呼んでいる。

次に、先の三つの層に対する好意や忠誠心を育成する方策の採用である。これは常日頃の努力によって支持を蓄積するものであり、こうした蓄積された支持や好意をイーストンは一般的・拡散的支持、あるいは無条件的支持と呼んでいる。これは特定の見返りなしに政治システムに対する支持が存在している場合であり、政治的社会化（political socialization）によって体制や決定当事者に対する好意や正統性感情を子供のうちから定着させる工夫が必要になる。その他に、共通の利益の重要性を喚起することによって政策決定者の地位を安定させたり、「われわれ」意識を培養するようなきらびやかな儀式や国旗・国歌の活用、共通の伝説の活用などが考えられることになる。これらの方策は政治共同体と体制、当局者との友好的な関係を一般的に維持すること、すなわち、一般的・無条件的支持の調達に寄与する処方箋である。

最後に問題になるのが、出力の意識的活用によって特定的支持を得る方法である。これは政治的善意に依拠した支持の調達と異なり、私的利害関心に対する便益や利益の配分によって支持を得ようとするものである。これは環境に対する極めて自覚的な対応であり、要求への応答（あるいは、応答しているというイメージの醸成）にその最大の目的がある。出力はいわば明確なターゲットに向けられ、同時に、その効果についての情報が決定当事者に還流するという政治システムと環境とのダイナミックな関係が典型的な形で現れる。サイバネティクスはここにおいて導入される。すなわち、決定当事者がどのような反応をするかを決定する上で決定的に重要なのは、政治システム及び環境についての情報が的確に伝達されていることであり、これなくして効果的な反応は不可能である。フィードバックとは、この種の情報の決定当事者への還流に他ならず、支持の減退状況についての情報や過去の出力の効果・影響についての情報などがその中心をなす。こうしたフィードバックを前提にして入力と出力とが互いに連動し合う連続的、循環的な政治システムの生命過程が営まれるというのである。勿論、決定当事者の応答能力は情報のみによるのではなく、時間的・資源的余裕によって制限されることになる。このように政治システムは環境に対して受動的に対応するのみならず、環境に対して創造的に働きかけていくことによって生き延びていくのである。

この有名な政治システム論は、政治システムそのものを分析の対象としてきたそれまでの政府論と異なり、政治システムと環境との関係——入力・出力関係——に議論の重点がある。いわば、政治システムの生物的生存に主たる関心があり、それとの関連で果たすべき機能に関心が向けられている。政治システムを構成する三つの層——政治共同体、体制、決定当事者——相互の関係は、それに従属する形でしか議論されないという位置付けになる。その際、第一に注目すべきは、政治共同体を政治システムの内部に取り込んだことである。これは、政治システム論の性格の曖昧さを示す一例である。それというのも、この手法は政治システム論の主たるテーマが政治共同体と体制や決定当事者との関係にあるのではなく、環境との関係にあるということを含意していたが、他面において、政治共同体が政治システムの一環に過ぎないかといえば、実際にはこれこそ、環境の中の最たるものではないかという疑問が出てこざるを得ない。実際、要求や支持の議論はそのことを示唆している。その意味では、イーストンは政治共同体を政治システムに含めるのでなく、政治共同体と政治システムを対置させる極めて伝統的な枠組みに従っているように見える。やや意地の悪い言い方をするならば、一般的支持に相当するものが政治システム内部的な政治共同体であり、特定的支持に相当する政治共同体は環境に含まれるとでもいうのであろうか。政治共同体の位置付けが重大なのは、この問題の取り扱い如何によっては、政治システム対環境という問題設定そのものの説得性が問題にならざるを得ないからである。

第二に、彼の政治システム論の生物的性格をめぐる問題である。政治共同体を政治システムに組み込んだ結果はっきりしたことは、「政治システムの崩壊」がほとんどなくなったことである。特定の政治システムの崩壊（これは「政治システムの変化」と呼ばれる）は確かに見られるが、政治共同体の分裂でもない以上、「政治システムの崩壊」は発生しない。つまり、「諸価値の権威的配分」としての政治は間断なく継続することになる。政治システムの逞しい存続はこれによって保証されていたのである。イーストンは政治システムの存続を可能にする枠組みを作った上で、その生物的な存続可能性を高らかに論じたということもできる。その結果として何が起こったかといえば、「どのような諸価値の配分なのか」という政治的争点が生物的存続の背後にすっかり退いてしまったということに他ならない。政治的問題が生物的問題に置換されたのである。いわば、そこでは専ら「生きる」ことは問題にするが、「どう生きるか」は問わないという態度が見られる。イーストンの議論は現状維持的だとか保守的だとかいう批判に遭遇しなかったわけではないが、その真の特徴は政治的に融通無碍《むげ》な点にあった。ドイツが第二帝政からワイマール共和制、そしてナチズムへと変化しても「諸価値の権威的配分」は存続した、という議論にどのような意味を認めるべきであろうか。政治的活動において、そして政治分析にとって、単なる「諸価値の配分」ではなく「どのような諸価値の配分なのか」が肝要な問題であったとすれば、そして、今後もそうであるとすれば、彼の政治システム論には致命的な死角があったといわざるを得ない。彼は民主制といった特定の政治システムに議論の焦点を合わせることなく、あるいは近代の国家にのみ焦点を合わせることなく、政治システム一般を追求するのが政治学であるとの立場から政治システム論を展開したが、その結果、政治システムの政治的・道義的意味付けの問題はシステムの存続という問題に置換され、人間活動の具体性と道義性への問いかけはこの抽象的な枠組みの中で見失われてしまった。政府の存続のために政府があるわけではないことを考えただけでも、彼の議論の奇妙な性格が理解できるであろう。

イーストンの議論と比較して、その枠組みを具体性のある形で展開したG・アーモンドの構造機能分析モデルは政治システムの存続そのものではなく、それら相互の相違に焦点があった。そして、比較政治や政治発展論がこの構造機能の同定と深くつながっていた。そこに一定のバイアスが含まれているといった批判が寄せられたことは、イーストンよりも政治的に融通無碍の度合いが少なかったということの証しかもしれない。また、K・ドイッチュのサイバネティクス・モデルを動員した政府論は、それらが政治共同体といったものを外に括り出す限りにおいて、政府論としてイーストンの議論より整合性を備えている。彼の場合にも、政治システムの自己操縦可能性と存続が視野に入っているが、しかし、同時に、単なる存続に重点があったわけではない。彼は自己破壊的システムとの対比で「自己発展的・自己増強的システム」という概念を提示し、政府が権力政治に満足することなく、国際的に公共の利益を追求するような新しい政府のあり方を模索している。このように、これらにおいてはイーストンの場合よりも、「どのような諸価値の配分なのか」という問いに対する配慮がそれなりに見られるといってよい。

伝統的な政府論の拘束から自由に政府の機能を経験的に分析しようとしたこれらの議論には、制度や仕組みを機能的に読み替えることを志向するという一つの大きな特徴がある。しかし、政府の問題をこうした機能的連関の問題としてそもそもどの程度とらえられるのであろうか。端的にいえば、諸々の要求に対して反応をしながら存続していく、あるいは、そのように政治システムを「操縦」していくという議論の立て方に問題はないか。ここで浮かび上がってくるのは、この「操縦」の担い手であるエリートの重要な役割と政治システムの受動性である。この後者は、政治システムが社会の要求に対して基本的に受け身的に機能することが想定され、その意味で「社会化」されているという事態である。イーストンの場合に見られたように、決定当事者の交代が念頭に置かれつつも、実際には事態によっては体制変革を余儀なくされる形で政治システムの存続が図られた。ましてや、政治システムの「操縦」に統治が全て還元されるドイッチュの場合、あらゆるものが操縦の対象になる。そこに漂っている権力の途轍もない集中については立ち入らないとしても、政府の機能を環境との関係で構想するという基本図式が維持される限り、政治システムの能動性のように見える機能（例えば、出力）も、実は、受動性という枠内での機能に過ぎないことが分かる。政府の機能を何らかの意味で問うことと、政府そのものをこうした形で扱うこととは自ずから違ったことである。こうした形の政府論が政府の役割や意味について一面的な議論に陥っていないかどうか、検討の必要があるのである。

2　政府論と制度論

ここで提起されている問題は、政府を論ずる基本的な視角に関わるものである。それは社会の要求によって政府をどの程度説明すべきかという問題でもある。伝統的な制度論的・機構論的政府論は、社会的現実から遊離した、あたかも真空の中での議論が可能であるかのような前提に立っていたため、批判の的になった。しかしながら他面において、社会的な諸要求への応答に政府を還元するということで済むのかといえば、そこにはなお新たな問題が出てくる。そして、社会的要求なるものが現実には目に見える具体的な集団や業界のそれである以上、伝統的議論への批判は容易に公的権力の「腐敗」という新たな問題に直面することになる。極端にいえば、社会的暴力や金力がそのまま政府の権力に転化するのをどれだけ高く評価するのかという厄介な問題が出てくるのである。従って、社会的要求や集団に焦点を合わせる多元主義は政府をこうした諸要求・「力」の「現金自動支払機」に還元するものだという批判が出てくるのは免れない。この一種の還元主義を徹底したのがマルクス主義であり、そこでは近代国家は「ブルジョワジーの執行委員会」と規定されていた。その意味では政府を社会的要求に引きつけて解釈する立場とマルクス主義との間に問題の捉え方において共通面があることは否定できない。あるいはこの問題は、政府は広い意味で社会の従属変数あるいは手段であり、それ自体、固有の立脚基盤を持たないという議論にもつながるし、社会や経済の近代化はあたかも自動的に同じような政府を生み出すことができるかのような議論にもつながりやすい。

政治の世界の大きな特徴は早くから制度化が進んできた点にある。前章で述べたように、政治権力の大きな特徴は自由な複数の主体の存在を前提にして制度が権力に先行した点にあった。イーストンが体制と呼んだ俗に憲法的原理――あるいは、それに対応する暗黙の「国制」的原理――なくして、政府も政治権力も考えられない。権力の成立及び権力者決定のルール、政府を構成する諸権力体の権限の範囲とその行使の手続き、政府の実現すべき目的といった点での制度化は常に前提されている。それとともに重要なのは、この権力を担いつつ、公的決定に携わる人的集団が存在していることである。そこに制度的基盤に基づく集団的精神がルール化される。このように、政府とは制度的法秩序と公的決定に携わる人々からなる総体ということができる。

政府についてまず指摘しなければならない点は、それが一個の政治的目的に支えられた一個の組織であるという誕生の具体的刻印から免れないことである。それは決して融通無碍であることはできない。目的の点であれ、機構の点であれ、あるいは手続きの点であれ、一定の制度化が図られ、政府に対する支持や服従はそれによって担保されている。従って、それを簡単に「操縦」することはできない。そして、環境に敏感に反応して変化するどころか、制度や組織は一旦活動を始めるとそれ自身がストック化し、これを担う集団によって常に再生産されることになる（「制度・政策遺産」の問題）。しかも、公的組織ということで組織の自己目的化が図られやすく、その変更は革命など、強い国民的意思表示や流血なしにはなかなか起こらない。制度なくして政府は安定しないが、制度化は政府から自由を奪うといってもよい。この組織の自己強化の運動の力学はあらゆる組織に見られる現象であるが、政府の場合、この硬直性（rigidity）の可能性は極めて大きい。

従って、政府は社会や経済の変化に呼応して柔軟に変化するわけではなく、その組織原理に基づき独立変数としてそうした変化に独自に応対する余地が非常に大きい。つまり、政府と社会とは緊密な機能的連関関係を常に構成しているわけではなく、前者を後者の手段として簡単に動員できるわけではない。むしろ、政府は常に変化する社会や経済の動きの中で一定程度固定した制度的関係を維持することを主たる役割とし、社会の制度化の下支えをその任務としている。従って、政府の融通無碍化はむしろ「腐敗」である。実際、制度を媒介にした社会的相互信頼のシステムを維持し再生産することが政府の課題であるからである。立法、行政、司法という政府の三つの働きはその古典的な具体化に他ならない。社会的諸要求はあくまでこの枠内において受けとめられ、咀嚼《そしゃく》されなければならない。この作業は必ずしも容易ではなく、それゆえに政府の崩壊が歴史の中で問題になるのである。社会的諸要求の「現金自動支払機」になることは決して政府の機能そのものではない。

政府の成立と存続は政治システムの共有を可能にする社会的な相互信頼関係がどの程度存在するかによって左右される。イーストンの政治共同体という概念はそのことを指摘したものであったが、いわば、power to という要素がそこでの制度化の条件なのである。勿論、複数の主体の参加と権力の行使（power over）もそのことを前提にしている。ところが現実にはそうした条件が常に存在するわけではなく、特定の集団が相互不信を前提にして権力の座に突入することはいくらでもあり得る。正に、そこでは剝き出しの power over が独り歩きを始める。その結果、制度は表向きのものに留まり、特定の集団や特定のリーダーの存続が政府のそれと一体化され、政府の安定性は望むべくもない。当然に、短期的視座に基づく狭い集団の利益の野放図な追求と相互不信の激化という代償が伴う。そして、後には弱い政治システムしか残らず、舞台裏での私的な闘争が物事の全ての成否を左右することになる。多元的主体の政治参加（権力追求）と社会的信頼感の存在という二つの要素のバランスは、社会や経済の発展によって自動的に提供されるものではなく、強権支配と無秩序との往復運動を乗り越えることは先に述べたような制度化によって初めて可能になるのである（イーストンのように、政治共同体を政治システムの中に入れてしまうと、こうした問題が見失われる）。この制度を媒介にした協力体制が整備されることによって、政府の複雑な問題への対応力は上昇し、社会的諸力との距離感も醸成され、政府の担い手たちの一体性の意識が高まることになる。

このように、社会に対する政府の相対的独立性は明らかであるが、そのことは、一旦、外的危機といった事態に直面すると政府は社会を動員しつつ「上からの革命」（新たな制度化・規律化の企て）を試みることに端的に見られる。あるいは社会の直接的な要求に抵抗して政策を立案・実行することは、秩序や平和の維持などが問題になる際に典型的に見られる。これは還元主義的理解と対極をなすものである。また、政府のあり方は集団の結成や活動を促し、あるいはその活動を定型化したり、争点をコントロールする上で無視できない影響力を持つ。その意味では政府は社会的諸力に受け身的に対応するだけではなく、それをある意味で誘導し、あるいは間接的に規制する機能を果たしている。政府と社会的集団との関係は決して一方向的なものではなく、複雑な双方向の関係が見られる。これは人間が制度的存在であることの反映であり、要求にしろ利益にしろ、常に「枠づけられたもの」「構成されたもの」として登場するのである。

他面において、政府が一定の内容を持つ制度化に常に依存せざるを得ない限りにおいて、政府の存続能力には自ずから限界がある。政府が人間そのものの制度化——教化や洗脳などを駆使して——を企て、徹底した政治的社会化を試みることは珍しくないが、それにもかかわらず、特定の制度が人間を完全に封じ込めることには原理的な限界がある。プラトンに始まる、いわゆるユートピア型の構想には政治変動を封じ込め、一つの政治システムの永続性を維持しようとする強い願望が見られるが、同時に、「スパルタもローマも滅びた」という言葉にはこうした試みの空しさが鳴り響いている。すでに第一部第一章で論じたように、人間と特定の制度の関係は両義的であり、人間の未確定性を根元的に排除することはできない。ある制度に代えて他の制度を選択することは人間の自由の証しであるとすれば、政治変動は自由の代償というべきであろう。先にイーストンについて論じた点との関連でいえば、正しく「どのような諸価値の配分なのか」がそこでの焦点であり、諸価値の配分一般にのみ焦点を合わせることによってこの種の政治変動を「二次的なもの」にしようとしたことの重大さがここにはっきりと浮き彫りにされている。人間にとってこの「どのような」が切実であり、それを問いかけ、それに基づいて行為するところに実践の意味が凝縮している。逆にいえば、政治を自由との関連で考察するのではなく、「諸価値の権威的配分」という視点からのみ考察しようとしたために、こうした死角が発生したのである。

政府論を一般的にでなく、具体的な姿に即して論じようとすれば、最低限三つの要素について考察しなければならない。第一に、政府を取り巻く社会的・経済的・文化的諸条件について考察しなければならない。これは歴史的現実に即して具体的に確定されなければならない。

第二に政府そのものについていえば、多様な制度化の試みが分析の対象になる。本章の冒頭で指摘したようにこの点については古い伝統と長い議論の蓄積がある。そして、二〇世紀をとってみても、対象の変化に従って議論は変転を余儀なくされた。二〇世紀の初頭においては君主制について語ることが政治的な意味を有していたが、その後に新たに登場した独裁制の方が民主制との対概念として君主制よりもはるかに重要な意味を有するようになった。しかも、

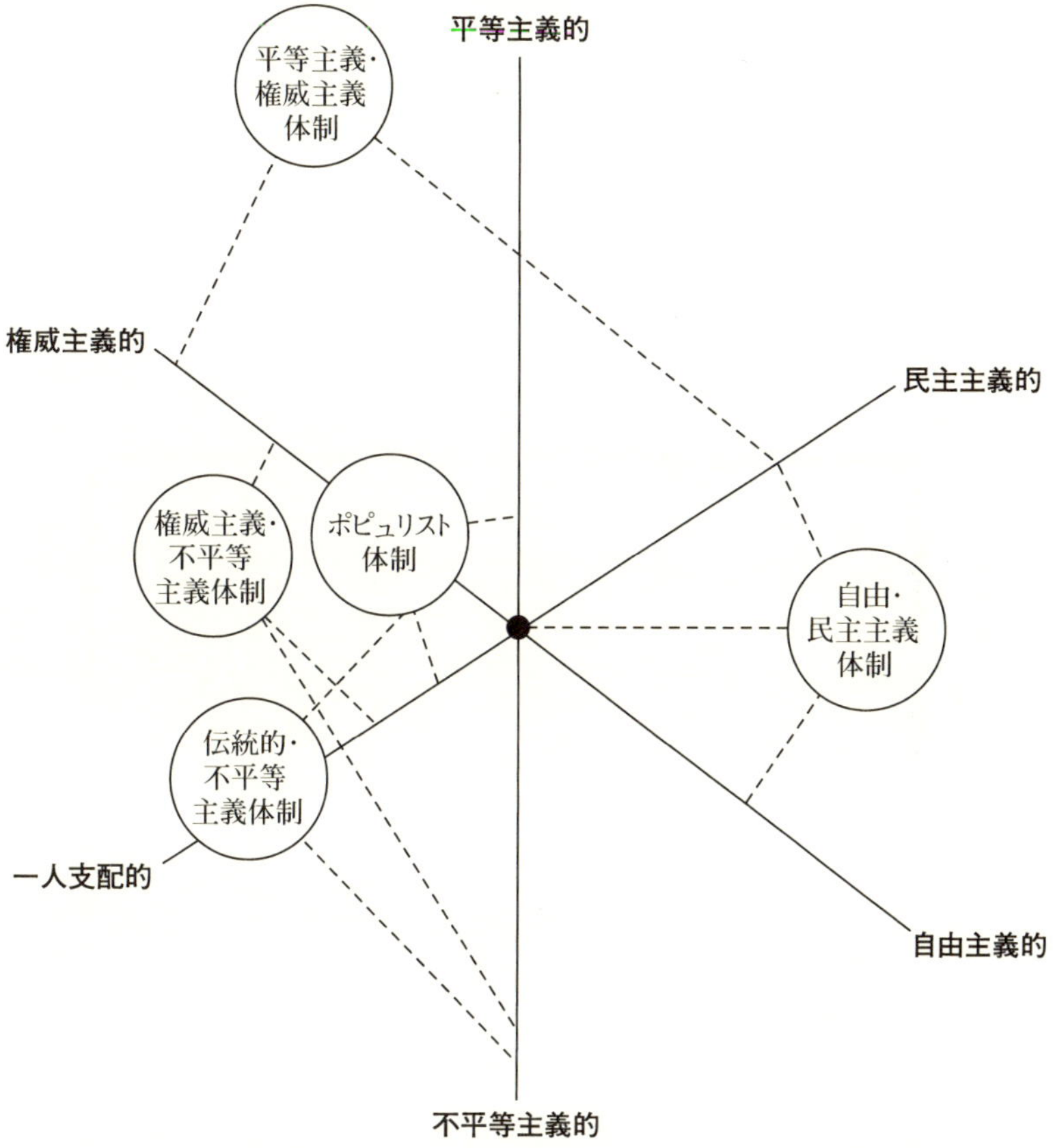

図2　現代政治システムにおける三つの次元と五つの政府形態
出典：J. Blondel, *Comparative Government*, 2nd ed., 1995, p. 32.

二〇世紀は全体主義（totalitarianism）という新しいタイプの独裁制を体験したという独特の事情も加味しなければならない。比較的最近の政体分類・比較論として、人口に膾炙《かいしゃ》している分類論を三つあげておこう。まず、J・ブロンデルは政治参加（民主制と君主制が両極）、統治の方法（自由主義と権威主義が両極）、統治の目的（平等主義と不平等主義が両極）という三つの基準を設け、これらの組み合わせによって自由・民主主義体制、平等主義・権威主義体制、伝統的・不

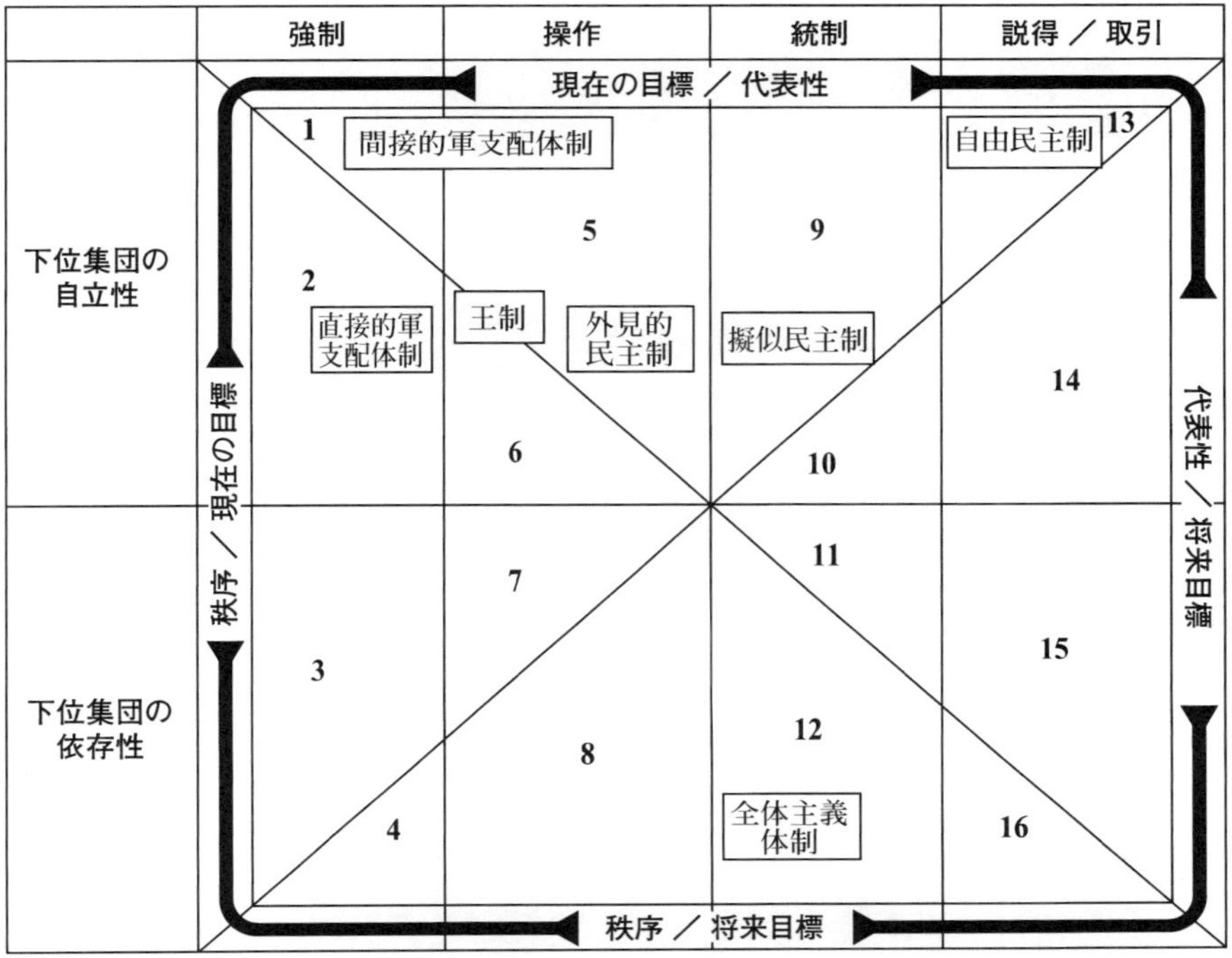

図3　五つの次元による政府の分類
出典：S. F. Finer, *Comparative Government*, 1970, p. 55.

平等主義体制、ポピュリスト体制、権威主義・不平等主義体制の五つの政府形態が見られるとした（図2）。またかつてS・F・ファイナーはこれに対して五つの次元による政府の分類を提案した。すなわち、参加と排除、強制と説得、下位集団の自立と依存、代表性と秩序、現在の目標と将来の目標という五つがそれである。これら五つの軸に基づいて彼は、自由・民主主義体制、全体主義体制、擬似民主主義体制、外見的民主主義体制、王制、軍支配体制の六つをあげ、それぞれを位置付けた（図3）。また、全体主義体制と権威主義体制との区別について、J・リンスは後者が多元主義とイデオロギー政治の浸透の点で前者と民主主義体制との間に位置し、政治参加の点で両者と比べて閉鎖的であるという議論を展開した。さらに、民主主義体制については議会制と大統領制との対比といった古典的類型論があるように、議論をより分岐させていくことは可能である。

第三に政治を実際に動かすリーダーやエリートの問題がある。この要素は先の二つの要素を現実に統合する役割を持つが、政治変動まで視野に入れれば対抗エリートもこの中に含まれる。そして、こうした政府論は一方で比較政治論へとつながるとともに、他方で政治変動論へとつながっていく。民主主義体制の崩壊と独裁制の成立がかつて最もポピュラーなテーマであったとすれば、現在では独裁制から民主主義体制への移行が大きな関心を集めるようになった。政治変動についてはさらに相互に比較が可能であるのみならず、変動のさまざまな段階についての区分が議論の的になるのである。

第五章　正統性

前章において取り上げた「どのような諸価値の配分なのか」という問題は、正統性の問題に帰着する。逆にいえば、「諸価値の権威的配分」だけではこの問題は背後に退いてしまう（どのような根拠であれ、それを「権威的」として受け入れればそれで十分であるという形で）。そして、政治権力の制度的基礎とその行使の妥当性への問いは、最終的には政治的服従の「限界」や抵抗権の問題につながるものであった。古くから暴君放伐論や暴君殺害正当論が唱えられてきたし、J・ロックが制度的基盤を有する権力の濫用に対する最後の選択として、「天に訴える」という議論を展開せざるを得なかったことはよく知られている。つまり、この問題は非正統性への鋭い視線と表裏の関係にあったのであり、正統性をめぐる問題はその意味で政治生活における最も古典的な問題に属する。

1　ウェーバーの三類型論とその展開

しかし、正統性（legitimacy, Legitimität）という政治用語が広く使われるようになったのは古いことではない。この点で決定的な役割を果たしたのがM・ウェーバーの支配の三類型論であった。彼は支配――「一定の命令に対して服従を見出すチャンス」――が種々の動機に基づいたものであり、あるいは利害状況によって、あるいは単なる習慣によって、あるいは服従する側の個人的好みによって左右されると論じた上で、これら多くが信頼に足る支配の基礎をなすものではないと論じた。彼によれば、「安定した」支配が可能なのは支配に対する正統性信仰（Legitimitäts-glaube）によって人々が内面的に支えられた場合のみである。そしてこの信仰の根拠に即してみると、三つの類型を抽出することが可能だというのである。周知のように、第一の類型は伝統的支配であり、これは支配者・被支配者双方が現今の支配関係を神聖で永遠、不可侵のものと考え、それによって拘束されている類型である。ここでは支配者たるべき集団は通常、世襲によってその地位を認められ、臣下は個人的従属関係と忠誠の伝統に従って彼らに服従し、王権神授説といった教説がこうした関係を補強する文化的伝統として広く定着している。伝統的支配は具体的な形態としては家父長制、家産制、身分制といった形態をとって現れるが、それは現状を永遠のものとする志向であるため、社会の変化への適応力に限界があり、歴史の変化によって基盤を喪失することになった。

第二はカリスマ的支配である。ここでは支配者、リーダーは神聖な力を体現し、超自然的な力の霊感を受けた存在として現れる。彼らは新しい社会・政治運動を唱導し、それに従う人々はその新しい理想の実現に向けて献身する。そしてこれらの集団全体は、超自然的な召命に従って過去との関係を切断し、未来に向かって先陣を切って進むという感覚によって支配される。指導者の言辞と指示がこの運動の精神と理念を体現しているという確信が、彼の命令に対する服従を継続的に保証する。ここには非日常的世界への渇望が支配しており、俗事とルーティン化に対する体質的反発が見られる。このようなカリスマ的リーダーやカリスマ的支配は各種の領域に現れるが、それらは伝統的価値や伝統的・現状維持的体制を否定する巨大なエネルギーを持った、歴史の転換を可能にする革命的な担い手であるというのが、ウェーバーの見解であった。

第三は合法的支配である。これをウェーバーは法の至高性に対する形式主義的な信仰によって支えられた――法の内容に対する実質的判断によってではなく――支配と規定する。このことからも推測されるように、ここでは服従の対象は他の二つの類型のように個々の具体的な人間ではなく、一連の非人格的な原則（法）である。従って、どのような人間がそこで高い位置を占めようとも、法に発する命令である以上、それに服従すべきであると考えられている。ここで支配する立場にある者も服従する立場にある者もともに、非人格的な原則の権威に従う。このような合法的支配の原型は行政組織であり、官僚制であったわけであるが、そうした官僚制的秩序と組織原理は大なり小なり多くの社会集団・組織を貫徹するようになったというのが、彼の余り明るくない時代診断であったのである。

この有名な三類型論はいわゆる彼の理念型であるが、「何故にこの三類型なのか」という疑問が起こるのは禁じえない。実際、大著『経済と社会』の一節において、彼は正統性の一類型として、価値合理的な理念、すなわち、絶対的に妥当性を持つと推論されるものを根拠にした支配という類型をこれら三つと併記し、その例として自然法を根拠にした支配をあげている。このことはさまざまな正統性信仰を単純に比較するだけでこの三つに議論が絞られなければならない正当性が必ずしもなかったことを如実に物語っている。実をいえば、この三つの類型は人類史に出現した実に多様な支配形態を分析し、その諸関係を巨視的に分析するという歴史社会学的関心にむしろ根拠があったというべきであろう。この点は後で述べるようにその後の展開によって実証されることになる。

もう一つ提起されなければならない問題は、こうした正統性信仰に着目する議論そのものの性格についてである。つまり、この種の議論によって正統性概念はどの程度に明らかになったのかということに他ならない。ウェーバーのこの三つの「正統な」類型についての議論は、この支配は正統であるという当事者の信念があるということを前提にした議論であり、正統性は人々がある種の信念を有するという事実に還元されている。これでは「正統か否か」という問題そのものについては循環論的な議論にしかならないことになる。実際、ウェーバーによれば、正統性とは「ある行為をすることが当事者にとって模範的、拘束的なものとして意識され、行為への方向付けが生ずること」に着目するものであった。従って、彼のこの議論は「安定した」支配秩序を実現している社会関係に正統性という概念を還元し、その分類を試みたものではあっても、正統性対非正統性というもう一つの基本問題への視点が欠落していたという批判を免れることはできない。そしてこの後の問題こそが肝心の問題であるとすれば、ウェーバーの議論は「権利なき権力」の世界に埋没する「ニヒリズムの時代の正統性論」だという批判が出てくることになる。逆の言い方をするならば、「非正統性はどこに成立するのか」という問題にどう応答するかということに他ならない。さもなければ正統性概念を狭い意味においてのみ使用する結果に陥るからである。

実際、ウェーバー以後に起こったことは、正統性概念の縮小と解体であった。まず、彼の三類型論はその後の政治学においてほとんど継承されなかった。その原因は彼が構想したような広大な歴史的構想がほとんど興味の対象にならなかった点にあった。それどころか、類型論そのものがほとんど意味を失ったようにさえ見えた。同時に、方法論的観点からますます正統性概念の操作性を高めるという視点が表面に出てきた。その結果、「正統性とは、現存の政治体制が社会にとって最も適切なものであるという人々の信念を喚起し、自らを維持できるシステムの能力を意味する」（リプセット）とか、「命令を適用される人々が、政府の構造、手続き、行為、決定、政策、行政官、リーダーが正しさ、適切さ、道徳的善といった資質を持っていると信ずるならば、要するに、拘束力のあるルールを作る権利を持っていると信ずるならば、政府は正統性を持つ」（ダール）とかといった正統性概念が提案された。つまり、正統性を経験主義的に確定され得る概念として存続させようとするならば、人々が現存の体制を肯定的にとらえる姿にそれを還元する以外に方法がなかったということである。こうして正統性は量的に測定可能なものとされ、先の例にも見られたように、政治システムはそれを調達すべく刺激を与えて大衆の鸚鵡《おうむ》返しの反応によって正統性を確保するというメカニズムが想定されている。ここには政治システムの力量に対する楽観的な時代の反映が滲んでいるが、重要な点は正統性概念がこれによって大きく変質したことである。すなわち、ここでは正統性概念はコンセンサスや政治的社会化とほとんど重なってしまうのみならず、権力者による動員や操作、プロパガンダに還元されてしまう可能性が高まった。かくして、正統性は基本的にイーストン流の「支持」という概念に還元され、システムの存続という結果論にすっかり吸収されてしまった。また、それに呼応して正統性信仰は今や感情やムード、好みへと変化していった。イーストンが諸価値の配分を「権威的」と受けとめる根拠は何でもよいと述べていたことは、こうした正統性観と通底していたと考えられる。このように考えるならば、正統性という概念を使用する必要性そのものが急速に後退することは避けられなかった。

このことは正統性概念から政治システムの批判原理としての側面を剝ぎ取り、正統性を政治システムの安定を確保するために政治システムが「生産」「調達」するリソースにしてしまったことを意味する。これは政治システムの存続があたかも全てに優先するかのような考えを前提にしている。正統性概念の操作性を高めようというこうした試みは正統性概念をいわば白蟻的に空洞化したわけであるが、合法性によって正統性を置き換えようとしたC・シュミットの企ては政治システム優位の立場をより規範的に説明しようという試みであった。すなわち、シュミットは民主制を治者と被治者との一体性として把握しつつ、権力保有者の判断やルール設定を絶対的であると論じたが、そこでも前提されていたのは政治システムの維持や存続の必要性、優先性であった。合法的にその地位を獲得した権力の担い手があたかも一種の自己正統性を調達できるかのようなこうした議論は、先に見たようないわば白蟻的空洞化の試みと比較するとはるかに衝撃的であった。しかし、この一見全く異なる二つの正統性論議は政治システムの維持・存続の観点から専ら正統性という概念を使用しようとした点でそれなりの共通性を具えていたことは注目すべきであろう。

2　ハーバーマスと正統性概念の見直し

本書が敢えて正統性という概念を再び取り上げた目的はこうした処理に対する疑問を展開し、問題を立て直すことにあった。正統性をめぐる議論は政治の現実をめぐる動きによって左右される面が否めない。例えば、先のシュミットの議論とリプセットの議論との大きな違いは、前者が規範的な性格を持つ点にあったが、それは前者が社会・政治秩序の崩壊という危機感を背景にしていたからであり、ある意味で正統性に対する飢餓感の産物であった。これに比べて後者のいわゆる経験主義的議論には政治システムの安定感が根強く浸透している。ところが現実にそうした安定感が損なわれ、問題化してくるとともに、正統性は再び紛争的概念として登場してくる。戦後の政治経済体制が最初に大きな隘路に遭遇した一九七〇年代に、「統治能力の危機（crisis of governability）」が盛んに議論されたのはその一例である。また、八〇年代以降、経済のグローバル化や民族問題、多文化主義といった形で正統性の問題は問われることになる。その意味で正統性という概念は「何が正統か」という問いを視野に入れながら、経験主義によって狭められた範囲を越えた形で再び問題にならざるを得ない。

ここでは正統性をめぐる議論の視点を転換する素材として、J・ハーバーマスの『後期資本主義における正統性の問題』を取り上げよう。この書の内容のうち正統性に関わる議論は、その批判の対象としてシステム理論を取り上げている。システム理論はシステムの維持・存続の観点から全ての問題を扱おうとする結果、正統性の危機を専らシステム統合（Systemintegration）を阻害するものという視点から論ずることになる。当然、人間の内面性は自然と同じようにシステムにとって環境として一括され、処理されるべきものとされる。つまり、これら環境をコントロールしてシステムの存続を図ることがその最大の関心事になる。その意味で人間はシステムのために社会化されるべきものと考えられる。こうした考えに対してハーバーマスは、人間を自然と同列に置くような態度を批判し、人間がシステム統合とは区別された独特の内面的意味付けに従って行動する存在である点に注意を喚起する。つまり、人間は自らの行為の意味付けや妥当性、その意味での自己了解に従って行動するのであり、システムの統合に対してある種の自立性を有しているのであって、いつでも、どこまでもシステムの要請に従って社会化され得る存在ではないというのである。このように人間が行為の意味付けや妥当性に基づいて形成する社会関係を彼は社会統合（soziale Integration）と呼び、これとシステム統合とを対置させた。システム統合は技術を介した自然の支配（典型的には経済活動）に、社会統合はコミュニケーションを介した行為の世界（典型的には文化）にそれぞれ対応するものとされ、社会全体を分析するためにはこれら二つの統合の仕組み全体に目を向けなければならないことになる。そして、諸々の危機のうち、正統性の危機は政治システムをめぐる社会統合の危機（国家機能の肥大化とそれに触発された政治的不満の増大）であると位置付けた。

この議論の趣旨は正統性の問題をシステム統合の問題に解消するのではなく、人間の行為の妥当性や意味付けとの関連で考えた点にあった。それは何よりも自己同一性の危機に深く根差すものとして正統性を考察すべきものとする立場である。ハーバーマスの視点は正統性を合法性に還元するような立場に対する明白な批判であり、彼はシュミットからN・ルーマンに至る議論を批判の対象に置いていた。それはシステム統合の視点の限界を指摘し、人間の規範や動機付けと無関係にシステムとして政治を描くことに対する批判を意味した。他面、このように文化に代表される社会統合をシステムに対して持ち出すことは、結局のところ、既存の文化的資源に回帰するだけではないかという疑問が出てくることも避けられなかった。つまり、システム統合を批判的に考察すべき社会統合の根拠は何かという問題がそれである。単に正統性の問題を文化的資源に投げ返すだけではない解決法があるのかどうか、端的にいえば、システム統合に対置させる文化的資源の内容を問うのか、それとも問わないのかという問題である。実際、システム統合が人間との関係で多くの問題を含むとしても、文化的資源であれば全て好ましいという結論を出してよいのであろうか。文化的資源から導き出される規範にはいろいろなものがあり得るからである。

この作品においてハーバーマスは実践的真理の確立によってそれに応答しようとした。すなわち、こうした規範そのものに対する批判的観点を樹立することによって正統性問題に根元的に応答する地平を開こうとしたのである。ここで追求されるべき規範は「一般化可能な利益（verallgemeinungsfähiges Interesse）」を表現する規範である。つまり、それは暴力的諸関係を温存するような安定に奉仕する規範に対して批判的原理でなければならない。こうしたアルキメデスの点を提供する規範は理性的な合意に基づくとされる。すなわちそれは、人々が強制や欺瞞から自由に互いに協力して、そして専ら妥当性についての論証の力のみを基準にして実践的真理を追求する理想のコミュニケーション状況において可能になる。「一般化可能な利益」はこのような理性的論議の場において実現可能なものとされる。従って、正統性の問題は多元主義や決断主義のように事実上の決定の追認として論じられるべきものではなく、「一般化可能な利益」という客観的妥当性を持つ規範の見地から論じられるべきものとなった。かくして正統性の問題を経験的事象やシステムに解消することなく、規範的観点から取り上げることが可能になったのであった。システムの優越性を前提にした議論ではなく、システムを含む現実の諸関係を批判し、あるいは「理性化」するという改革の視点が提供されることになる。

ハーバーマスの議論は二重の意味でシステム統合中心の議論を見直そうとするものであった。すなわち、システム統合と社会統合との緊張を孕んだ関係を指摘することによって、前者の全能性を否定したことが第一の見直しであった。これは人間の社会化の限界を指摘したものといってもよく、本書のこれまでの議論との関係でいえば制度と人間との両義的関係を指すものである。次いで彼は、社会統合の実質をなす文化的資源そのものの内容を問題にし、「一般化可能な利益」という実践的真理を持ち出すことによってより根本的な形でシステム統合の内実を吟味し、批判し、そして変えようとした。これによって正統性の論議は政治システムを批判する側面をはっきりと浮き彫りにすることになった。つまり、ある政治システムに対する支持がどの程度あるかという量的な問題にとどまらず、政治システムのあり方そのものの批判的吟味という質的問いかけを含むものとなったのである。実は政治システムのあり方の批判的吟味という質的問いかけが量的な問題に影響しているのであって、質的問いかけを行わずに支持の量（程度）を叙述するだけに満足するというのは、正統性概念を捉え損なったものに他ならない。

正統性の問題は英語圏では政治的義務（political obligation）という形で論じられてきた。そこからもうかがわれるように、服従義務の限界を問題にする極めて実践的な問いがその背後にある。正統性と非正統性との複雑な関係の背後には、われわれが一方で政治システムを支えつつ、他方で政治システムに対する服従の限界を設定し合いながら生活していくという政治システムとの両義的関係がある。実際、政治生活とはこの二つの側面を含むのであって、そこに多元的主体を媒介にした変化が訪れることになる。前者にのみ注意を注ぐ議論はこの両義的関係を見失い、人間を政治システムが吸収するかのような錯覚に陥っている。また、ハーバーマスのシステム統合・社会統合という区別にもかかわらず、実際にはこの二つは密接な関係にあることが珍しくなく、彼の「一般化可能な利益」を根拠にした規範論はこの密接な関係を一度断ち切って批判の視点を明確にする機能を持っていたともいえよう。いずれにせよ、人間の制度化の側面と自由の側面とは現実にははっきりと分離しているわけではなく、常に再検討の可能性を含んだ境界のはっきりしない重なり合いの中にあるのである。

こうした反省を踏まえた上で正統性の問題についていくつかの要点をあげることができる。言うまでもなく、ここでの前提は第一部第二章で論じたような意味での政治、すなわち、複数の自由な主体の相互関係の中から生じてくる政治権力の運用をめぐる正統性の問題である（誰かが神の特別の恩寵の故に支配者としての地位を約束されるといったタイプの政治観はここでは除く）。こうした複雑な政治の世界を律するためにはある種の正統性の基準が予め設定される。その代表的なものが既に確立したルールとの一致という基準である。これは単純化していえば、正統性の法学的規定とでもいうべきものであり、正統性そのものの存否の最も明瞭な試金石になる。古来、これについては権力を獲得する場合のルールと権力を行使する場合のルールの二つがあげられてきた（前者に違反する権力者は簒奪者、「資格の欠如に起因する僭主（tyrannus ex defectu tituli）」と呼ばれ、後者に違反する権力者は「権力行使における僭主（tyrannus exercitio）」として区別された）。この確立されたルールとの合致は政治権力が最低限、社会的合意という基盤の上に樹立され、あるいは行使されていることを含意している。勿論、こうしたルールの内容やその遵守をめぐっては論争の余地はあるが、この形式的基準は比較的安定した判断基準を与えてくれるし、また、これに対する違反行為や権力濫用に対しては制裁措置が予め定められていることが多い。

第二にこうしたルール自体がどの程度正統なものとして受容されているかという問題がある。こうしたルールがそもそもどの程度合意の指標として実質的な説得性を持ちうるかをめぐって議論があり、深刻な政治紛争が起こる余地は常に存在する。また、かつて十分な説得性を持ちえたルールも信念や事態の変化によってその社会的基盤を大きく喪失することは容易に起こりうる。従って、第一のルールの遵守は正統性の必要条件であっても必ずしも十分条件でないという事態が発生することになり、その結果、正統性の弱体化が発生することになる。正統性が政治問題化するのは正にこうした事態においてであり、むしろ、既存のルールの変更や見直しを試みることが正統性を回復するため向的であることを示している。

の条件となる事態が考えられる。選挙権の拡大といった古典的事例は政治と制度との関係が一方向的ではなく、双方向的であることを示している。

第三にルールをめぐる正統性とは別に、政治権力の運用やその政策が公共の利益の実現という目的とどう連関しているかという観点が加わる。仮に先のようなルールが遵守されたとしても、そこで追求される目的の内容の当否も正統性に重大な影響を与える。政治が集団的行為であり、「われわれはいかなる社会を志向するか」という問題に対する応答である限り、その内容の当否は当然、正統性を計るバロメーターとなる。先に言及したハーバーマスの「一般化可能な利益」といった概念が批判的原理として機能するのはこの局面においてであり、政治における対立はこの点をめぐる論争と紛争に起因するものが少なくない。それに対しては第二のようなルールの見直しによって応答できる場合もないわけではないが、究極的には「自己解釈する動物」としての人間のアイデンティティに関わる問題である。

正統性の問題はある意味において all-or-nothing の問題ではない。むしろ、そこには常に解釈と討論という作業が伴っている。つまり、そうした活動を通して問題が煮詰まり、あるいは一定の方向付けが可能になる。人間は制度によって自らを律しながら、他面において制度を変えていくが、正統性はこの二つを繋ぐ結び目ともいえる。

第六章　リーダーとリーダーシップ

政治において制度を越える問題領域——制度の変更を含む——を扱うのはリーダーの役割である。政治の問題が最後には「人」に帰着するといわれるのは、その限りにおいては誤りではない。実際、政治学の歴史においてリーダー教育論が一つの中心的テーマとなったことは古今東西の実例からも明らかである。プラトンの哲人王論はその最も典型的な例であるし、儒教の伝統においては「修身斉家治国平天下」がその核心をなしていた。リーダーの教育論で政治論全体を代行させようとするのは問題であるとしても、政治のダイナミズムを現実に維持するためにはリーダーの問題は避けて通るわけにはいかない。リーダーの活動の根拠や目的、手段は時代によって異なる相貌を帯びてきた。伝統的な社会においては彼らは聖なる権威の後光を帯び、いわば聖なる世界と俗的世界との境界に立ち、両者を媒介する存在と考えられていたが、世俗化の進展によって聖なる秩序の権威が衰退し、その上、政治的平等が地歩を占めるに至ってリーダーの地位は根本的変化を余儀なくされた。それにつれて伝統的なリーダー論が成立しなくなり、リーダー論そのものが難しくなったのである。他方、民主主義の時代といわれる二〇世紀において、巨大な影響を及ぼすリーダーや支配者たちが相次いで誕生した。彼ら自身、二〇世紀前半の大きな政治的・社会的動乱の結果であるとともにその原因であり、そうした現象を理解し、あるいは理論的に取り扱う政治学の枠組みが求められたのであった。

1　エリート論とエリート分析

政治的平等の高まりに対抗する反応として早々と登場したのがエリート論である。これは通常三人のイタリア人、すなわち、G・モスカ、R・ミヘルス、V・パレートによって代表される。彼らは世俗化と民主化の傾向が進展する中で理論的地盤沈下を来していたリーダーについて、改めてその政治的な重要性を指摘した理論家たちであった。彼らエリート主義者の政治的な立場は決して同一ではないが、少なくとも次の点ではかなりの共通性が見られた。すなわち、歴史の現実の歩みにおいて支配するのは常に少数のエリートであり、決して多数者ではないという認識がそれである。これが「少数者支配の鉄則」と呼ばれる主張である。この主張は、政治的平等の実現という民主主義の主張や国家の消滅と平等な社会の実現を掲げる革命的社会主義の主張に対して正面から異議を唱えたものであった。政府は「少数者の組織以外の何物でもあり得ない」し、多数者は「永久に自己統治能力を持たない」というのがそのテーゼである。そして、あらゆる社会には支配する階級と支配される階級とがあり、前者は少数にもかかわらず権力を独占し、そこから生ずる利益に与かるのに対して、後者は多数者であるにもかかわらずこの組織された少数者に対して全く無力である。彼らによれば、この支配服従関係は常にむきだしの力の行使によって維持されるわけではなく、しばしば、抽象的原理や政治的公式、イデオロギーを介して行われる。つまり、人間はこの種の政治的公式・原理に喜んで従い、エリートはそれを操作することによって支配を安定的に維持するのである。こうした政治的原理は「支配の道具」でしかなく、その内容がいかに平等主義的なものであっても、少数者による支配という現実を些かも変えるものではない。彼らは民主主義や社会主義のような、エリート論と矛盾する政治的公式が現実に流通していること自体を否定しないが、そうした公式は形而上学的妄想や「科学の敵」、単なる偏見の類であって、王権神授説と甲乙つけがたい「一つの神話」「大いなる迷信」に過ぎないというのである。その意味で平等主義的な政治的公式の大量消費と少数者支配の現実という逆説的な関係に焦点を合わせた議論を展開したのであった。

この「少数者支配の鉄則」は特定のエリート集団の没落を否定するものではない。歴史は正にあるエリート集団が対抗エリート集団によって打倒される歴史であり、そうした過程の中で「エリートの還流」が一貫して見られるというのである。このエリート集団の交代は代表する階級の歴史的上昇・下降とは無関係であり、それが発生するかどうかを決定するのは、どちらがよりよく団結し、活動性に富み、目的指向性を持ち、力を効果的に動員できるかにかかっているという。こうした主張の意味するところは、エリート集団の存続を社会的・経済的背景から理解することに反対し、それとは切り離されたエリート集団の直接的な戦闘能力や対決に焦点を合わせようとする態度である。しかし、どちらが勝利するにせよ、大衆は政治的に無力であることに変わりはない。「大衆の不満が頂点に達してブルジョワジーを権力の座から追い落とすのに成功した時でさえ、モスカが主張するように、このことは結局のところ、表面的な効力を持つだけである。常にまた必然的に大衆の中から統治階級の地位に自らを押し上げる少数者の新しい組織が生まれる。このように常に指導を受ける側にいる人間の大多数は悲劇的な必然性によって少数者の支配に服従すべく予定されているのであり、寡頭政治の基礎を築くことに甘んじていなければならないのである」（ミヘルス）。

このようにエリート論は「少数者支配の鉄則」を科学的な真理と高らかに宣言したが、それをどのように適用するか、特に、政治的・制度的枠組みとの関係をどう考えるかについては彼らの間でかなりの相違があった。モスカは本当の意味での政治階級があってこそ「法による統治」「自由な体制」が維持できるという方向でこの議論を受け入れ、政治階級の多元的な組織化によって大衆の政治的反乱と革命に対抗すべきであるとした。彼の場合、政治階級の重要性の指摘は自由主義的議会制の擁護と結び付き、政治階級の多元性とその抑制均衡によって独裁制と闘うことが課題となった。その意味でエリート論はプロレタリアート独裁やファシズムと結び付くのではなく、古い自由主義体制の擁護と結び付くこともできたのであった。勿論、そうした複雑な思考をせずにこれを反民主主義的、反自由主義的に使用し、単純に少数者支配を肯定するならば、それは独裁制の擁護論にもなりえた。

エリート論は大衆の政治参加の広がりと表裏の関係にあり、動乱と革命はますますエリート問題を浮き彫りにし、民主政治の観点からももはや無視できない現象となった。H・ラズウェルの政治学はこの問題と新しい観点から取り組んだものであった。彼はエリートを獲得可能な価値を最大限に獲得する者であるとし、こうした価値として社会的尊敬、収入、安全の三つをあげている。これら代表的な価値を獲得するためには、彼らは影響力と権力を獲得しなければならないが、そうしたことを意欲し、そのために行動する人間自身、独特な人格――政治人――であると彼は考えた。ここにエリート論は政治人の成立とそれを可能ならしめる条件の研究に向かうことになった。彼によれば、政治人とは権力追求者（power seeker）を意味した。心理学的には、こうした権力追求者は第一次的集団――家族や友人など――の内部で受けた価値剝奪に対する補償（compensation）の一手段として権力を追求するというのが彼の基本的見解であった。まず、第一次的自我がその要求や期待にふさわしい評価や扱いを受けなかったという挫折の経験を持つこと、価値剝奪に遭遇することから全ては始まる。但し、この価値剝奪は余りに圧倒的であってもはや補償を求めて活動しようという意欲がなくなるほどであってはならない。その意味で価値剝奪を和らげてくれる価値付与がある程度存在することが必要になる。厳格な父親と優しい母親といった組み合わせである。また、補償を外部に求めようとする以上、価値剝奪の責任は自分にはないという認識がなければならず、自己の責任解除が必要になる。次に、補償を実現する手段として権力を求めるという判断があることによって、権力による補償への歩みが始まる。富やその他の手段を求めるならば、価値剝奪の補償は必ずしも政治人の誕生にはつながらない。最後に、自らの運命を大きな集団の運命と同一視し、自らの行動や権力の獲得をこの集団の名や公共の利益の名の下に合理化（rational-ize）する必要がある。ここにおいて私的動機を公的目的に転位させ、自らの使命を転化させることが行われる。ここに政治人の原型が成立することになる。彼はこの政治人の成立を、

p｝d｝r｝P

という公式で表現した（pは私的な動機、dは公的な対象への転位、rは公的利益の観点からする合理化、Pは政治人、｝は変化の方向をそれぞれ示す）。

次にエリートになるための手段、換言すれば環境操作能力へと彼は議論を進めた。第一に手段としてあげられているのは象徴（symbol）である。それというのも、いかなるエリートであろうとも自らの地位を守り、あるいは新しい地位に向けて自己主張しようとする場合、社会的妥当性を持つ象徴の名においてそれを行わざるを得ないからである。既成秩序を守るエリートはイデオロギーによって自らを合理化し、反体制エリートはユートピアを提示することによって自己主張を行う。象徴操作が重要になるのは既成の秩序が動揺を来し、弱体化した場合や、体制の変革が生じたような場合であるが、そうした場合、さまざまなイデオロギーの操作と「宣伝（propaganda）」が欠くべからざる手段として動員される。宣伝はそれが人間の攻撃心や罪悪感、愛情を巧みに操作する時、目覚ましい成功を収めることになる。ラズウェルは宣伝についての研究を最初に行った政治学者であり、政治システムの不安定化にともない象徴操作能力がいかに大きな影響を与え得るかを真っ先に強調したのであった。第二が暴力（violence）である。暴力はあくまで政治的な手段として重要であり、不可欠であるというのが彼の認識である。特に、決定的な瞬間に敵方の死命を制するような形で圧倒的に破壊力を投入するとともに、敵方が効果的な抵抗ができないよう急激かつ破壊的

な攻撃を行うことは不可欠である。従って、暴力は政治の全体的諸関連の中で効果的に動員されるべきものであり、そのためには宣伝との密接な協力関係が是非とも必要とされる。第三の手段として、彼は財貨（goods）の破壊、与奪、分配をあげている。この手段は体制エリートが主として動員できる手段であり、彼らの経済面での信頼が低下した場合にのみ、反体制エリートはストライキなどでそれを追いつめることができる。最後が政策や手法である。これは状況に応じて弾力的に既存の政策や仕組みを見直すことである。

こうした動員されるべき手段について紹介したのは、ここで描かれたエリートの性格を浮き彫りにするためである。ラズウェルはこれに続いてエリートになるための条件を検討しているが、そこで彼が第一にあげているのが人間を操作する技能（skill）である。その内容は時代によって異なるとされつつも、先の手段の議論との関係でも推測されるように宣伝やイデオロギー、暴力などのスペシャリストに大きく傾斜している。先の手段のところで明らかになったように、財貨や政策の比重は余り高くない。経済的価値配分中心のエリート、あるいは利益政治中心のエリートと異なり、ここではイデオロギーと暴力が決定的な役割を果たす動乱と革命の時代がエリート論の中に侵入しているといえよう。他にエリートになるための条件として出身階級や人格的類型についても言及している。エリートは外からの影響に対して積極的に反応を示すような人間でなければならないこと（問題を社会や体制のせいにするような人間でなければならないこと）については先に紹介したが、さらにエリートの中にも煽動家型・劇化型と組織家型・強迫型とがあるという。このうち前者は社会的尊敬に対する渇望が強く、イデオロギー操作の技能において優れるのに対して、後者は情緒的な他人の反応を気にせず、調整活動を通して権力の拡張を着実に進めていくとされている。ここにはトロツキーとスターリンとの対比が見られるが、いずれにせよ、多様な類型のエリートがそれぞれに異なった時期にその真価を発揮するといった議論が展開されている。

ラズウェルのエリート論はエリート主義者たちの議論と比べると歴史的条件を念頭に置きつつ、しかも、そこで問題になる手段や技能について具体的な検討を加えた点で真理の断定から経験的分析へと前進が見られた。しかし、エリートを政治的にどう位置付けるべきかという問題はなお残され、ラズウェル自身のこの問題に対する態度も必ずしも一貫性を持つものではなかった。特に、民主政治といったものを考える時、この問題の扱いは難しくなる。実際、彼が政治人そのものの発生を防止することによって政治を予防するという議論を展開したところに、この問題の持つ厄介さが示唆されている。

2　リーダー論の基本的枠組み

エリート論に対して提起された最も素朴な疑問は、ヒトラーやスターリン、ローズヴェルト、チャーチルなどを並列的に議論すること自体、どの程度妥当であるかという問題であった。確かにその人格や技能に即してみる限り、並置して論ずることは余り問題がないのかもしれないが、D・イーストンのいうところの体制との関係についてはどう処理すべきであろうか。実際、この点についてモスカがどう扱ったかについてはすでに見たところである。端的にいえば、エリートそのものが極めて大きな影響力を持つ、権力の体現者として関心を喚起せずにおかない存在であることを認めるとしても、制度や政治システムの目標といったものと無関係に議論することが正当なのかという問題がある。

容易に想像されるように、制度がはっきりとした形で確定され、安定している場合、リーダーやエリートは少なからず「制度的」な性格を帯びざるを得ない。彼の地位と権限とは制度に根拠を持ち、それを前提にした上で政策や制度の見直しについてイニシャティブをとることが期待されている。当然、彼の行動は具体的な抑制の下に置かれ、責任が常に問われざるを得ない。このイニシャティブと責任との微妙なバランスの上にリーダーの活動の場が設定されているといえよう。この場合、代表性といったものも含めて考えると、エリートという言葉よりはリーダーという言葉がふさわしく思われる。これに対して社会的な危機の進行と制度の解体の後に登場したエリートの場合、彼の個人的支配によって制度を代行しなければならなくなる。革命的正統性はあるかもしれないが制度的正統性はなく、エリートの技能に全ての負担がかかることになる。ラズウェルが正当にも指摘したように、そこでは宣伝とイデオロギー操作の能力は大衆の不満を巧みに掌握し、操作し、その喝采を獲得する上で極めて重要な能力となる。同時に効果的な統治を実現するためには組織を形成し、必要に応じて暴力を動員し、テロを行う技能も身につけなければならない。しばしば言われたように、後者は「法と秩序」の世界とは根本的に無縁なアウトサイダーであり、無法者だとされることになる。政治学の歴史の中で最も「法と秩序」の世界に敵対的と見なされたN・マキアヴェッリの『君主論』は、正に制度に頼ることのできない「新しい君主」のための統治術を披瀝した作品であった。制度は権力を制限するのみならず権力を可能にするわけで、これを欠いた権力は個人的技能や身内の組織にますます依存せざるを得ないことになる。勿論、制度的リーダーに諸々の技能が不必要なわけではないが、こうした技能や能力が発揮される政治的文脈を無視した議論には説得性が欠けるといわざるを得ない。先に、「諸価値の権威的配分」中心で政治を解明しようとする立場に対して「どのような諸価値の配分なのか」の方が肝心だとの議論を展開したが、ちょうどそれと同じように、この「どのような」こそを問わなければならない。その意味ではエリート論の遺産をこうした観点から位置付け直し、活用する必要がある。

そこで第一に本書の政治概念の見地からリーダーを改めて位置付けなければならない。すでに明らかなように、遮二無二権力を掌握し、それを好きなように行使することがリーダーであるという立場を本書は採用しない。政治学の歴史において王と僭主（tyrant）とは似て非なるものとして反対概念として用いられてきた。前者が先の制度的リーダーに近い相互信頼関係を含む概念であるとすれば、後者は他の人間との共存・協力関係を一切無視したところで成立する支配者であり、個人的欲望に駆り立てられ、そして恐怖の中で統治を行う。これに対して本書の文脈に即して考えるならば、リーダーは政治全体を活性化させる「多元的主体」の担い手として現れる。仮に、一つの定義を試みるならば、「リーダーとは他のリーダーと競争または対立しつつ、一定の目標を実現すべく多様な資源を動員し、支持者の同意と積極的参加を促し、共通の目標達成に向けて活動する主体」ということができよう。まず、ここでは政治的主体の多元性が含まれているとともに、支持者との協力・信頼関係が重要な要素となる。権力の獲得は視野に入っているが、それはあくまでもリーダーと支持者双方に共通の目標を実現するという限りにおいて意味を持つ。リーダーという機能が成立するのはこの共通の目標とそれへの支持者の同意という契機があるためである。こうした協力関係と絆を背後に持ちながらリーダーたちは互いに競争関係を形成し、それを通して公共の利益の実現にそれぞれ貢献することになる。

第二にリーダーシップの構造について検討を加える必要がある。リーダーシップはリーダーが現状認識に基づき課題設定を行うところから始まる（「今、何が問題か」）。課題設定があれば当然それに対する解決方法も示される（「どうしたらこの問題が解決できるか」）。これはリーダーとその支持者たちとの一体感の醸成の出発点になる。次にこうした一体感を前提にしてリーダーと支持者との機能分化が起こる。つまり、リーダーは課題の解決に継続的に専念する一方、支持者たちはリソースを提供しつつ、従うという組織的な関係がそれである。組織的な関係は一体感によって可能になるが、組織はさらにそれを安定的なものにする。しかし、この組織の存続は「成功」によってフィードバックされなければならない。つまり、当初の課題がこうした組織的努力によってどの程度解決したか、あるいは目的を達成することができたかが問われることになる。通常、完全な「成功」はあり得ず、達成度については解釈が多少なりとも異なるのは避けられない。リーダーからすれば明白な「失敗」はその地位を脅かすことになるため、争点を操作したり、あるいは問題解決の意味を解釈によって緩めたりすることによって、当初の課題設定が自らにはねかえるのを幾分なりともコントロールする必要に迫られる。これは政党の公約の扱いに典型的に見られるところである。こうした過程を経てこの両者の関係はテストされ、再び現状認識のやり直しと課題設定の見直しが行われ、先のような一体感の確認と組織化、そして解釈を伴った成果の測定という関係がスタートすることになる。

第三に検討すべきはリーダーシップの類型論である。先のラズウェルの議論にも見られたように、これには多様な議論がある。しかし、制度的枠組みをそれなりに前提する限り、基本的に二つのタイプが考えられる。第一のタイプは交換型・取引型のリーダーシップである。これはリーダーと支持者が相互に関心のある価値を交換することを目的に協力関係を結ぶ場合である。ここでは両者は同一平面上で、いわば平等な立場において交換を行うことが想定されている。従って、垂直的なリーダー・支持者の関係を前提に新しい社会を作るといったこととはおよそかけ離れたものである。ここでの取引の内容は総じて誰の目にも見える利益であり、票と利益提供との取引はその典型である。ここで大事なのはこの取引過程を双方がきっちりと守るということであり、そのことが共通の目標になる。その意味では余りリーダーシップらしくないリーダーシップという言い方もできる。こうしたリーダーシップは極めて安定的なように見えるが、実は、双方の関係がギブ・アンド・テイクであるため、より競争力のある（より魅力的な取引をもちかける）他のリーダーによる侵食の可能性を排除することが難しい。そのため、常にこの関係の維持に細心の注意を払い（「金帰火来」）、「ムシがつかない」ように田の雑草を駆除する必要に迫られる（これを欠けば容易に競争に敗れる)。このタイプのリーダーは実際政治家であり、既成の制度的枠組みの中で具体的な利益調整を行うことを自らの任務としている。彼らの活動する政治空間は権力の一次元的世界に限られ、従って、その利益調整なるものもあくまで既存の諸々の関係の中でのそれに限られる。

第二のタイプは変革型のリーダーシップである。これは前者とあらゆる点で対照的であり、現状とは違った共通の目標に向けてリーダーとその支持者が現状打破的に行動する場合である。権力の多次元的理解にも見られるように、権力関係をとってみても目に見える利益なり要求なりに人間の利益なり要求が究極的に限定される根拠はない。むしろ、既成の観念や既成の制度によって隠蔽され、あるいは抑圧された要求や社会のあり方は数知れない。変革型のリーダーシップは潜在的な形で存在してきた必要や要求に目を向け、それを実現する方向で新しい争点を「開発」し、新しい目標を設定しようとする。当然、現状に対する総括は取引型とは比べものにならないほど厳しいものとなろうし、また、包括的なものとなろう。この場合のリーダーは潜在的支持者の間にある潜在的争点を意識化させ、それを踏まえて新しい課題に向けて動員を行うという難しい課題に直面する。眼前にある諸利益の間の調整をする先のタイプにはない、人間そのもののあり方を積極的に問い、働きかける姿勢が必要になる。従って、ここではリーダーと支持者との関係は相互の啓発と教育の側面を持ち、価値の共有に根差した一種の政治学習の様相を帯びることになる。それまで非政治的であった人々がそれによって政治化するとともに、変革型のリーダーたちの競争によって新しい争点の発掘が加速度的に進み、これまでなかった政治的意味空間の地平が開けてくる。それまで取引型利益調整の枠内に封じ込められていた公共空間が一挙に拡大し、既存の枠組みの自明性が急速に衰弱していくことにもなる。

こうした議論に対する疑問として、変革の方向性と内容を問わなければならないのではないかという声が出てくるのは避けられない。実際、ヒトラーもスターリンも変革を志したことには疑いがない。その意味で変革型リーダーシップの志向する目的価値を判断する基準がなければならない。この問題にそれなりに応答するためには哲学的議論に立ち入らなければならない。そこで次のようなやや平凡とも思える議論を考えてみよう。人間には充足しなければならない生理的必要があることは改めて述べるまでもないが、人間はそれにとどまらず恐怖・不安・危害からの自由を求め、次に他人から好意を得るとともに集団帰属意識を求め、そして、自らが尊敬されることへの必要を持つとされている。これらの人間の必要は基本的必要と呼ばれ、人間らしさを実現するための必要条件に相当する。それを踏まえて人間は自己実現へと向かい、それが個性や創造性の発揮となって現れるというのである。こうした人間の必要の序列を考えた場合、具体的な局面に応じて着実にこれらの必要を満たしていくことが変革の内容でなければならない。その意味では局面に応じて変革型のリーダーシップにもさまざまな段階があり、これらを全て同じものと考える根拠はない。また、こうした序列を逆に進むような変革は適切に見破る必要がある。デマゴーグとか投機的リーダーシップとかいったものはこの類に他ならない。望むべきなのは、より高い必要のレベルに焦点を合わせた変革の試みがリーダーの間の競争によって螺旋状に続いていくことである。

リーダーの質の問題はそれを選択する支持者の質の問題と表裏一体の関係にあるといわれる。また、支持者たちが良質であってもリーダーが劣悪であれば政治の新たな展開は望めず、支持者が劣悪であれば「悪貨が良貨を駆逐する」ことになりかねない。優れたリーダーを持たない政治は不幸であり、怠惰で鈍感な有権者に満ちた政治に未来はない。このリーダーと支持者との厄介な関係を一挙に解決しようとしてリーダーが古典的なエリート主義に居直ってみても、また、支持者たちが政治的平等主義の原則に立ち返ってみても、そして互いに非難合戦をしても、政治の質はいささかも改善されることはない。エリートと大衆との二元論に逃げ込んでみても、それは問題の先送りに過ぎない。リーダーと支持者が互いに判断力を高めていくためには具体的な問題を処理するという共同作業が必要であるが、共同作業において成果を収めるためには判断力が予め備わっていなければならないというのが真に厄介な点である。この敷居は思弁と抽象的議論によって越えることはできないのであって、具体的な難問との真摯《しんし》な取り組みによってのみ、初めて展望が開けてくるのである。

第七章　公共の利益と公民の徳

本書の政治の概念は多元的主体と公共の利益との間の緊張関係を大きな特徴としている。換言すれば、この一方のみに依拠した政治概念は支持できないということである。その趣旨は政治を集団やそれらの相互の作用によって専ら説明しようとする立場に対する疑問にある。確かに、政治をこうした形で理解し、その多元主義的側面を明らかにすること自体は、決して排除されるべきものではない。しかしそのことが政治を公的活動と考える視点を見失わせ、単なる私的利益実現のための活動に還元してしまう態度を助長したことも事実である。その結果、政治的決定はこれら諸利害の間で繰り広げられるオークションのように見なされることになる。これは権力追求を政治そのものと考える発想を別の形で展開したものに他ならない。これは政治が伝統的に「公共的」「一般的」「共通的」活動とされてきたことと衝突するのみならず、それだけでは政治についての思考そのものが摩滅することが避けられない。この後者の視点こそ本書の強調したい点である。遮二無二権力を掌握し、自らの選好を実現することが政治であるという発想は、すでに述べたように粗雑で、ある意味において政治の破壊に道を開く考えなのである。政治のあり方が課題であり続けるのは政治がそうした粗雑な活動でないはずだからである。本章において公共の利益という概念の検討を手掛かりにして、改めて政治の姿に接近を試みるのは、われわれの政治的思惟のあり方を再検討するためである。

1　公共の利益についての多元主義的理解

公共の利益という概念を政治学で扱う場合、それがそもそも有意味な概念であるかどうかが問題にならざるを得ない。そこには方法論的関心からするこの概念に対する疑念と政治の実態から発する疑問が深く潜んでいたことが分かる。第一の立場は、この概念の妥当性や意味を基本的に否定するものである。その最大の根拠は方法論から見たこの概念の難点にあった。すなわち、科学的認識の世界において有意味な概念は操作可能なものでなければならず、経験的データに即して定義され、あるいはそれについて有益な情報を与えるようなものでなければならないはずである。ところが公共の利益という概念はこうした操作可能性を全く持たないものであり、政治現象の科学的研究にとって何の役にも立たないものであるというのである。「公共の利益という概念は政治行動の分析にとって利用可能な理論と方法に何も付け加えることもなければ、それから何かを取り去るものでもない」というのが、その結論であった。

同時にこうした方法論の観点からする否定と並んで政治論の立場からするこの概念に対する疑念があった。すなわち、政治とは諸々の集団が自らの利益や選好を実現しようと互いに競争し合うアリーナであり、政府や社会といったものはこうした集団の圧力のバランス・均衡の結果的表現以上のものではない。政府の決定なるものもこうした集団の力の現れでしかなく、意思決定の中核に接近し圧力をかけることができるかどうかが政治の核心をなす。従って、公共的世界とか公共の利益とかいった概念にはそれにふさわしい実質が全く存在しないということになる。実際、個々の集団の掲げる利益が是か非かなどと問うこと自体、意味がない。「ある集団を利己的であるとか利他的であるとか分類するのは、政府や社会の機能を科学的に理解する上で何の価値もない」というのである。科学的に測定できるのは集団の組織化の状態と意思決定機構へのアクセスの程度であり、いかなる決定がなされるかは利益の内容の是非によるのではなく、集団の力と圧力によるのである（利益の是非は科学的に測定不能であるが、力は測定できる）。仮に公共の利益という概念に場があるとすれば、各集団が自らの利益を推進する戦術の一環としてそれをシンボルとして用いるという文脈においてである。かくして公共の利益は分析対象が口にする言葉ではあっても分析主体の用いる概念ではなくなる。政治の世界は表出された利益の角逐の場でしかなくなり、それ以上に分析を進めることはできないし、すべきでもないとされたのである。かくして公共の利益という概念は集団中心の政治イメージの中に完全に姿を没し、利益という概念は目に見える行動という中に還元されたのであった。その結果、眼前に見られる政治を批判する武器としての公共の利益という概念は消滅した。

第二の見解は第一のそれのように公共の利益という概念を直接的に破壊することはせず、一定の枠内でその存続を試みる。大事な点は第一の立場と多くの点を共有しつつ、それから距離をとろうとしていることである。問題はその距離の取り方であって、そこにニュアンスの違いが出てくる。第一の立場に最も近いものとしては、諸集団の間の相互作用と競争の結果として出てきたものを公共の利益と命名するタイプの議論がある。先の見解によれば、これはいわば集団間のむき出しの競争の結果でしかなかったわけであるが、ここではそれに特別のランクが与えられる。その理由としては、この結果が社会全体の合意の反映であり、この過程は極めて有効に機能しているということがあげられる。この議論は先の見解の非道徳性を打ち消し、もっと積極的にこの結果を評価しようというニュアンスを含んでいる。しかし、他面において何ゆえにそうした結果が公共の利益であるのかを説明する点で余り説得的ではない。特に、こうした結果に公共の利益という概念を独占させることは、この概念から批判的機能を失わせ、現状の美化のために動員しているとの疑問を免れない。

そこでこの点をもう少し洗練させた議論が登場することになる。すなわち、諸々の集団が競争を通して利益の調整を行う過程は一種の「適法手続き（due process）」としての性格を持つことを強調し、特に、政策決定を行う当局者に対する公平なアプローチが全ての集団に開かれている点を力説する。その意味で公正な適法手続きが政治の舞台にも存在し、それがあらゆる利益に対する公平な目配りを保証しているという。また、こうした考えには集団は多かれ少なかれ同質的であり、「見えざる手」によってこの調整過程は極めて積極的な成果を生み出すという論法も用いられている。この議論は結果を単純に公共の利益と呼ぶことに満足する議論に比べるならば、「適法手続き」と市場という非常にポピュラーな調整原理に着目することの効果は否定できないものがある。当然のことながら、政治の世界はジャングルのように強者の利益が暴走する世界ではなく、もっと秩序と公正さが保証された世界であるというのがその主張の眼目である。そして手続きの公正さによって結果のそれを保証しようとするわけであるが、そこにこの議論の問題点も露《あらわ》になるのである。

そもそも「適法手続き」や市場といったアナロジーがどの程度適用可能かについては多大の疑問がある。法律の解釈と適用が極めて人工的に構成され、枠付けられた制度の中で営まれる活動であるのに対して、政治の舞台はこうした枠付けと手続き的な完結性を備えていない。政治の過程そのものが圧力によって不断に再編・改編されているのが常態であるとすれば、このアナロジーには説得性が極めて乏しいといわざるを得ない。また、政府に対して諸集団が平等なアクセスを持つということは政治の世界においては考えられず、現実には政府と特別な関係を持つ集団が特権的な地位を獲得して他の集団のアクセスを妨害することが常態とされる。ましてや、新しい集団が次々にこの過程に参入し、自由な競争が営まれるといった市場機構のイメージもまた甚だしく現実離れしたものである。そもそもこうした世界に参入できる利益自体が限られている上に、この過程そのものが極めて寡頭制的で保守的であり、青空市場での取引とは全く似て非なるものである。従って、政治過程の公正さに着目して公共の利益概念を救済しようというこの企ては、集団間の競争と角逐の結果を公共の利益と命名する見解とそれほど実質において異なるものではない。むしろ不必要に現状を美化し、正当化するための議論になっている面も否定できない。Th・ロウィが『自由主義の終焉』で描いた利益集団多元主義の世界は、こうした公共の利益論の信頼性を決定的に奪うであろう。

以上のような議論から判明することは、公共の利益という概念を経験的データによって確認できる概念として理解しようとしても、この概念を十分に取り扱ったことにはならないということである。先に権力についてその捉え方に即して三つの次元があることを指摘したが、同じような議論はこの場合にも可能である。特に、利益といった概念は簡単に操作化できないものであり、あるいはそれを行っても基本的に一次元的権力のレベルにとどまらざるを得ない。すなわち、行動という形で経験的に確認できる利益は確かに利益には違いないが、全ての利益をそれで代表させることはできない。利益があって行為があるのであって、行為があるから利益があるわけではないからである。そして、目に見える利益に公共の利益の名を独占させることは潜在的な利益や抑圧された利益を初めから切り捨て、あるいは一次元的権力レベルでの交換型リーダーの活動に政治の視野を狭めるといったことを含意している。それはそこで政治について思考することを止めることにもつながる。その意味で、現状の政治の姿に公共の利益というレッテルを張ることは決してイノセントというわけにはいかないのである。

さらにこうした議論は、集団の活動に力点を置く余り、そうした活動を枠付ける制度的な枠組みやそれを受けとめる主体についてほとんど無関心である。仮に先の過程重視論を採用するのであれば、少なくともこの点について十分な考察を加えるべきである。法学や経済学からアナロジーを持ち込む前に、諸集団の活動の場や彼らがアクセスを試みる主体について検討が必要なはずである。本書においてこの点についてはすでに論じたところであるが、政治過程は諸集団の競争と圧力を含むことは否定できないとしても、それに解消できるほど単純な構造を有していない。その趣旨が、公共政策なるものが実際には諸集団の角逐と圧力の結果でしかないということ、従って、正統性の点で深刻な問題を抱えているということを指摘する点にあるとすれば、第一の立場、すなわち、公共の利益という概念そのものを否定する立場の方が首尾一貫している。少なくともそれはこの概念の有効性を正面から問うという役割を果たすからであり、それに対して諸集団の競争と角逐そのものの中に公共の利益を見出そうとする企てはそうした機能さえ果たすことができない。

2　公共の利益を求めて

公共の利益をめぐるこうした議論は次の二つのことを意味している。第一にこうした多元主義的議論は公共の利益を権威主義的・全体主義的に操作した体制に対する抵抗の象徴であったということである。一党独裁制に代表される公共の利益の独占的・暴力的支配を考えれば分かるように、公共の利益という概念は政治主体の多元性を破壊するように用いることが可能であったし、実際、そのように濫用された歴史がある。その意味では、単純に公共の利益という概念を再び高く掲げれば済むということにはならない。本書が政治概念を展開するに当たって、主体の多元性と複数性を強調したのはそのためである。

第二に公共の利益という概念を再考するといっても、政府や国家がそれを単純に独占するといった議論には戻りえないことである。先に紹介した諸議論はこうした伝統主義をほとんど不可能にした。その意味で公共の利益という概念を特定の主体や組織と一体視し、実体化することは問題にならない。どこかにモノのような形でそれが実在するという復古主義は論外であり、むしろ、それを機能的に考えていくことが課題になる。それだけに政治に関わる諸々の主体とそれを判断する公民・市民（citizen）がこの概念とどう対面していくかが課題になるといえよう。

興味深いのは、先の議論のような公共の利益という概念に対する厳しい見直し論にもかかわらず、この概念が消滅しなかったということである。それはこの概念が政治権力の正統性を判定する上で欠かせない概念であり、政治権力の質的特性に対する感覚が存在する限り、従って、政治権力が単なる「強者の利益の実現」に還元されてしまわない限り、「どのような諸価値の配分なのか」という問いと結び付いて浮上し続けるからである。政治が「われわれの社会はどこに向かうのか、向かうべきか」というテーマと関わらざるを得ない限り、公共の利益は集団的目的に向けての統合作用を指し示す概念として「隅の首石《おやいし》」の地位を占める。そしてこの概念が優れて統合作用に力点を置く限りにおいて、主体の多元性とその相互作用に無条件に満足することはできない。そのため、多元性や自由との間に緊張関係を惹起する可能性があり、現実にその可能性は排除できない。しかし、本書の政治概念はこれを根拠に公共の利益を集団相互の取引の中に還元する立場はとらない。仮にこの両者の間に一定の緊張関係が発生し得るとしても、必ずそれが多元性や自由を圧殺し、否定するものとは考えないからである。

政治の課題は、この一方によって他方を吸収したり（先の議論のように）、あるいは破壊したり（全体主義的な形で）しないで、どのように両者の緊張関係を維持し、そして、政治全体の活力を再生産していくかにある。公共の利益も多元的主体もともに両義的に機能する。すなわち、公共の利益は多元性を抑圧するために用いられるにしても、他方で多元的主体の構成した秩序の正統性を問い続ける武器としても機能することができる。特に、諸集団の競争と調整としての政治過程が現実には極めて少数の利益の圧倒的支配とその保護を意味する限りにおいて、後者の視点は欠くべからざるものとなろう。また、多元的主体の重視は政治的自由の擁護として積極的に評価されるべきであるとしても、それ自身、先に述べたような集団エゴイズムの暴走（「ゴリ押し政治」）と新たな腐敗、そして新たな権力政治（「業界による業界のための政治」）を生み出す可能性は否定できない。そして政治学自体、こうした主体の権力と組織力、アクセスを追いかけ回すことで終ってしまいかねない。しかし、政治的思惟の妙味はこれら一方にのみ軸足を置くのではなく、公共の利益と多元的主体のあり方双方を視野に置き、両者の緊張の中から新しい政治の可能性を追求することにある。すなわち、圧力団体政治と「ゴリ押し政治」の後追いをするだけ、あるいは政治の可能性をそうした現実に還元してしまうのではなく、公共の利益概念を「具体化する」ことによってそれを批判的に検討し、政治的意味空間を活性化していく必要がある。

ここで「具体化する」と述べたのは、政治現象は決して抽象的に判断されるべきではなく（「私的利益の追求は遺憾だ」といったような形で）、具体的な歴史的状況に即して判断されなければならないということである。実際、抽象的批判はあたかも一つの公共の利益が存在するかのような実体的思考としばしば結び付いており、所詮は上滑りを免れないか、フラストレーションの発散の一形態に止まらざるを得ない。公共の利益の判断主体は政治活動の主体（リーダー）であり、それは究極的には公民になるが、具体的な状況との関連において「公共の利益という概念によって具体的に何を考えるのか」がそこでは肝心の問題になる。それは「どのような諸価値の配分にコミットするか」と関わっており、先に言及した抽象的な公共の利益論議はしばしばこうしたコミットメントの欠如と表裏一体の関係になっているために、現実にはほとんど無力なのである。具体的判断と抽象的判断とのぶつかり合いは何物をも生み出さない。具体的な判断同士がぶつかることによって初めて政治的意味空間の活性化が可能になるのである。

公共の利益についてどのように考えるべきか。ここではW・リップマンの次のような言葉を手掛かりにしたい。

「公共の利益とは、人々が明瞭に見、合理的に考え、自己の利益から離れ、そして互いに広い心で行動する時、人間が選択すると想定されるものに他ならない」。

この見解は、A・スミスやD・ヒュームの提起した「公平な観察者（impartial spectator）」の観点を公共の利益と重ねたものである。ここで注意すべきは、この観点は人間世界を超越した高みに立って政治を見るということを前提するものではないということである。人間にとって「ここ」「今」の関心が抗すべからざる支配力を持つ。そうした関心や選好に対して自ら距離をとったり、「広い心」で行動することは難しい。その意味で人間の判断は偏っている（partial）ことを前提にしながら、そこからどれだけ距離をとれるか、距離をとって考えるかという視点を打ち出したものである。その意味では公共の利益は自己批判や自己対象化の契機を言い換えたものということもできよう。政治活動を「ここ」「今」の論理で割り切ることを当然とする多元主義があることは否定できないが、本書が念頭においているのはこうした多元主義ではない。むしろ、複数の主体自身がこうした公共の利益といった概念によってそれなりの自己修正能力を有するとともに、互いに影響を与え合うことによって、ひたすら「ここ」「今」の関心に仕えるような政治から距離をとり得る政治、その意味で「ここ」「今」の視点に完全にのめり込み、自己満足に浸るような政治から距離をとり得る政治、こうしたものを念頭においている。政治においては「ここ」と「今」への関心が圧倒的な支配力を持つが、他面においてそこに「非合理的なるもの」が宿ることも指摘しなければならない。政治は極めて非合理なように見えて、それなりに「合理的なるもの」である。しかし、何が「合理的なるもの」かについて抽象的に語ることは意味を持たない。そのことは先の「具体化する」ということとの関連で述べた点である。公共の利益概念は「ここ」「今」の関心を空間的・時間的広がりの中で再検討することを促すことによって、少なくとも「非合理的なるもの」をコントロールする機会を与え、結果的に「合理的なるもの」にチャンスを与える役割を持つのである。

ところでこの問題は最終的な主体としての公民のあり方、その徳の問題に到達する。公民の徳（civic virtue）については、公共のために自らを省みないで犠牲を払う政治的徳（モンテスキュー）といった理解が古くから唱えられてきた。現在の共和主義（republicanism）をめぐる議論にはその残像が見られる。しかし、無反省なこうした態度が公民の徳にふさわしいものかどうかは慎重に検討する必要がある。勿論、眼前の利益や選好にしか興味のない人間の姿が公民にふさわしいものだという判断は、先にも述べたように、ここでもとらないし、こうした人間たちが政治に携わることによって政治が活性化するなどと考えるものではない。その意味では、端的にこうした人間の姿を批判する先の古典的な公民の徳論には重要な要素が含まれている。しかし、ここで念頭においている公民の徳はもっと多くの自己批判的反省力や公平さへの感覚、そして何よりも多様性への感覚を含むものでなければならない。一気呵成な行動力に代表される団結力にその焦点があるのではなく、公的道徳原理への粘り強いコミットメントを前提にした公平さへの視点とそれを基にした集団的行動力にその焦点があるのである。かつての公民の徳が強烈な熱情に特徴があったとすれば、ここでの公民の徳は冷静な政治的判断力にその比重があるのである。

第二部　現代民主政治論

第一章　民主政治

1　民主政治概念の遺産

二〇世紀の政治用語の中で急速に台頭し、並びなき権威を獲得するとともに物議を醸《かも》したのが民主政治であった。政治学の多くの用語がそうであるように、この言葉も古い伝統を背後に持っている。よく知られているように、古代ギリシアのdemocratiaという概念がその源であり、少数者支配（oligarchia）に対して多数者の支配を意味した。それは現実にはアリストテレスが鋭く分析したように、平民による支配であるに留まらず、しばしば貧しい者たちが数の力に訴えて支配する無秩序で過激な政治体制を意味した。アリストテレスがそれを悪い政治体制の一つに数えたように、その後の歴史において民主政治はモッブの支配（mobocracy）、特に、狭い領域（都市国家）における直接民主政治のイメージと深く結び付いていた。ここから民主政治について二つの先入見が成立した。第一は、民主政治は小国用の政治体制であり、大国と民主政治とは矛盾するという認識である。この矛盾を克服するためには、民主政治という概念を直接民主政治から一旦切り離し、間接民主政治へと移行させ、それに伴う制度や機構の新たな整備を示すことが不可欠であった。ここに民主政治は古代的なものから近代的なものに変化した。アメリカ合衆国の一つの重要な意義は、広範な領域を舞台とした民主政治が可能であることを現実に示した点にあった。第二に、それは無教養な大衆による非合理的で不安定な政治体制であるという理解である。実際、民主政治に対して決して敵対的とは呼べない人々さえも、そうした暴走を抑制することに腐心したのであった。例えば、進歩の理念を掲げたJ・S・ミルも選挙権の拡大に賛成しながらも、他面で有識者に複数の投票権を与えてこうした暴走を阻止しようとしたのであった。そして、第一次世界大戦後、民主政治が政治体制として導入される中でファシズムといったものが誕生し、改めて民主政治の非合理性や不安定性が大きく浮き彫りにされた。こうした中で、民主政治のあり方を問い直す試みが繰り返し浮上したのであった。

二〇世紀は何度にもわたって民主化の波に洗われた。二つの世界大戦後の時期、一九七〇年代後半以降の時期、そして九〇年代はその代表例である。更に二一世紀初めの「アラブの春」を付け加えることも出来よう。そしてその度に民主政治そのものを正面から否定する立場は後退を余儀なくされた。その結果、誰も正面からそれを否定するようなことをしなくなり、この概念の権威は広範な合意によって支えられるものとなった。しかし、政治学的にいえば、問題はこの概念が極めてルーズに用いられ、現実には重大な相違を内に含んでいることが珍しくなかったことである。つまり、この概念の普遍的権威の確立の傍らで、その概念の多義性、論争性がますます明らかになったのである。その結果、「実際、何について論じているのか分からない故に、民主政治について論ずることは知的に無価値である」（ジュブネル）という言葉さえ生まれることになった。R・ダールがポリアーキーといった新しい概念を提示した背景には民主政治という概念をめぐる深刻な混乱があったのである。そしてこの多義性や論争性は現実の政治の動きと不可分に結び付いていた。例えば、二〇世紀中葉においてC・B・マクファーソンは西側世界の民主政治（いわゆるliberal democracy）との対比で二つの反自由主義的民主政治（non-liberal democracy）の存在を指摘し、後者の例として共産主義体制と新たに独立した発展途上国の政治体制をあげている。彼によれば、共産主義体制は平民（貧者）

の支配というギリシア以来の伝統に沿った体制（プロレタリアート独裁）であるし、発展途上国はルソー流の一般意志に基づく体制であった。すなわち、これら二つの場合、「人民のための政治」としての民主政治の原点が、前衛政党なり、圧倒的地位を占める一つの政党による統治にもかかわらず、実現しているというのである。これに対して自由民主主義にあっては民主政治は選択と多様性を特徴とする自由主義体制の中に取り込まれた形態と見なされている。いわば、「人民による政治」優先型とでもいうべきものである。この三つの異なった民主政治という議論はその後の展開に即して見ると違和感を生み出すのかもしれないが、正に現実政治と結び付いた民主政治概念の論争性を遺憾なく示すものというべきであろう。

民主政治はよく「人民による、人民のための政治」と呼ばれ、こうした規定は自明なものであるかのように言われる。しかし、この規定の最大の問題点は「人民とは何か」という点にある。君主政治と比較してみれば明瞭なように、君主政治にあっては「君主とは誰か」という問題は自然人の存在によって簡単に解決されるのに対して、人民という概念にはこうした便利な回答は許されない。それは自然的概念ではなく、人為的概念であり、構成された概念である。人民とは「私」でもなければ「彼」でもなければ「彼女」でもないはずである（但し、実際には「人民」とは「私」と素朴に思っている幸福な人が少なくないように見えるが）。また、それを「われわれ」と言い換えても「われわれとは誰のことか」という問題が出てくるだけのことである。極論すれば、これでは玉葱の皮を剝くような話になってしまう。この点で重要なのは、かつて都市国家型の直接民主政治における「人民」はいわば「目に見える」存在であったが、間接民主政治においては「目に見えない」存在になってしまったということである。ルソーが直接民主政治の制度化に執着し、代議政治を「選挙の日だけ人民は自由であり、その後は隷従状態に陥る」として厳しく論難した背景には、「人民」概念のこうした心もとなさ、空虚さがあったのである。全能のように言われる「人民」が空虚と隣り合わせであることへの自覚なしに、実は民主政治論は始まらないのである。しかもこの厄介な「人民」概念の上に、「人民による政治」とか「人民のための政治」といった形で議論が積み上げられるため、民主政治をめぐる論争は幾らでも続くことになるのである。「人民とは何か」という難問を傍らに寄せておいて「人民による政治」を口にし、さらに「人民のための政治」を口にすることが如何なる意味を持ちうるのであろうか。ここに多くの虚構（「見なし」）が必要になるのみならず、悪く言えば、デマゴギー（宣伝と詐欺）が幾らでも入りうる余地が生まれよう。

実際、二〇世紀は一つの重要な政治的体験をした。それは「人民による政治」と「人民のための政治」とが必ずしも自然的に調和するわけではないということである。何をもって「人民による政治」というかはともかくとして、「人民のための政治」が多様な独裁政治や一党支配と現実に結び付き得ることを示したことは決定的に重要であった。社会主義体制の提起した問題は正にここにあったわけであるし、ルソー主義的一般意志の理論がそれを補強し得るということは、衝撃的な体験であった。先のマクファーソンの議論はその残像に他ならない。その意味ではここでもナイーブな民主政治論は政治的体験によって木端微塵にされたのであった。つまり、われわれは「人民による政治」と「人民のための政治」という二つの理念の自然的調和を無邪気に信ずることができないという体験の上で議論をしなければならなくなった。勿論、自然的調和を信ずることができないということは必ずしもそれを完全に断念するということではないが、そのためには相当の意識的・人為的努力が必要だということである。

ここから判明するように、政治学は民主政治について全てが分かったようなふりをして議論を進めるわけにはいかない。「人民による、人民のための政治」を自明のこととする議論は、早晩、このことが何を意味するのかという問題に出会わざるを得ない。これまでの議論からも示唆されているように、民主政治はその一見した自明性にもかかわらず、実際には迷路に満ちた、途方もなく複雑な仕組みである。政治学にできることはデマゴギーによって欺かれる余地を少なくする批判的武器とこの複雑な仕組みに耐えられる知的装備を準備することに他ならない。

2　「政治家による政治」

民主政治という概念は想像以上に霧に覆われている。この霧を払う役割を最も先鋭的な形で果たしたのが有名な経済学者のJ・シュンペーターであった。彼は『資本主義、社会主義、民主主義』（一九四二年）において、いわゆる古典的民主政治論に対する徹底的な批判を通して、彼独自の流儀でこの霧を取り払ったのであった。彼の理解するところの古典的民主政治論――これは先の「人民による、人民のための政治」を素朴に信ずる立場にほぼ対応するものである――によれば、民主政治というのは人民が自ら諸問題について決定を行い、公共の利益を実現する制度的装置であり、代表者はそのための便宜的存在として位置付けられる。すなわち、そこでは人民による公共の利益の認識が広く分有され、従って、彼ら自身が十分な問題解決能力を持ち、代表者たちはそれを単純に執行するための存在であると考えられている。それはまとまりを持った人民という存在、そして彼らが共有する公共の利益の存在を前提にした議論である。これに対してシュンペーターは容赦のない批判を浴びせた。そもそも人々が共有する公共の利益といったものは存在しないし、一般意志の存在を想定することには根本的疑問がある。そのことを示す典型的事例は世論のあの偶然的で浮動的な性格である。また、古典学説は人間の合理性を前提にしているが、人間は身近な出来事についてはかなり合理的な判断ができるにしても、それを越えた遠い、自分に直接関係のない世界の出来事についてこれを求めることはおよそ人間性を知らない議論である。そういう出来事について人間は責任感を感ずることができず、物事を適切に理解しようという有効な意志を欠き、その結果として無知と判断力の欠如に見舞われるのである。総じて政治に関わる事柄は「無責任な雑談」の域を出ることができないという。従って、この種の問題領域においては偏見や衝動などが大きな役割を果たし、特に一定の政治的意図を持った集団は勝手に人民の意志を「形成する」ことができるのである。つまり、人民の意志や一般意志というものが確固として存在し、それが政治を動かすというのが古典的議論であったが、実際にはこれらは政治家や政党が人為的に「形成」したものであり、これらは政治の推進力であるどころか、政治の「産物」でしかないというのである。ここには古典的議論が政治家による宣伝と操作に対して実際には無防備であること、そしてその餌食になってきたことが極めて露骨に述べられている。

合理的な人民や一般意志の存在を前提にしない彼の民主政治論は、一つの手続き的な仕組みとして立ち現れた。すなわち、「民主主義的方法とは、個々人が人民の投票を獲得するための競争的闘争を行うことにより決定権力を得るような形で、政治的決定に到達する制度的仕組みである」。この規定は人民の意志や一般意志から出発する民主政治論——「人民のための政治」——がしばしば全体主義的統治に結び付き得たという体験に基づき、そうした人民実在論的議論を退け、民主政治を可能な限り一つの政治的手続きに読み替えたという点で画期的意味を持つ。政治的手続きとは換言すれば「人民による政治」に関わるものであるが、この手続きの最大の特徴は複数の政治集団が投票獲得をめぐって競争する点に求められる。言うまでもなく、その背後にはそれを可能にし、保証するような政治的自由の広範な保障と寛容が必要とされている。この自由な競争を前提に人民は選択の幅を持つが、しかし、彼らが行うのは具体的問題の決定ではなく、「誰が決定を行うべきか」を決定するに過ぎない。その意味で古典的議論に比べて人民の政治的役割ははるかに限定的である。逆に、それだけに政治家や政治リーダーの役割は大きくなる。彼らはすでに明らかになっている公共の利益を表明するような受動的な存在ではなく、課題の設定から問題の解決に至るまでイニシャティブをとる存在となる。従って、「人民による政治」は限りなく「政治家による政治」に接近していく。政党は「政治権力を得るための競争的闘争において協調して行動することを目的として集まった人的集団」であり、投票者としての人民のなし得ることは受動的な「選択の自由」に過ぎない。その意味でシュンペーターの議論は職業政治家集団と人民との機能的分離を前提にしており、古典的議論における直接民主政治のニュアンスとは全く違った仕組みを提案している。逆に言えば、「天職として政治に従事する社会階層」が存在することがこのモデルが機能する前提であり、道徳的品性や専門的能力の有無には解消できない独特のエートスを持った政治家集団と彼らに対する人民の信頼感こそ、民主政治の核心をなすものであった。

人民主権や一般意志に基づく政治という民主政治の素朴なイメージを徹底的に見直した結果として、彼は政治リーダーによる政治という形で民主政治を捉え直した。「人民による政治」は政治リーダー相互の競争に対して判定を下すという形で専ら存在し、リーダーと人民との同一性、一体性ではなく「距離のパトス」が大きく浮上している。従って、彼の民主政治概念がエリート主義、貴族主義という刻印を押され、批判にさらされることは免れなかった。しかし、彼はこうした政治こそ、古典的民主政治論が想定する政治よりもはるかに「人民のための政治」――長期的に人民の大多数に満足を与える政治――につながることを信じて疑わなかった。確かにシュンペーターは「政治家による政治」を支持したわけであるが、決してその全能性や無謬性を擁護したわけではなかった。彼は問題に合理的に取り組むためには政治家が一定の自制心を持ち、専門家集団や官僚制などの自立性を尊重する必要があるとしたのである。そこには「人民による政治」を「政治家による政治」に一旦読み替えることによって初めて（合理的な）「人民のための政治」が可能になるという思考の構図が見えてくる。この構図は「政治家による政治」が「人民のための政治」につながる条件とは何か、それが「政治家による政治家のための政治」に転落しないかどうか、といった問いかけを生むことになろう。

民主政治概念は「多数者の意志に基づく政治」という規定と深く結び付いている。人民の間に意見と利害の対立があるのが常態である以上、この帰結は避けられない。同時に、民主政治概念は「多数者の専制（tyranny of the majority）」という亡霊に悩まされてきた。すなわち、多数者がその権力をあたかも全能のように行使し、少数者の権利や自由がそれによって脅威にさらされるという指摘がそれである。都市国家型民主政治の最大の弊害の一つがこの点にあったという指摘は長い歴史を持っている。確かに、内乱状態のような事態を想定するならば、多数者と少数者がはっきりと対峙し、武力による決着に至らざるを得ないことは想像に難くない。そこで「多数者の意志に基づく政治」が「多数者の専制」にならないかどうかという問題を民主政治論は避けて通ることはできない。アメリカ建国の父祖たちの手になる『ザ・フェデラリスト』はこの問題に対する古典的な回答を示したものであり、彼らは領域の拡大（間接民主政治の採用）と権力分立制の採用によってこの難問に答えようとした。「多数者の専制」という概念は多数者がはっきりとした政治的な塊として存在するということを前提にしているが、そもそも多数者の意志とはどのような存在であろうか。それはちょうど、人民がどのようなものかという問いに対応するものである。

ダールは『民主政治理論序説』においてこの問題について次のような考察を加えた。まず、多数者の意志なるものは一つの集団のまとまった意志という形で存在するのではなく、異なった選好を有する複数のグループの組み合わせの結果でしかない。つまり、それは明確な一つの意図を有する実在として存在するというよりも、組み合わせの結果として立ち現れるというのである。実際、ある政治家や政党なりが多数の票を獲得する場合を考えてみても、支持した人々や集団の政策選好の優先順位は多様であるし、それもたまたま投票した者の複雑な組み合わせの結果に過ぎないのである。多数者の意思表示なるものをそこに発見しようとしても、ましてや特定の政策に対する意思表示を発見しようとしても「ないものねだり」に限りなく近い。しかも選挙の時を除けば、この種の多数者の意志さえ表明されることはますます少なくなる。次に「多数者の意志に基づく政治」という頭数中心の発想は、要求の「強度（intensity）」による見直しも求められる。すなわち、強い要求を持つ少数者集団は極めて活動的であり、選挙と選挙の間にあってその影響力はますます高まることになる。その結果、「無関心な多数」は「強い要求を持つ少数」の前に無力なことが少なくないとされる（従って、「多数者の専制」が心配なのではなく、強い要求を持つ少数者集団を抑制することがいかにして可能かという問題の方が肝心な問題になってくるとも言える）。シュンペーターが「人民による政治」の仮面を徹底的に剝ぎ取ったのとパラレルに、ダールは「多数者の意志に基づく政治」の物神性を剝ぎ取った。人民と多数者がもはや民主政治に対する指令者でなくなるとともに、政治家の役割が大きくならざるを得なくなる。

シュンペーターが政治家集団（政党）の競争と選挙を結び付け、そこに民主政治の仕組みを位置付けたのに対して、ダールにあっては多数者の実態からして選挙を特別視する意味が薄れ、政治家はさまざまな集団からする働き掛けとそれに対する不断の応答に活動の場を見出すことになる。民主政治の特徴はこうした集団が数多く存在し、政策決定へのアクセスを求めて激しく競い合っている点にあった。民主政治においてこれら少数者の集団の要求に対して政治家が応答するのはむしろ当然であり、独裁政治と民主政治との相違は、前者が「一つの少数派による統治（government by minority）」であるのに対して後者が「複数の少数派による統治（government by minorities）」である点に求められたのである。その意味で民主政治は「開かれた政治過程」を保証し、さまざまな集団が政治リーダーにアクセスできる政治システムとして定式化された。民主政治は人民や多数者の意志による政治ではなく、複数の少数派がアクセスを常に試みるいわゆる多元主義として現れることになったのである。そして、シュンペーターの描く民主政治が「距離のパトス」を前提にした「政治家（政党）による政治」を意味したとするならば、ダールのそれは政治家と諸集団との近接性、同質性を踏まえた政治家と諸集団との共同統治の様相を強く持つことになった。そして、一般民衆はこの両者の外部に受動的な存在、非政治的存在として立ち現れることになる。

これを図式化すれば、中心に職業政治家があり、その周囲を政治階層（利益集団やメディアなど）が取り囲み、その周囲を広範な平均的市民が取り囲んでいるという構図になる。政治問題は職業政治家と政治階層の間で提起され、彼らの間の交渉と妥協によって解決されるものとみなされる。平均的市民は民主政治に対する古典的信条の持ち主であるが、彼らはこうした政治の現状を特に問題にすることもなく、それに介入しようともしない存在である。政治家と政治階層が従う政治の現実のルールは平均的市民が念頭におく民主主義的信条と一致するものではなく、これら二つが併存するのが民主政治であることになる。もし、政治家の一部がこの内部的なルールと民主主義的信条とのギャップを問題にし、市民たちに訴えて行動を始めるならば、この二重構造は崩れ、政治家や政治階層の影響力は弱体化を免れない。多元主義にとってこのような平均的市民の政治舞台への登場は民主政治の安定性を揺るがし、ひいては「民主政治による民主政治の破壊」につながるものだと映った。そこでは政治家と政治階層の間のコンセンサスと団結こそが民主政治の存続の決定的な条件であって、大衆の政治参加はむしろその瓦解につながるものと考えられたのである。大衆の政治参加が必ずしも望ましいものではないという、戦間期の苦い歴史的経験がこうした認識の背後にある。平均的市民が民主政治の外枠をがっちりと支えつつも、現実政治の運営は一部の政治階層の手に委ね、その限りにおいて政治的無関心状態にあるのが望ましいことになる。従って、一部において政治的無関心は平均的市民の政治的徳であるといった所説も見られることになった。

シュンペーターの議論も多元主義も民主政治を基本的に「政治家による政治」という形で読み替え、素朴な民主政治論を換骨奪胎した点では同じである。しかし、後者は前者と比べ、はるかに政治家や政治階層の内部の合意を重視し、それによる民主政治の「安定」に対して重大な関心を抱いている。平均的市民の政治参加はその「安定」の観点から望ましくないものとされ、競争もこの合意の中にいつしか解消されていった。政治階層の既存の姿――馴れ合いと「取引型」政治の横行――を批判し、それとの関係で平均的市民の登場を促すことは、「安定」を脅かす所作のように見られた。その意味において参加も競争も「安定」という大義名分の前にその重要性を失うに至ったかのようである。「安定」という旗印によって「政治家による政治」が「政治家のための政治」に容易に転化していく可能性が出てきたことは否定できない。その意味で多元主義は政治空間の狭隘化によって合意を維持しようとしたという批判は免れ難いものがある。

3　参加と討議・熟議

民主政治を「政治家による政治」という形で読み替える立場に対して、古典的立論を継承しつつ、それを批判する民主政治論が現れるのは必至であった。いわゆる参加民主主義の系譜がそれである。まず、参加民主主義者の批判は多元主義の「保守性」に向けられた。すなわち、多元主義は合意と「安定」の名の下に、実は、既存の諸利益とエリート支配を温存しようとしているというのである。その意味で、正に一次元的権力観とそこでの交渉と取引の世界に安住し、それから排除された権力問題に基本的に無関心である。そこでの「開かれた」政治過程は現実には極めて閉鎖的であり、寡頭制的特権によって支配されている。特に、貧者や社会的弱者は体系的に排除され、政治的無関心へと追いやられている（いわゆるフェミニズムの問題もこうした文脈において政治性を獲得することになる）。すなわち、政治空間の狭隘化は多くの人々や集団の民主政治からの事実上の排除や疎外と表裏一体であり、民主政治の「安定」のために万人の政治参加という民主政治の理念を放棄するものとされた。大衆の政治的無関心を政治的な徳であるかのように語り、彼らの政治的無関心を満足と合意の証しであるかのように語る口吻《こうふん》はこの保守性の典型的現れと見なされる。

その上参加民主主義論によれば、政治はいわゆる多元主義的理解の下では私的利益の充足のための活動に過ぎず、政治が社会にとって好ましい成果を挙げているかといったことは全く問われることはない。民主政治が人間の自由と尊厳の実現に寄与すべきだといったことはそこでは問われることはない。よりよい社会の実現に向けた政治を行うという観点そのものが見失われている。その結果、政治を批判する視点は見失われ、民主政治の「安定」の名の下に「エセ政治（pseudopolitics）」が横行する。参加民主主義はこれに対して政治への積極的参加によって多元主義的政治において隠蔽されてきた論点や権力関係を明らかにし、政治の地平を拡げるべきだと主張する。

このように参加民主主義論の特徴は多元主義的議論の政治的空間の狭隘さをいろいろな形で突破しようとした点にあったが、そのもう一つの特徴として人間と政治との関係についての独特な見解があった。自由主義的な発想によれば政治への参加は権利なり利益なりを実現するための手段と見なされる。これに対して参加民主主義を唱える人々は政治への参加が人間そのもののあり方にとって決定的な重要性を持つ活動であることを力説する。つまり、政治への参加は人間の見聞を拡げ、人間としての可能性を開花させ、いわば自己実現にとって重要な契機を与えてくれるというのである。一言でいえば、政治への参加は自己啓発、自己教育にとって掛け替えのない機会を提供する。こうした観点からすれば、多くの市民を政治過程から排除することによって成り立つ「政治家による政治」は人間の可能性、創造性への機会を多くの人々から奪うものに他ならない。ましてや、政治への無関心を政治的徳であるかのように語るのは倒錯した議論の典型といわざるを得ないことになる。かくして政治は単に権利や利益を擁護するための手段的活動——もしそうであれば、「善良な独裁者」に全てを委ねればよいことになろう——ではなく、人間が自らの全存在を傾けてコミットし、自己実現を図るための掛け替えのない場とされることになった。

しかし、このように解することは権力追求型の政治人になることを意味するわけではない。参加民主主義者は、ルサンチマンに駆り立てられた大衆の政治への侵入という意味での参加と自らの主張は全く無縁であると考えている。むしろ、ここでは人間は互いに連帯しながら、共同社会の一員として公共の利益にふさわしい政治の姿を追求すべきものとされた。それは私的利益の取引に堕落した民主政治を公共の利益の観点から鍛え直しつつ、同時に人間としての自己実現を模索する活動とされる。このように、「安定」を大義名分に狭隘化した多元主義的民主政治と対決することによって政治空間を拡大し、民主政治の拠点を作り直そうというのが参加民主主義者の企図であった。

こうした参加の人間的意義を高く掲げる議論は明らかに直接民主政治の色彩を強く帯びることになる。それは直接民主政治につきまとっていたサイズ（広さ）の限界といった問題を再び浮上させる。つまり、政治活動の単位を狭くすることは参加の意義を高めることになるが、他面においてこうした小さな単位の政治活動の果たし得る役割、実現し得る目的には自ずから大きな限界がある。これは民主政治の制度化や政治権力をどう考えるかという古典的問題に他ならない。従って、一見したところ、参加民主主義は多元主義を批判したように見えて実は両者は中央政治と地方政治という形で住み分けが可能なようにも見える。換言すれば、参加民主主義論には参加そのものの意義を強調する側面と多元主義の閉鎖性（権力の一元的理解に偏った）を批判する面とが混在している。そして、このうちどちらを重視するかは必ずしも判然としていない。しかし、もし前者を重視すればサイズの問題は避けられなくなるであろうが、後者に重点があるとすれば参加は隠蔽された権力関係を告発し、既存の政治権力のあり方を是正する目的に対する手段になるであろう。

この後者の見地に立つ場合、いわゆる討議的民主政治（deliberative democracy）、対話的民主政治（discursive democracy）の主張へと議論はつながっていく。これらはいずれも、個別のミクロ的合理性の追求として、あるいはその偶然的合成・組み合わせとして民主政治を考える発想を拒否し、一定の平等性を体現した対話と討議の場を通して実践的な「合理的なるもの」を追求しようとする立場である。それは疑いもなく政治的空間の狭隘さを打破し、その化石化を防止する重要な構想といえよう。しかし、この中には幾つかの大きく異なる立場が隠されている。一方の極にはこの討議と対話を理想的発話状態、あるいは当事者の間の理想的コミュニケーション関係と考え、そこに権力と抑圧、さらには欺瞞から自由な絶対的な実践的真理の発現を見ようとする立場がある。俗にハーバーマス的立場といってよい。また、権力と経済的利益から自由な対話と討議の世界を想定する近年の「市民社会」論にも、このニュアンスが含まれている。それは基本的に個別性、具体性、権力、そして利己性に蝕まれた政治的現実を一気に超出する企てである。それは幻影と影しか見えない洞窟の中での生活から外へ出、まぶしい太陽の光に直面することによって真の世界を視るという、あのプラトンの洞窟の比喩以来、連綿として見られる議論の新しいスタイルである。

しかし、討議的・対話的民主政治論は必ずしもこうした立場に限定されるものではない。すなわち、こうした討議と対話そのものは超歴史的なものではなく、一定の歴史的与件と限界を前提にして行われ、常に具体的な問題との格闘を通してその都度社会的に「合理性」を問うものであるという立場がある。それは権力をめぐる激しい対立から完全に自由な対話状態といったものを想定するのではなく、常にそうした対立を前提にしながら討議の高まりを通してベターな解決ないし取り組みを企てるメカニズムである。討議的民主政治はその意味で一つの真理追求の場であるよりも、アリーナであることを前提にしている。そして政党や諸団体といったものをこの討議のアリーナからアプリオリに排除する必要はなく、むしろそれらを討議の渦に巻き込むことによってその特権性や排他性を抑制することがテーマになる。近時日本において見られる熟議型民主主義論もこの系譜に属するものと考えられる。その意味では討議的民主政治は政党政治そのものと必ずしも矛盾するものではない。いずれにせよ、この後者の理解によれば、討議的民主政治は主体の複数性とそれに発する対立を「克服」したり、あるいはそれを「超出」したりすることを目標とするものではないことになり、先のそれとは違った意味での多元主義を内包しているといえる。

参加民主主義論に見られた「濃密な参加」の主張は、多元主義に含まれていた「濃密な取引と妥協」といわば対応関係に立っていた。正に政治家や政治階層による政治の独占に対する異議申し立てにその力点があった。対話的・討議的民主政治論も確かにこうした異議申し立てを継承しているが、他面において「濃密な参加」を自己目的とするような態度はとらない。これはサイズの問題から比較的自由になることを可能にする。むしろ、「濃密な参加」よりも「開かれた参加」に力点がある。これは、「濃密な取引と妥協」「濃密な参加」という組み合わせそのものが終りつつあることの例証と見ることもできる。ちょうど、シュンペーターの議論が独裁政治による民主政治概念の濫用に原点があったように、討議的民主政治論にはそれなりの歴史的地平が見られるのである。

これは次のように解釈することができる。すなわち、いわゆる多元主義における政治家と政治階層による政治というイメージは、権力の自己完結的集中体制と深く結び付いた利益政治を想起させる。それは一九三〇年代以来の国家権力強化の延長線上に成立した利益政治——経済成長と「合意の政治」——と深く結び付いている。つまり、この種の「国家」民主政治がその根源にある。一九八〇年代以降に起こったことは、この体制の閉塞、それに次ぐ漸進的解体と再編成に他ならない。問題の焦点が民主政治と資本主義体制との緊張の高まりにあったことは、サッチャーが「市場の神話」による「国家」民主政治の解体を唱えたことに典型的に見られる。日本はいわゆる先進工業国の中でこの「国家」民主政治（政治家・業界団体・官僚による政治）をもっとも後まで維持し、深刻な自己閉塞感に陥った例である。「国家」民主政治の解体は「合意の政治」の終りであるのみならず、利益調整の問題を市場等に委ねるという形で非集中化、非政治化することを意味した。一点集中型の「濃密な取引と妥協」はグローバルな規模での取引と妥協などによって相対化され、前者の比重は確実に低下の傾向を辿ることになった。

これは「国家」民主政治イコール民主政治という構図を大きく動揺させることになる。権力は国家から地域社会へと流出するとともに国際機構（ユーロ圏のような大規模共同体を含む）や市場へと流出していく。情報とモノ、カネの巨大な流れがこれと表裏一体の関係で進行していく。「国家」民主政治と並んで地域民主政治、そして国際民主政治・グローバル市場という次元が姿を現す。この民主政治の多次元化現象は濃密性とは両立しない。地域政治において「濃密な参加」は可能であるとしても、それは常に他の二つの次元との関係においてのみ自らを位置づけることができる。そして主体に即していうならば、「国家」民主政治の時代と異なり、参加は多次元的となるのみならず、これら相互の調整が避けられない課題として登場してくる。「国家」民主政治の自己完結性が過去のものとなる中で、民主政治は次々に登場する課題に対して非完結的に、そして多次元的に応答せざるを得ない。対話的・討議的民主政治という議論は、「国家」民主政治の時代の終焉を受けて「開かれた参加」という形でこの問題状況を受けとめたものに他ならない。対話的・討議的民主政治論は先行する議論のように民主政治について一つの明確な回答を必ずしも与えるものではない。その意味では暫定的な応答のように見えるが、その原因は権力構造そのものが変化しつつあることにある。ユーロ圏の政治の混乱はこの中途半端な移行過程に原因がある。更に、国際的に新たな「帝国」体制が成立しつつあり、それがバラバラになった個人の塊である「マルチチュード」と対面しているといった指摘も「国家」民主政治の液状化現象を指摘したものと言うべきであろう（第七章、第八章参照のこと）。新たな権力構造の理論化につれて民主政治イメージは従来よりも拡散的になることは明白である。

4　政治体制と倫理性

現代においては民主政治は大きな倫理的正当性を備えるに至っている。それは自由で平等な個人に対する尊敬という倫理的基盤と不可分な関係にある。すでに政治という概念について、その主体の複数性や自由の重要性について語ったが、民主政治はそれを極端にまで推し進め、さらには制度化した仕組みを有している。当然のことながら、各人の主張や要求に配慮し、強制ではなく説得と合意による政治が求められることになる。これは民主政治を平等と参加の観点から理解し、いわば水平軸中心に考えることに他ならない。これは俗に「皆の願いがかなう政治」という言葉によって表現される。民主政治はその意味において倫理的正当性を有する。近代において民主政治があたかも自己目的のように考えられるのはこのためである。

しかし、民主政治の倫理的基礎を問うことは民主政治そのものを議論することと同じであろうか。何よりも先ず、民主政治は紛れもなく一つの政治体制である。D・イーストンの言葉を借りれば、民主政治も「諸価値の権威的配分」を行う一つの政治システムに過ぎない。実をいえば、古代以来の民主政治についての議論はこの側面に専ら焦点を当ててきた。それというのも古代にあっては先のような基本的人権といった発想はなく、民主政治の倫理的基礎を他に対して賞賛することは問題にならなかったからである（逆にプラトンのように、倫理的には民主政治はむしろ劣悪な体制と見なした思想家もいた）。政治体制である以上、政治権力を構成し、制度化し、行使することによって、一定の成果をあげることが課題になる。水平軸に対して垂直軸とでも呼ぶべきリーダーシップや権力行使のあり方がそこでは焦点になる。政治体制があくまでその成果との関係で測定されることになれば、民主政治の特権性は一挙に後退する。実際、1で述べたように古代以来の議論において民主政治の評価が低かった最大の原因は、その政治体制としての脆弱性にあった。民主政治が容易に「多数者の専制」に転落し、「賢明さ」を欠いた自滅的な暴走を繰り返したことが最大の批判の焦点になったのである。

二〇世紀においても戦間期の民主政治が厳しい社会的・経済的対立によって脆くも崩壊したことはよく知られている。民主政治にとって環境の変化は大きなストレスの原因になる。このことは民主政治がその強力な倫理的基礎のみによって存続し得るものではないことを示唆している。従って、その倫理的基礎を賞賛するだけでは不十分であり、それが一定の成果をもたらす政治体制として機能する仕組みや条件を問題にしなければ政治学の議論としては極めて不十分である。換言すれば、倫理的基礎と政治体制としての機能向上とをどのように結び付けるかという点にこそ、そして、水平軸と垂直軸との独特な結合のあり方にこそ、問題の焦点がある。この結合と媒介の仕組みは決して単純ではなく、また、一つの出来合いの回答が存在するわけではない。極論すれば、過去の多様な遺産を背景にした無限の個別性があるのみである。そして、政党にしろ、さまざまな制度にしろ、この媒介機能の一環に他ならない。また、先に言及した対話と討議もまたそれと不可分である。選挙に始まり、政策実施に至るところのこの媒介機能全体がどのように働いているか、あるいは働いていないかに目を配り、不断の改革努力を続けていく――それは恐らく完成することはない――ことが民主政治の課題であるとともに、政治学の関心事になる。

従って、民主政治の倫理的基礎にのみ焦点を合わせ、「皆の願いがかなう政治」を強調するだけでは権力の運用と成果の契機に目を閉じている点で不十分である。他方、垂直的な権力関係にのみ目配りをする議論は倫理的基礎による強烈な反撃を受け、その脆弱性を露《あらわ》にするであろう。この種の一方の軸にのみ傾く議論はともに民主政治の一面しか見ていない。民主政治は極めて複雑な装置を備えた政治体制であり、それゆえに極めて高度な政治的能力を要求する政治体制である。仮に自明性を単純であることと同一視するならば、民主政治は決して単純な政治体制ではない。それは内に緊張を秘めた複雑精妙な体制であるはずである。以下の議論はこうした視点からさまざまな媒介機能について考察し、選択と改革の余地について考えていこうとするものである。

第二章　民主政治の諸条件

前章で論じたように、民主政治概念は正しく「論争的」概念であったが、二〇世紀の政治的体験から生まれた帰結として、政治参加の度合いとともに主体の複数性を強調する立場が確立したことは否定できない。R・ダールのポリアーキー（polyarchy）という概念はそれを極めて明確に定式化したものである。すなわち、一方に公的異議申し立て（public contestation）の軸をとり、他方で選挙に参加し公職に就く権利という軸をとり、この双方を満たしたものをポリアーキーと規定するものである（図４）。公的異議申し立てとは主体の複数性と政治活動の自由化を意味し、選挙に参加し公職に就く権利とはどの程度人々が政治体制に包摂されているかを示すバロメーターである。二〇世紀前半の民主政治の大きな逆説は、この後者の定着が前者のそれと必ずしも一致せず、相矛盾するような事態を招いたことにあった。従って、この二つを独立的に測定する必要が出てきたのである。

この二つの軸から四つの政治体制のあり方が想定できる（図５）。第一は自由化、包摂性双方が貧弱な閉鎖的抑圧体制（closed hegemonies）であり、第二は自由化は進んだが、包摂性の度合いの低い競争的寡頭体制（competitive oligarchies）であり、第三は包摂性は定着したが、自由化は認められていない包摂的抑圧体制（inclusive hegemonies）、そして第四が二つの要素が実現を見たポリアーキーである。アリストテレスの古典的政体論は支配者の数と公益の実現という二つの軸から六政体論を導き出したものであったが、ポリアーキー論の二つの軸からも新たな政治

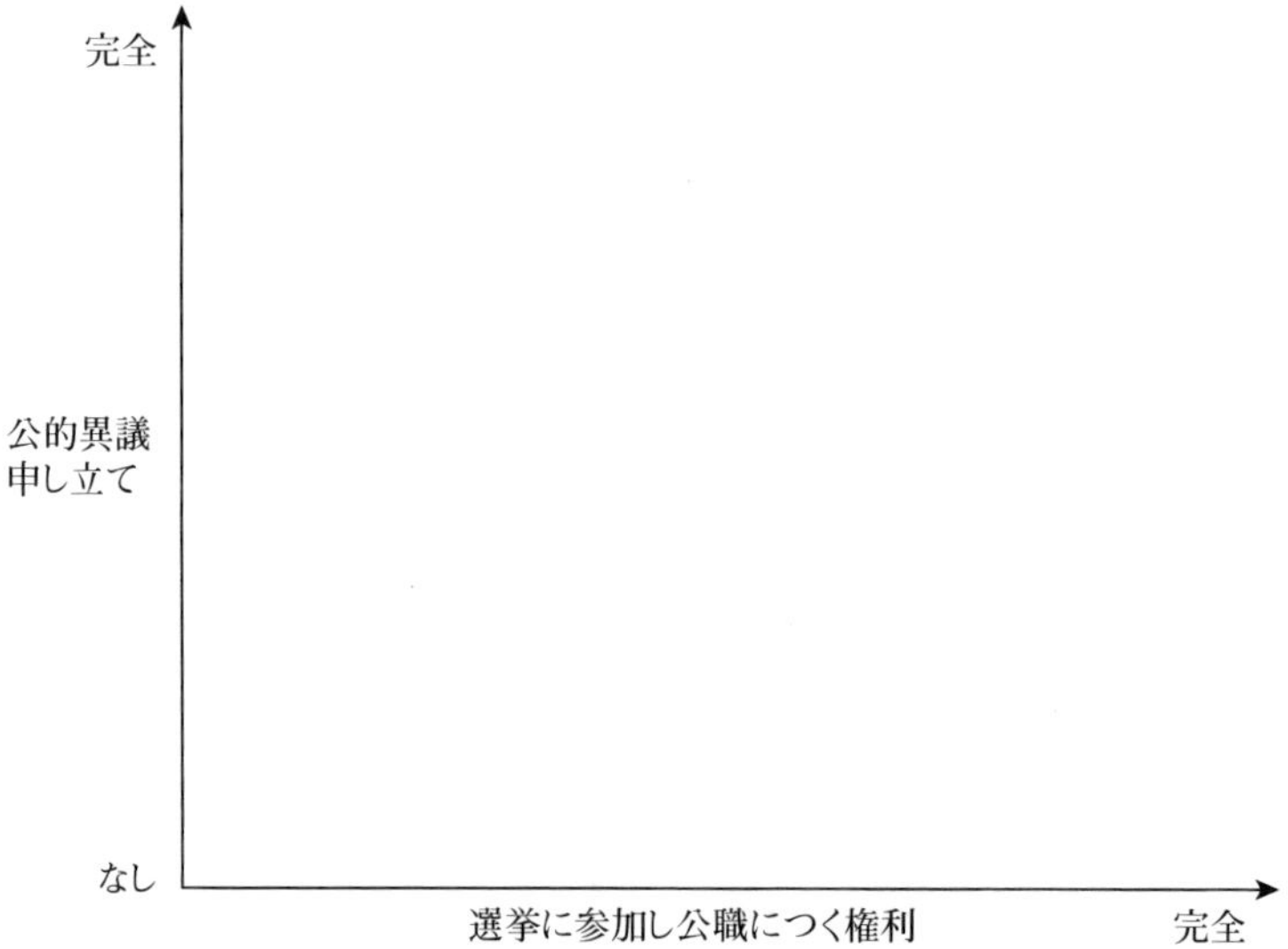

図4　民主化の二つの理論的次元

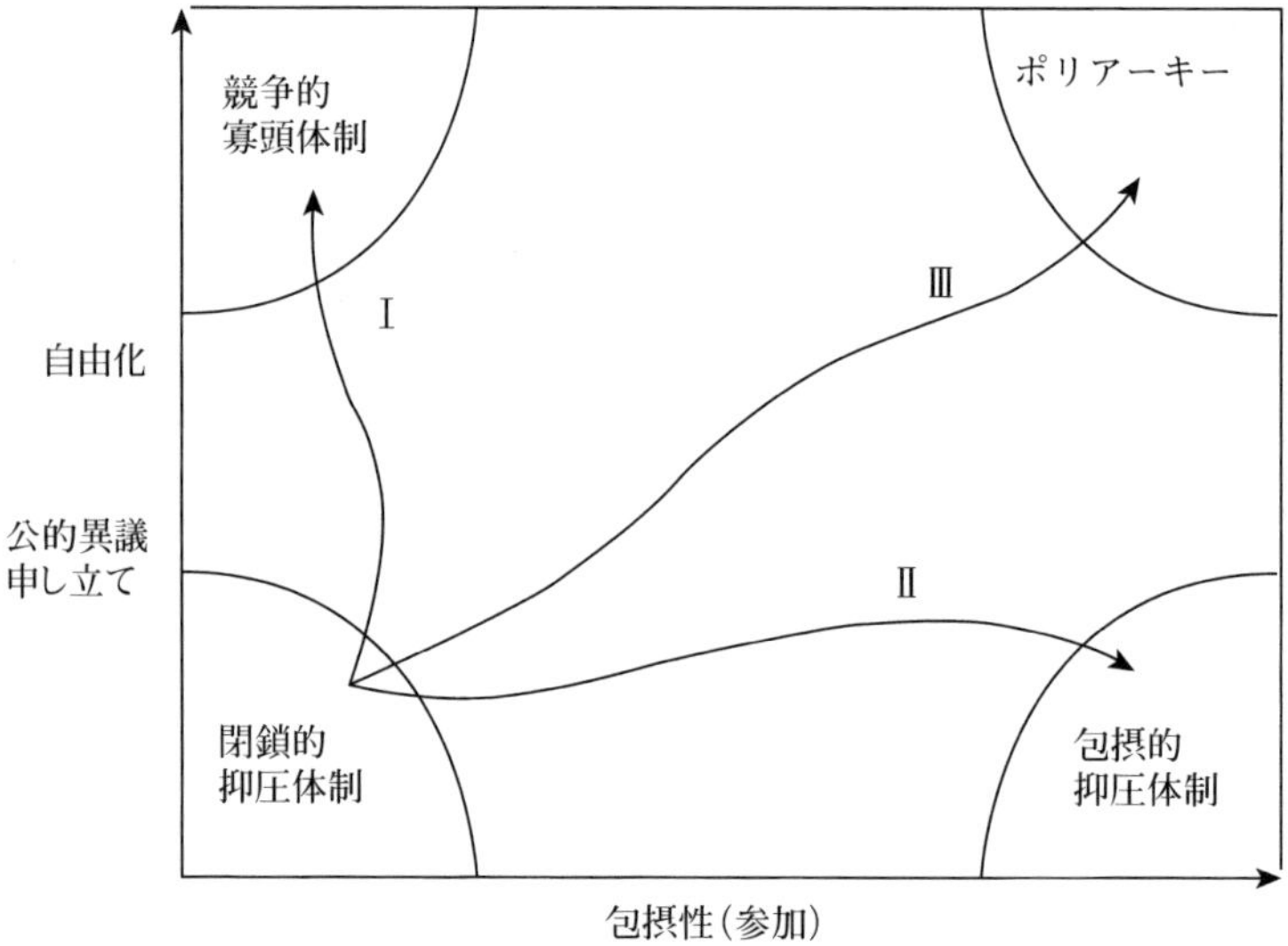

図5　自由化，包摂性，民主化

出典：図4，5とも，R. A. Dahl, *Polyarchy*, 1971, pp. 6-7（邦訳11ページ）．

体制分類論が出現することになったのである。

同時に、政体論は政体相互の移行関係を古来問題にしてきた。ダールの場合においても、どのような道筋を通ってポリアーキーに到達するかは大きな関心事であった。総じて一九世紀は閉鎖的抑圧体制から自由化や包摂化への移行期に当たり、一九世紀後半から二〇世紀にかけてポリアーキーが実現した。その際、自由化が包摂化に先行する場合と包摂化がむしろ先行する場合とで違いがあった。前者の典型的例は英国であり、そこでは競争的政治のルールがまず確立し、その後に大衆の政治参加が実現し、競争的政治のルールの中に大衆の政治的エネルギーが流し込まれていった。後者はかつてのドイツに見られるところであって、包摂化が競争的政治のルールが確立するに先立って進み、大衆の強い圧力を受けながら競争と寛容の政治ルールを作っていかざるを得ないことになる。この双方とも独自の困難を伴うことになるが、自由化の失敗あるいはその断念が包摂的抑圧体制となって現れることになる。勿論、かつてのフランス革命のように、閉鎖的抑圧体制から自由化と包摂化を一挙に実現しようとした試みもなかったわけではないが、そこには多大な困難が伴うことは避けられない。こうした政治変動は政治史の主要テーマであるが、この観点から、第二次世界大戦後の軍事占領を介した日本や（西）ドイツのポリアーキー化は注目に値するものとされた（革命や平和的移行とは違った類型として）。しかし恐らく最も記憶すべきは、一九八〇年代後半以降の旧ソ連、東欧世界の平和的民主化である。これは包摂的抑圧体制の巨大な崩壊に他ならず、包摂化から自由化へと大きく転換した例であるが、そこでは経済体制の同時進行的大変革を伴ったため、従来の包摂化から自由化へという類型以上に、競争的政治ルールの確立に多大の困難を伴わざるを得なかった。このことはポリアーキーへの移行という問題とその定着・確立という問題との区別という、重要な問題の所在を告げるものである。言うまでもなく、定着と安定の問題はその移行のあり方——暴力的か否かといった——と深く関係している。

1　社会的・経済的条件

何よりもまず注目されたのは、社会や経済の領域での近代化とポリアーキーとの相関関係である。一人当たりの所得水準が高い国と政治体制としてのポリアーキーとの間には明らかに強い相関関係が見られ、所得水準が極端に低い国におけるポリアーキーは統計的に極めて少ない。同様のことは、都市化（urbanization）の進展と農業人口の減少（第二次産業に従事する人口の増大）、高等教育機関に在学する者の比率の高さ、識字率の高さ、新聞などのマスコミュニケーションの流通度などとの関係でも統計的に指摘されている。これらは社会が近代化し、伝統的な農業中心の社会から工業的・商業的社会へと変化が起こり、教育とマスコミュニケーションを媒介にした社会の複雑化が進展していくということと、ポリアーキーとが相関関係にあるということである。一般に言われているところによれば、一人当たりの所得が一定水準以上の所においては、識字率の向上や教育の充実、コミュニケーションに必要な資源を供給する余裕が生まれ、このことがポリアーキーにふさわしい条件整備に役立つ。そして発達した経済はこうした諸条件をますます向上させ、改善させ、多元的社会秩序を現実のものにするというのである。このように社会や経済の変化が一定の政治的帰結を持ちうることは否定できないであろう。実際、経済発展と政治的抑圧とを併用するシステムは慢性的な政治的圧力に直面せざるを得ないし、経済的成功によって政治的危機に巻き込まれる可能性が予示されている。

ところでこうした統計的に有意な相関関係の存在をめぐってはいろいろな議論がある。まず、一定以上の所得水準がなければポリアーキーはほとんど存在しないことが示されているが、このことは一定以上の所得水準があれば必ずポリアーキーになることを保証するものではない。従って、厳密な意味での因果関係があるわけではない。実際、かつてソ連や東欧の国々は所得水準の高さにもかかわらず、ポリアーキーではない典型的な例であった。また、現在のインドやかつてのアメリカを考えてみれば分かるように、低い所得水準や農業社会はポリアーキーを不可能にするものではない。その意味で他の諸条件が整うかどうかが問題になるが、政治学は伝統的にこうした社会的・経済的条件よりも政治家のあり方や市民のエートスにむしろ焦点を当ててきた。それどころか、経済的豊かさといった条件は政治的にマイナスの効果を持つといった議論さえ珍しくなかった。例えば、共和主義といった立場によれば、経済的繁栄と「奢侈」の横行は私益優先の思考を蔓延させ、人間を軟弱にし「腐敗」させ、政治活動に必要な勇気と祖国に対する献身を萎縮させるものであった。共和主義の描く政治像とポリアーキーとは必ずしも同一とはいえないが、あたかも社会・経済状態によって政治体制が決定されるかのような議論の限界を自覚する上では役に立つ。

先の議論から推測されるように、ポリアーキーにとって重要な条件は多元的社会の存在であった。これは経済の仕組みと深く結び付いている。伝統的農夫社会（traditional peasant society）にあっては、土地所有を基礎に収入、社会的地位、知識、権力が社会的に集中する。すなわち、土地を有する者はあらゆる社会的・政治的価値を所有することができ、社会的不平等が累積的に温存される。そうしたところではどうしても抑圧的政治体制に傾斜することになる。かつてのアメリカの農業社会はこれとは異なり、社会的流動性を前提にした自由農民社会（free farmer society）であり、不平等の累積的固定化とは無縁であった。多元的社会とは、一つの資源を持つことが他の資源を持つことを保証するような仕組みがなくなり、不平等が固定化せず、あるいは社会的に拡散するような社会である。所得と知識、権力の相互関係が稀薄化し、あるいは異なった主体によって担われるような社会ということもできる。社会的流動性の高まりやコミュニケーション手段の発達はこうした傾向をますます強める。それは結局のところ政治的資源の相対的な平等化への道を準備し、抑圧的体制からの決別を決定的なものにする。

この点との関連で二つの問題が指摘されてきた。第一は、社会主義体制の問題である。伝統的農夫社会からの離陸と工業化の進展の中で、社会主義体制という形で新たに中央集権的な経済体制が誕生したことは二〇世紀の最も鮮烈な政治的体験であった。これに対し、この体制は社会秩序の集権制をもたらし、制裁手段の集中化と政治的不平等の固定化を生み出すという批判が寄せられたのであった。そこから「経済的自由なくして政治的自由なし」（フリードマン）という主張が出てきた。確かに、この批判には一定の正当性がある。しかし、他面において私的所有が制度的に確立していることと独裁政治とが共存してきたことも歴史の現実であり、経済的自由とポリアーキーとの関係については多くの議論の余地がある。民主政治と自由主義経済体制との関係は深刻な緊張を孕んだものであり、いわゆる混合経済体制の下においてポリアーキーは初めて安定したともいえるからである。また、同じ自由主義体制と称する国々の政治経済の仕組みも一定の多様性を持っていた（これについては第八章で扱う）。いずれにせよ、伝統的農夫社会や高度に集権的な社会主義体制と民主政治との非両立性を指摘することは可能であるが、経済的自由がポリアーキーの十分条件であると断定することはできないのである。

第二はポリアーキーと平等との関係である。ポリアーキーは多元的社会に依拠しているが、そうした社会は多様性の解放と不平等を事実上、含まざるを得ない。そこでは不平等は分散化され、政治的資源の相対的平等化は可能であっても、平等との関係は常に流動的である。それは現に一定の不平等と共存可能である。しかし、極端な不平等やそれに発する不満足を無視することには限界がある。かつて労働者の政治参加が政治システムに大きなストレスを与えたのは、よく知られている。価値剝奪されている集団が異議申し立てを公然と始め、不平等を告発することを阻止することはこの体制の原理からしてできないし、それを公然と抑圧する政治的資源をポリアーキーは持っていない。その意味でポリアーキーは不平等とそれに発する不満によって極めて「傷つきやすい」体制である（抑圧体制のような「強さ」を持たない）。しかも不平等をめぐる争点は無限にあり、ポリアーキーはこうした争点の扱いに忙殺されることになる。従って、ポリアーキーは可能な限り、こうした不平等や不満をより少ないレベルに留めておく工夫が必要となる。安定した、成長する経済の実現が重要なのはそのためである。その意味では、近年における格差拡大現象は重大な警告と見なされるべきである。他方、多元的社会がどの程度、不平等を容認できるかは予め、絶対的に決定することはできない。少数民族問題であれ、フェミニズム問題であれ、そこには絶対的基準は見当たらない。多元的社会は不平等をめぐる争点の絶えざる登場、「噴出」と共存していかざるを得ない。それはこうした平等問題の登場に反対するグループの目には「民主主義の過剰」と映り、それを推進しようとするグループの目には「民主主義の欠如」が問題になる。

ダール自身が「手続き的民主政治」という概念を掲げ、政治的意思決定過程における不平等の問題を執拗に取り上げたのも、そうした一例である。すなわち彼は、手続きにおいてのみならず、結果においても各メンバーの主張が平等に考慮されるよう、実効性のある参加の条件を求め、参加の前提として必要な知識と判断力を具備する条件を考察したのであった。その過程において重大な障害として立ちはだかったのは大きな影響力を振るう巨大企業の存在であり、そこから彼は政治的平等の実現にとって欠かせないものとして「経済民主主義」という新たな構想を提示することになった。彼によれば、正しく企業の権力は平等な政治参加の実現にとっての大きな障害であり、多元的社会の名の下に放置しておくわけにはいかない存在であった。そして経済民主主義は企業の意思決定過程への参加によって企業権力を民主政治にふさわしいものにするという主張になっていくが、これは平等の問題がいかに多くの問題提起につながり得るかを示した格好の例である。

2　社会的亀裂と政治文化

ポリアーキーが安定するためには深刻な社会的亀裂が少ないことが望ましい。厳しい社会的亀裂のあるところで公的異議申し立てのチャネルを開放し、政治参加を認めることは政治システムの安定性を自ら損なうようなものである。しかし、社会的亀裂の存在はいわば歴史的与件であり、それをなくすことがポリアーキーの課題なのではない（それをなくそうとすれば政治的自由そのものを奪い、人々が同じような考えを持つように強制しなければならなくなる）。あるいは無限に同質性を求めて政治社会の分裂を企てるだけが政治の役割ではない。むしろ、そうした与件を念頭に置きながら、平和的な統合の可能性を探り、安定を実現することが課題になるのである。さもなければ、ポリアーキーは社会的与件によって予め一部の地域に限定されることになろう。

社会的亀裂として最も共通に見られるのは経済的利害に基づく亀裂であった。いわゆる階級対立がそれである。一九世紀から二〇世紀にかけて、伝統社会の解体と工業化の推進の中でこの対立は深刻化し、労働者階級は独自の文化、生活様式、そして社会主義イデオロギーによって彩られた彼らの「陣営」で生まれ育ち、一生を送ったといわれる事態が現出した。「陣営」という言葉にはこの亀裂の深刻さが如実に現れている。これがいわゆる「階級政治」の時代を象徴するものであった。こうした亀裂は二つの世界大戦を経て徐々に緩和され、特に、第二次世界大戦以降、労働組合の地位と発言力は定着し、彼らの支持する政党による政権運営は珍しいものでなくなった。「階級政治」は徐々に「利益政治」に変容し、この亀裂は多くの亀裂の中の最も重要なものへと変化したのである。これは社会的亀裂をポリアーキーの中に取り込み、緊張関係を抑制することに成功した実例である。

社会的亀裂としてよりポピュラーなものに、民族や宗教、言語などに基づく亀裂がある。これらは階級対立以上に人間の自己認識に深く根を下ろし、いわゆるアイデンティティの承認（recognition）が問題になる。こうした亀裂を生み出す要因を下位文化（subculture）と呼ぶ。階級対立を「利益政治」に翻訳するのに多大な時間と膨大な犠牲を要したわけであるが、これらアイデンティティをめぐる政治はそもそもこうした政治的翻訳には馴染まない。こうした亀裂も多元主義と呼ぶことは可能であるが、利益政治の枠内での多元主義のようには扱うことができない。政治システムに加わる質的負荷は極めて重い。しかも、政治的忠誠が下位文化と直結しているため、ポリアーキーの基盤が直撃される可能性がある。放置しておけば、対立が対立を生み、加速度的に拡大することも覚悟しなければならない。こうした下位文化の激しい亀裂があるところではポリアーキーはなかなか存立が困難であるという相関関係があることは否定できない。しかし、こうした条件はポリアーキーを不可能にするものではない。現に北アメリカや西欧において多民族国家は珍しくなく、幾つかの亀裂が重なり合っている事態も見られる。

そうした亀裂が内乱や分裂に至らない理由を網羅的にあげることはできないが、長い時間を通して蓄積されてきた調整のメカニズムが社会に存在することは疑う余地はない。もっと一般的にいえば、これらの諸亀裂（先の経済的利害対立も含め）が互いに増幅し合う関係に立つのか、それとも相殺し合う関係に立っているのかが、一つの鍵になる。これらが互いに増幅し合うような関係になっているところでは亀裂を相対化するメカニズムが機能せず、遂には内乱や分裂に至るであろう。これは亀裂を生み出す集団がどのような形で定住しているかといったこととも相関関係がある。また、アメリカのように個人主義、自由主義の伝統が強いところでは集団的亀裂はそれによって常に相対化されることになる。政治的な次元でいえば、多元的な下位文化の政治参加がどのように保障され、相互信頼を醸成する工夫がどのようになされているか、といったことが大切になる。特に、少数派が安全と安定を享受できるような仕組みが定着することは極めて重要である。そうした観点から、民主政治をいわゆる「多数派による支配」と考えるのとは違った発想で制度化する試みが必要になる。その意味で社会的亀裂を運命と考えて諦めるのではなく、政治的努力の積み重ねによって問題に対処していく余地は開かれている（詳細については、次章及び第九章を参照のこと）。

もう一つの大きな与件としては政治文化の伝統がある。政治文化とは、政治システムに対する態度及びその中における自らの役割に対する態度のことであり、人々の政治的指向（political orientation）を見るバロメーターである。G・アーモンドとS・ヴァーバはその有名な『現代市民の政治文化』において、政治文化を三つの類型に分類した。第一は政治システムについての知識やそれへの要求、自らのそれとの関係といったことに何ら関心を示さない伝統的政治文化（parochial political culture）である。これは伝統的な社会秩序の中に人々が埋没している状況に対応している。第二は臣民型政治文化（subject political culture）であって、政治システムと政治的出力については多くのことを知っているが、政治的入力の過程については知識に乏しく、また、自らを積極的政治参加者として意識していないタイプである。第三は参加型政治文化（participatory political culture）であり、このタイプは政治システム全体、出力、入力全てについて知識を有し、しかも、自らを一個の「活動家」と規定する態度である。これら三つはいわゆる理念型であり、現実の人間はこれらの混合形態である。

こうした政治文化の類型と政治システムとの関係は、政治システム及びその担い手のパフォーマンスによって影響される。政治への積極的態度を有している人は伝統的政治文化に埋没している人以上に、政治の現実に直面して深い幻滅を味わうことは容易に想像できる。政治システムとの実際の関係は、忠誠、無関心、疎外といったさまざまな形をとるが、彼らによれば、これらは政治システムについての知識・信条といった認知的指向（cognitive orientation）、政治システムとそれを担う人々に対する感情といった感情的指向（affective orientation）、政治システムとそれを担う人々のパフォーマンスに対する評価的指向（evaluational orientation）によって規定される。これら三つが全部プラスであれば忠誠となり、疎外にあっては感情的指向と評価的指向はマイナスになるという（無関心はこの二つの点で無頓着）。こうした操作を前提に彼らは各国の政治文化の特徴付け、性格付けを行った。彼らが一九五〇年代のデータに基づいて行ったこうした性格付けをここで繰り返す意味は余りない。それというのも、政治システムに対する態度は政治的経験によって大きく変化し、決して牢固とした、不動のものではないからである。実際、彼らは後年の分析においてその後の各国における政治文化の激しい変容について分析を加えている。

しかし、より一般的な問題として、どのような類型の政治文化が安定したポリアーキーに対応するかという問題がある。彼らは一九五〇年代の分析を通して、そうした政治文化（具体的にはアメリカ、英国のそれであったが）は参加型の特徴を含みつつも、他方で参加を抑制する要素を含んでいることを指摘した。この抑制の要素はあるいはリーダーに対する信頼感や恭順、あるいは近隣の集団への関心の限定として現れる。それは能動性と受動性とが同居した状況、その意味では自己矛盾のように見えつつも、実は民主政治の重要な側面を示唆しているというのがそこでの結論であった。すなわち、政治に積極的に参加すべきであるという規範やそれに必要な知識や準備が定着していることはいうまでもなく重要である。また、積極的な自己主張を行って影響力を行使するのを逡巡せず、いざという場合には能動的市民として動く準備がなくてはならない。しかし、他面においていつ、いかなる局面においても同じように参加に固執するのではなく、リーダーの決定を尊重し、それに服従する態度もまた政治体制としての民主政治の安定にとって必要だというのである。正しく「政治に関わり合うが深入りせず、影響力を持つが同時に恭順でなければならない」ということになる。これは民主政治における水平軸と垂直軸という二つの、時には相矛盾するように見える要素に対応する議論である。

これに対して、政治への感情的なコミットメントが現実の行動と乖離して「神話」化したり、あるいは、先の感情的指向が弱く、専ら、政治的出力の観点からのみ政治システムに対する態度決定を行うような政治文化の場合、ポリアーキーはかなり危うい基盤の上に立っていることになる。前者の場合、願望と疎外が同居し、不安定な態度が醸成される。また、後者の場合には政治的出力さえ良好であれば、他の政治体制も受け入れるという態度につながるであろう。同時にまた、この議論は「完全に能動型の政治文化はユートピアである」ことを指摘したのみならず、そうした能動型政治文化は悪夢にもなり得ることを示唆している。先のような能動性、受動性が共存するような政治文化への支持は参加民主主義論と水平軸万能論への批判としても読むことができる。

この二面性を備えた政治文化においてさらに重要な点は、それが根底において市民相互の信頼性、さらには政治リーダーと市民との間の信頼性によって裏打ちされていることである。すなわち、能動的市民として活動するということは彼らの間に相互信頼感がなければ不可能であるし、リーダーに対する尊敬と服従にしても信頼感の蓄積があって初めて可能である（これを「社会資本」と呼ぶこともある）。これは政治が集団的活動であるということと関わっている。勿論、現実にはさまざまな対立や緊張がないわけではないが、それらはこの基本的な信頼感によって抑制されているという関係になければならない。そしてこうした信頼感が存在しないところでは、ポリアーキーは相互不信を根拠にした権力や利益をめぐるゼロ・サム・ゲームに簡単に転落するであろう。その結果、ポリアーキーは機能しないか、幻滅と疎外の増幅によって足下を掘り崩されることになる。社会的な相互不信感が強いところでポリアーキーは実績をあげることができず、そのことが疎外と不信を増大させるという悪循環が容易に発生することになる。

3　政治リーダー

一方に社会・経済条件、他方に政治意識を置いた場合、この間を結び付け、問題解決と取り組むのが政治リーダー、政治階層の役割である。彼らの基本的信念や態度は明らかに独立変数であり、ポリアーキーの命運を左右する。ここでは組織や制度の問題は後に回し、ポリアーキーが要請する政治リーダーや政治階層の基本的資質について考える。

第一は、ポリアーキーの正統性に対する確固とした信念を持っているかどうかである。典型的には選挙という手続きやその結果に対していかなる尊敬も払わず、暴力や無法行為に平然と訴えるような政治リーダーが珍しくないところでは、ポリアーキーの定着の可能性は皆無に等しいであろう。実際、選挙がルールに従って行われるかどうか、政治リーダーがその結果を甘受するかどうかは、大事なメルクマールになる。

第二に、権力を獲得し、それを作動させるためには一定の組織と権威が当然必要になるが、政治リーダーとこうした組織との関係が極度に権威主義的なものであってはならない。こうした組織との関連において抑圧体制とむしろ親和的な関係が生じやすいが、ポリアーキーを掘り崩すような仕組みを内側から作り出さないようにしなければならない。党内民主主義や組織内民主主義はそれを防ぐための補完装置に他ならない。これは余りに非均質的な組織は互いに共存が難しいという一般的現象からの帰結である。

第三に、政治リーダーはポリアーキーが問題解決能力を持つことを継続的に示し、その有効性に対する信頼感を醸成するように努力しなければならない。難問を切り抜けたという経験を国民と共有するポリアーキーは、大きな政治資源（比喩的にいえば、政治的「資本」）を持ち、それによって新たな難問に立ち向かう信頼感を与えられる。逆に、難問に取り組むことによって自らの実効性を示す機会がなかったポリアーキーは、難問に直面すると脆弱性を一気に露《あらわ》にすることになる。これは歴史的遺産の問題であるが、同時にポリアーキーが一つの政治体制であり、（その倫理的卓越性のみを根拠とするのみならず）問題解決において実効性を発揮しなければならないということに他ならない。これは2で言及した政治リーダーに対する市民の信頼感と表裏一体の関係にある。戦間期において各国が同様の経済的困難に見舞われた際、イタリア、ドイツ、日本、スペインなどにおいてポリアーキーが打倒され、アメリカや英国においてそれが持ちこたえられたのはこうした政治的資源・遺産の違いと解釈することもできる。

第四が一定の相互信頼の存在である。このことを理解するために抑圧体制の状況を考えてみよう。そこでは便宜主義的な相互利用はあるにしても、双方が遵守しなければならない共通のルールはほとんど存在せず、手段を選ばぬ権力闘争が支配的となる。典型的には政敵に公的異議申し立てを保証するなどということは論外のことになる。これに対してポリアーキーの下においては権力抗争はかなりの程度制度化され（選挙を見よ）、暴力や無法の余地はかなりの程度コントロールされる。そして、問題は平和的に解決されるべきものとされ、説得と妥協といった手段が多用される。これらは継続的な相互信頼が定着し、あるいは再生産されなければならないことを意味している。

第五にこれと密接に関係するが、ポリアーキーの下にあっては政治リーダーは対立と協調とのバランスを求められる。完全な協調関係ばかりが支配するならば、政治対立はなくなり、それとともに公的異議申し立ての回路はなくなってしまう。その意味でポリアーキーという枠組みを前提にした中で対立と競争を演出し続けることが政治リーダーの重要な使命となる。勿論、先に述べたように対立のみが暴走し、協調が相互不信にとって代わられるならば、それは抑圧体制への道を準備するに等しい。このことは対立や不一致を認めながらもそれを可能な限り妥協などによって解決する態度といってもよい。

第六に政治リーダーがこうした形で活動することを名誉と考えることが必要である。古来、政治リーダーの姿は多様である。二〇世紀も多様な政治リーダーを輩出してきた。ポリアーキーを担う政治リーダーがヒトラーやスターリンなどの独裁者のように振る舞うことをもって名誉と考え、これまで述べてきたような政治家の姿を不名誉と考えるようであれば、この政治システムは支え手を失うことであろう。さらにポリアーキーの散文性に強い不満を覚え、過大なロマンの追求を志す人はポリアーキー下の政治リーダーを志すべきではないであろう。ポリアーキーは政治家に「事実に就く」こと、着実に実績をあげることを求めているのである。

第三章　民主政治の制度

民主政治は複雑で精妙な政治システムである。個々の要素は他の要素と密接に関連し、その中の一つの要素の変化は他に影響を及ぼす。この仕組み全体の骨格部分に相当するのが憲法体制と一体になった政治制度である。「人民による、人民のための政治」という抽象的な原則を現実化するためには制度を作り、政治参加の仕組みや諸機関の権力及び権力関係を明確に規定しなければならない。これは政治権力をどのように制度化し、行使するかという問題である。こうした権力の制度化は政治的出力のためには欠かせない経路であるとともに、さまざまな利害得失をそこに見出すことが可能である。前章であげた諸要素が民主政治の行方を決定しなかったと同様、政治制度もまたこれを決定するわけではない。例えば、政党の姿が違うことによって制度の機能は大きく変化するからである。しかし、政治活動がこれによって直接大きな枠付けを受けることは事実であり、その変更は激しい政治的争点となった。一方の極には英国やアメリカのように長い間同じ制度を維持してきたところもあれば、フランスのように目まぐるしく制度の変更を行ってきた国々もある。

民主政治の制度のデザインをめぐっては、この二世紀余り、議会制と大統領制とをめぐって議論が繰り返されてきた。そして、前者の方が民主政治の崩壊に見舞われることなく存続する可能性が相対的に高いといった統計的研究結果もある。現実には議会制と首相公選制との組み合わせや、大統領制の外観の中に議会制の要素を組み込む半大統領制など、さまざまな新しい試みがなされてきた。新興民主政治を含め、全体を見渡すと大統領制及び半大統領制の増加傾向は顕著である。ここでは個々の制度の解説ではなく、制度を考える視点に焦点を合わせて議論を進めよう。

1　多数派支配型と合意型

民主政治の制度化にとって決定的な問いは、「誰が支配すべきか、誰の選好を優先させるべきか」という問題である。民主政治の最初の難問は「人民」という概念が改めて構成されなければならないという点にあったわけであるが、これがここで正面から問題となる。多数派支配型は「人民」とは多数派のことであるという応答をする。つまり、全員一致とか少数派の拒否権といったものを認めるのを拒否し、多数派の意向に合致する政治を行うことが少数派の意向に配慮することよりも民主政治の理念にかなうという立場である。従って、多数派の意向が素直に実現するように制度を整え、余分な制度的障害や障壁を予め除去すべきだという主張になる。これに対して合意型は多数派支配型の論理に含まれる排除の論理とそこに発する問題に目を向ける。多数派支配型がこうした指摘に対して決して無防備であったわけではない。何よりも今日の少数派は未来の多数派になるというように多数派、少数派が決して固定していないということ、社会の同質性の中で政策が自然に中道寄りになり、多数派支配は結果として穏健な政策として結実するということなどがその応答であった。しかし、前章で言及したように、厳しい社会的亀裂がある場合、少数派は単に一時的に政治的意思決定から排除されるのみならず、多数派によって継続的に抑圧される可能性が高い。実際、それが極端になれば、両派の対立は激化し、内乱にまで発展する可能性がある。このように社会的亀裂の深い社会においては多数派支配は多数派の独裁となり、結果として民主政治そのものを危機に陥れることになる。多数派支配型のこうした限界を念頭に置く時、少数派の排除ではなく吸収を試み、対立よりも合意を指向する制度作りが必要になる。そして、多数派支配型がいわゆる同質型社会を前提にした構想であるとすれば、実は世界の多くの国々は深刻な社会的亀裂を抱えており、従って、合意型モデルの意味するところは極めて重要である。こうした観点から、議会制と大統領制という対立モデルとは異なった問題提起が可能になったのである。

こうした問題提起を最も鋭く行ったA・レイプハルトはこのそれぞれに対応する制度の理念型を次のように想定した。多数派支配型においては、権力は選挙で多数を獲得した政党とその政党が組織する内閣に集中することになる。多数党を基礎にした内閣と議会との一体的関係の下、「権力の融合」が生じ、内閣が行政機構に対して圧倒的な権力を掌握する。そして議会は事実上、一院制となり、上院の権力は形骸化していく。これも権力を一点に集中させる試みからする帰結である。そして、基本的に単独政権を視野に入れた二党制がとられ、政権交代可能性が視野に入っている。政党間の対立はほとんど社会経済政策に関わるものであり、争点は比較的一元的な性格を持つ（社会的同質性の存在）。選挙制度においては相対多数が絶対多数を獲得できる単純小選挙区制が採用される。地方分権ではなく中央集権がとられ、議会主権の色彩が濃厚である。これは憲法上の細かな権力の抑制均衡の仕組みがなく、不文憲法体制であることにもつながる。議会主権という発想は直接民主制型の制度の排除を内に含んでいる。

これに対して、合意型にあっては大連立に見られるように多くの政党（集団）の政権への参加が行われる。内閣と議会との一体性ではなくその分離が図られ、議会は均衡した権力を有する二院制を採用する。ここでは両院は異なった選挙制度で選ばれ、少数派に過大に代表の機会を与えるような工夫が行われる。政党政治は多元的な対立との関わりで活動し、異なった争点に応じて多くの政党が誕生する。こうした中で選挙制度としては少数派の代表性を確保する比例代表制が採用され、連立政権が常態化する。多様で深刻な社会的亀裂を前提に、地域の独自性や自主性を容認したり、特定の文化的集団に公的権力を授与するというように、連邦制や分権制を幅広く採用することになる。合意型にあっては少数派の権力の明確化など、複雑な憲法上の規定が必要になる。こうした権限関係を確定するため、成文憲法は不可避となり、しかも、憲法改正において少数派が不利な立場に置かれないよう、多数派の賛成だけで改正されないよう、少数派に拒否権を与えることになる。

このように、多数派支配型が権力集中型の制度と結び付けて考えられているのに対し、合意型では少数派に対する制度的・政治的保護が際立っている。この二つの類型の民主政治をめぐる議論はあくまで理念型を示したものであって、現実そのものではない。多数派支配型はウェストミンスター型とも呼ばれているように、英国を下敷きにしたものであるが、現実の英国がこのモデルそのままであるわけではない。例えば、その社会的・文化的同質性については多くの疑義が提起されている。そして、アメリカを含め、多くの国々はこの中間に位置しているが、レイプハルトの議論はその位置を指数化することを企図したものである。

この議論は民主政治の理念を念頭に置きながら、他方で、多様な現実との接点を求めようとしたものである。その趣旨は、第一にこれまでの制度論の限界を突破することにあった。これまでの制度論とはいうまでもなく議会制対大統領制という構図であったわけであるが、このどちらもアングロサクソン世界の政治生活に源を持つものであった。それらは暗黙のうちに経済的争点を中軸にした二党制の権威と結び付き、安定した民主政治の遺産を背景に持っていた。社会的異質性に決して無縁といえないアメリカにおいて民主政治がしばしば多元主義としてイメージされ、そこには社会分裂的な緊張感が見られなかったことは事実である。合意型はこれに対して民主政治の統合機能の限界を試すような深刻な社会的亀裂——それは政治的・集団的色彩を伴っている——を前提にして議論を展開しようとする意図をはっきり示している。その議論は（ある時期までの）米英両国の政治的体験とははっきりと違った欧州大陸の政治生活の現実（集団的な形での宗教や民族、言語を根拠にした社会的亀裂のはっきりとした存在）によって裏付けられていた。それにもかかわらず民主政治が安定的に営まれた秘密を解明するとともに、それを合意型という形で一つの民主政治のモデルにまで高めたのである。それは深刻な社会的亀裂を抱える他地域における民主政治の実現可能性を示唆するものであった。

レイプハルトはこの激しい社会的亀裂を前提にした民主政治の姿を「多極共存型民主政治（consociational democracy）」に見出した。彼のいう「多極共存型」とは「下位文化による分裂を内包し、従って、イモビリズムと不安定への傾向を有するにもかかわらず、主要な下位文化の指導者たちの手でそれが慎重に回避され、より安定した体制に転じている民主政治」である。彼が描き出したこの民主政治の姿は、基本的に二つの特徴を有する。第一は、社会的亀裂の組織化が進展し、人々はどれかの組織に包含され、その日常生活はこの組織の中で営まれるような徹底した組織化が起こったことである。第二の要素は、こうした状況を前提にして、リーダーの間の協調関係（「カルテル」）によって平和的共存を図ることにあった。この体制はこの意味において極めて特異な組織化と政治的伝統に依拠するものであり、無前提的な合意を意味するものではなかった。

この合意型モデルにはもう一つの意図が窺われる。それはこのモデルを民主政治一般の代表的なモデル、もっといえば、その好ましいモデルとして主張するという傾向である。確かに、民主政治において合意の重要性は明らかであるが、しかし、合意の実現を直ちに民主政治の判断基準とするのは早計である。それというのも、合意が達成できない場合にどうするかという問題への回答が予め取り除かれているからである。「多極共存型」自身、先に述べたように極めて独自な諸条件の下で機能したのであって、そうした諸条件があらゆるところで見られるわけではない。この問題は民主政治が政治体制として成果と実績をあげられるか否かに関わる。逆に、多数派支配型の強みはこの問題への明確な取り組みから出発している点にあったといえよう。

多数派支配型と合意型とを理念型的に対比させることは現実の政治制度を測定し、分類する上で有効である。この二つは第二部第一章で述べた垂直軸と水平軸とにほぼ対応するものである。そこで述べたこととも関連するが、このどちらか一方を選択しなければならないということではない。制度の選択は与えられた条件によって左右される。社会的亀裂の存在は合意型の制度の採用を否応なしに求めることになるであろうが、速やかな判断と決定ができる仕組みを必要とする場合もある。従って、国際環境や経済状況など、外在的な条件の持つ意味は大きい。また、民主政治において厄介なことはいわゆる少数派なるものが、合意型が強調するところの深刻な社会的亀裂との関係で言及される場合に限らないことである。特に、典型的な現象として、「強固に組織された狭い利益」を考えることができる。後者は現実の利益政治において強力な影響力を行使する利益集団についてしばしば指摘される点であるが、こうした局面では多数派支配型がいかにして可能かがむしろ問題になるのであって、利益政治の典型的なジレンマが見られる。これはこの二つの類型を単純に「あれかこれか」式に割り切るだけでは問題が片付かないこと、具体的な局面においてどちらに軸足を置いて考えるかという判断の問題に帰着する。多数派支配型の中にも現実には合意の契機があり、合意型の中にも強制の契機が存在する。制度の考察と改革はこの範囲内での重点の移動に関わる問題である。

2　議会制・大統領制・半大統領制

民主政治の安定性、実効性との関係において議会制・大統領制・半大統領制という三つの制度を比較考察する必要がある。大統領制といえば、「直接・間接選挙によって一定の任期の定めのある元首が選出される政治制度」と一応規定することができる。しかし、実際にはこうした大統領制の規定は大統領の権限を規定しない外形的定義であり、こうした大統領の存在と議会制とが矛盾しない事例も少なくない。そこで次に権限に言及して、行政権の担い手を決定、任命することにその権限の特徴があるという観点から、「政府あるいは行政府は議会の投票によって任命されたり、解任されたりしない」という言い方も可能である。勿論、大統領の地位は一定期間保証されるものであって、大統領が任期の途中に議会によって解任されることはないというのが、大統領制の制度的前提である。制度論として重要なのは、この任期の長さと再選の可否、拒否権の態様（項目単位、一括型など）、立法活動への関与の態様（提案権、大統領勅令など）といった問題である。大統領制の基本的特徴は大統領と議会との権限が予め明確に規定され、事態の推移に応じて柔軟に権力行使を変化させる余地が乏しい点にある。この点はしばしば「硬直性（rigidity）」と呼ばれる。

こうした大統領制は南北アメリカ大陸中心に見られるが、原型を形成したのはアメリカ合衆国である。そこでは権力の分割と抑制均衡が制度の基本的特徴である。大統領制は議会制よりも強力で有効に機能する行政権を可能にするという仮定が暗黙のうちにあるが、制度のこうした仕組みはむしろ政策の停滞と行きづまりを生み出す可能性がある。大統領と議会が互いに相手を批判するという形で政治のゲームを行おうとすることは避けられない。その上、大統領と議会が異なった党派によってコントロールされるといった事態は、この数十年間、むしろ常態化している（「分割政府（divided government）」）。こうした制度的・政治的条件「にもかかわらず」アメリカの大統領制が機能してきたのは、外交面での超党派的合意、イデオロギー的拘束の弱さと地元中心の利益政治の支配、政党規律の弱体さなどに原因があるといわれている。この大統領制の祖国においてW・ウィルソン以来、議会制型制度への関心が一貫して見られるのは興味のある事実である。

これに対してラテンアメリカ諸国においては大統領制は極めて脆弱であり、クーデタと軍事独裁政権によって民主政治そのものが葬られる結果を招いた。これらの国々においては強力な大統領への渇望は極めて強く、アメリカ合衆国以上にその大統領権限は強力である。彼らはより強力な拒否権を持ち、大統領勅令（decree）という形での立法権や非常大権も有している。こうした強力な権限はしばしば権力濫用に対する警戒感と表裏の関係にあり、再選禁止規定が伴うことになった。これらの国々における大統領は政策面でイニシャティブをとることはできたが、議会をコントロールしてそのイニシャティブを成果にまで結び付けることにはなかなか成功しなかった。任期という制度的限界がそれを助長する。このように、強力な大統領権限は大統領制の機能不全の反映とも考えられるのであって、統治の実効性はそれに伴わないという現実が浮かび上がってくる。ここでは制度の「硬直性」がアメリカ合衆国には見られない政治の停滞と大統領権力の失速と表裏の関係に立ち、「政府の危機は体制の危機」（リンス）になってしまう可能性があった。

大統領制はその原型をなすアメリカ合衆国について見ても分かるように、「多数派支配」に対する強い警戒感に立脚しつつ、既存の権利の維持に焦点を合わせてきた。下院に権力が集中し、それが強大化するのを上院、大統領、裁判所によってチェックしようとする意図は当初、極めてはっきりしていた。ところが皮肉なことに、その後、大統領制は議会制の停滞の中でむしろ強力なリーダーシップを実現するものと考えられるようになった。しかし、大統領と議会という二重代表を制度化して権力分割を導入しつつ、他方で強力な大統領の出現を求めるという構図そのものに無理があるのである。

これに対して議会制は権力分割モデルの端的な否定の上に成り立つ。国民を代表するのは議会のみである。政府は議会によって任命され、支持され、そして解任されるのが、その制度的趣旨である。議会制をめぐる制度的問題としては、二院制をどのように構成するか（一院制にどの程度近いか）が最も重要である。それというのも、政権の基盤がどこにあるかはこの問題と深く絡んでいるからであって、これは大統領制の場合以上に、重大な意味を有する。日本の二院制がその「ねじれ」現象のために、深刻な政治の停滞を招いているのは周知のことである。制度論的に言えば、衆議院に政権基盤を求めつつも、参議院に強大なチェック機能を認めるという未整理状態を放置したことにその原因がある。しかし、総じて制度面では議会制は大統領制に比べ、権力の一体的運用に依拠する点でより柔軟性に富むと考えられる。しかしこのことは議会制の取りうる姿が同一であるということを些かも意味するものではない。従って、「議会制と大統領制とはどちらがベターか」という問いに対しては、「どのような議会制とどのような大統領制とを比較するのか」という疑問が直ぐ返ってくることになる。

通常、議会制は内閣と議会が権力を共有する仕組みであるが、これには三つのタイプが考えられる。第一は、首相と内閣とが事実上、議会を支配する英国タイプである。それと対比されるのが「議会政府（assembly government）」とでも呼ぶべき、議員による内閣の支配、あるいは議員の離合集散によって内閣が目まぐるしく交代する議会制である。これはかつてのフランスの第三、第四共和制、戦後のイタリア政治において典型的に見られたものである。そして、この両者の中間に政党（複数の政党を含む）による内閣と議会の一体的運営という類型が存在する（先の合意型を念頭においてよい）。こうした異なった実態を無視し、議会制として十把一絡げにし、大統領制と比較しても意味のないことは直ぐ分かる。こうした違いを生み出す最大の原因は具体的な制度のあり方にあるよりも、政党の姿にある（誰が、いかに政党をコントロールしているかという問題）。狭い意味での憲法的制度とは異なった条件がその姿を大きく左右しているのである。

英国型においては首相は大臣の人事を含め、ほとんど打倒不可能な、圧倒的な権力を有する。従って、その統治は大統領制以上に効果的なものになり得る。ここでは単独政権、二党制を可能にする小選挙区制、そして、厳格な党の規律が前提になっている。ここで鍵を握るといわれるのが選挙制度であり、これを変えれば他のファクターも変化を余儀なくされる。しかし、小選挙区制の採用によって直ちに英国型の首相が誕生するわけではない。それは有権者がどのような形で分布しているかによって大きく左右される。少数民族集団が一カ所に集中して居住しているような場合には、小選挙区制はむしろ、多党制につながる。その意味では英国型を壊すのは難しくないが、作り出すのは難しいといわれることになる。

これと対照的な「議会政府」型にあっては、ある意味では議会が統治する。すなわち、ここでは内閣は議会を指導する力がなく、首相や大臣の行動は大きく制約され、権力は議員たちの間に拡散し、政党の規律は形ばかりのものとなっている。ここでは連立政権といった対応も統治能力の低下にとってほとんど解決策にならず、次々に同じような顔ぶれによって内閣の交代が行われ、大臣経験者のみが増加する。こうした議員たちの集まりである議会による統治は一見したところ、これこそ議会制の名にふさわしいように見えて、実は議会制を崩壊に導く引き金になる。そうしたところでは「活動的」な政府に対する政治的渇望が高まり、それが大統領制への過剰な期待になったり、あるいは独裁政治に道を開くこともある。

大統領制の問題がそれぞれ国民を代表する大統領と議会との相互牽制によって暗礁に乗り上げる可能性にあったとするならば、議会制にとっての課題は国民代表としての議会や議員たちが「政治家による政治家のための政治」に転落する可能性を防止することにある。実際、先の「議会政府」型にあっては、かつてのフランス第三共和制の「代議士たちの共和国」が典型的にそうであったように、政治家たちの慢性的な政治的取引の結果、目まぐるしい政権交代と政治の停滞や政治のリーダーシップの欠如とが同居する。暗礁に乗り上げた大統領制と「議会政府」型との間の選択は不毛の選択であるが、これらは民主政治の政治的リスクとして無視することはできない。こうしたリスクに対する応答としては二つの大きな類型が考えられる。

一つには政党のあり方の改革である。端的にいえば、政党が単なる政治家集団の看板や便宜でしかない状態は議会制の足場を脆弱にするであろうし、無数に細分化された政党地図は議会制を間違いなく「議会政府」化するであろう。選挙によって行政権の担い手である大統領が直接決定され、政府が直ちに動き出す大統領制と比較し、議会制においては選挙結果と政府との関係は間接的である。この間をつなぐ組織としての政党の役割は議会制の方がはるかに大きい。逆にいえば、大統領制にあっては政党の実態への関心は議会制の場合に比べて小さい。政党の実態問題としては、政党の「構造化」の問題と政党システムの問題がある（これについては後の章に譲る）。その他に、これらと深く関連するところの、議会内部での政党の規律化という問題がある。議会内部における規律維持は上からの強制や自発的協力、自己利益、他の政党との対決などの要因によって決まるが、政治家の「渡り鳥」現象（政党のスイッチ）を統制するルールも必要になってくる。政党をスイッチした政治家が恩恵を被るようなことがないように、他方で直ちに議席を喪失しない範囲で制裁を受ける必要がある。こうしたルールが政党間で確立せず、政治的自由の名の下に政治家の「取り込み」と「渡り鳥」現象が広がるところでは議会制は「政治家のための政治」の場となり、代表性を自ら毀損していることになる。

第二は制度の変更の模索である。議会制のもたらすリーダーシップ衰弱現象に対する応答として、首相を国民が直接選挙するという仕組み（首相公選制）がイスラエルで一時期実行に移された。この仕組みは首相が議会との関係で、ちょうど、大統領制が生み出したような二重代表制度に由来するデッドロックを繰り返す可能性がある。議会制は元来、権力の集中・融合システムであったわけであるが、この制度はそれを弱体化させる可能性があり、所期の目的とは異なった結果をもたらす可能性を排除できない。

これに対してフランスの半大統領制（semi-presidentialism）は、大統領制の外観に議会制を取り込もうという方向を示している。すなわち、そこでは首相は議会の多数派に権力基盤があり、その意味で議会制のエンジンを備えている。そして大統領と首相の政治的党派が一致する保証はないが、大統領の権限の制限によって大統領制の弊害――この場合、議会を代表する首相との対立――は抑制されている。そして、大統領と首相の党派が一致することになれば、強力な政治的リーダーシップが大統領にも可能になる。その意味では先の首相公選制の場合よりも、問題の発生に対して制度的な準備が埋め込まれているといえよう。なお、半大統領制には、首相が議会にのみ責任を負う首相・大統領型と首相が議会のみならず大統領に対しても責任を負う大統領・議会型との二類型がある。

この問題は誰が、どのようにして政策決定をしているかというテーマにつながる。そのうち政治のトップレベルの実態と制度論とが交錯する領域として、近年注目を集めているのが執政中枢（core executive）の変容である。執政中枢論は大統領や首相などの政策決定をめぐる組織構造の変化やそこに関与するアクターの変化（新しいアクターの台頭）に注目する議論である。政策・メディア環境などの変化、選挙過程の政党組織中心型から開放的な国民投票型への変化などが執政中枢に対する関心の高まりの背景にある。本来、政党中心を特徴とする議会制の下でも、トップリーダーに着目する政治の個人中心化（personalization）や大統領化（presidentialization）が生じているという指摘を生み出した。小泉首相は国際的にもこの前者の典型として広く知られ、後者は伝統的に内閣が一体として政策決定に責任を負う集団的内閣責任制（collective cabinet responsibility）に変化が起こりつつあるといった指摘として現れている。執政中枢論の背後には政治構造の大きな変化があることは確かである。日本の民主党政権の国家戦略局という構想が果たしてこれとどこまで同一のものであったかは不明であるが、二一世紀の重要な政治動向を示唆するものとして注目してよいであろう。執政中枢への注目は、二一世紀において統治能力を如何にして調達できるかについて真剣に検討すべき時期に来ていることを示唆している。少なくとも、首相をはじめ閣僚が国会審議によって膨大な時間を拘束されるような日本の事態は、執政中枢の充実とはおよそかけ離れた現実であることは確かである。

政治制度の評価は決して単純な作業ではない。そもそも民主政治をどのような観点から評価するかという問題意識なしに、何か当然の前提があるかのような議論は説得性に欠ける。さらにいえば、現実の民主政治をどのような観点から評価するかが問題なのである。例えば、「安定した」民主政治は一つの重要な観点である。しかし、「安定した」民主政治は、無力でありながら長く続くだけの政府という意味での「安定した政府」の存在とは常に同じことではない。ましてや、同じ政治家が安定的に地位を維持することと、「安定した」民主政治との間には大きな距離がある。実際、「安定した」民主政治のための条件は環境によって左右され、「実効性のある」政府が求められることは珍しくない。民主政治も政治体制の一つである限り、問題を解決し、体制の実効性を証明しなければ「安定」し得ないからである。しかし、問題の解決に取り組むことは多少なりとも権力の行使を伴う。他方で、悪い政府に対する最善の防衛策は政府を実効性のないものにしておくことであるという古典的発想もある。これは何もしない政府は有害ではないという前提に立っているが、何もしない政府も決して人畜無害ではないという現実に目を向ければ、これから一歩踏み出す必要がある。かくして問題はどのような意味で「実効性のある」政府が必要なのかということになっていく。こうした問題はアプリオリには、全称命題的には決して回答できないものである。しかし、場合によっては制度の根本にまで遡って思索と工夫を巡らし、その改革に手をつけざるを得ない事態が発生する。各国における現実の制度的実験はそれに対して少なからざる示唆を与えてくれる。

第四章　投票行動と政治意識

民主政治を入力の側から見るとき、まず、取り上げなければならないのは政治参加者の投票行動と政治意識の問題である。投票行動が現実にどのような姿をとっているか、政治意識の実態がどのようになっているかを取り上げるのは、必ずしも、ここでの主題ではない。むしろ、これらをめぐる議論が民主政治論にとってどのような意味があるのかがここでの主たるテーマである。

1　公民（市民）に対する幻滅

二〇世紀の政治学の一つの出発点は制度論・機構論的議論に代えて集団や政党の活動に焦点を合わせるところにあったが、もう一つは古典的民主政治論が前提にするような市民像に対する深い疑念にあったといわれる。一言でいえば、この古典的民主政治論の前提する市民像はその合理性によって特徴づけられていた。J・ブライスはそうした考えを次のように定式化している。「(彼は）賢明で愛国主義的で、公平無私である。その唯一の願いは、それぞれの争点においてどちらが正しいかを知り、競争している候補者たちの中から最良の人を選ぶことである。彼の常識は、自国の憲法についての知識に助けられて、自分の前に提出された議論のいずれが正しいかを賢明に判断する能力を彼に与えるであろうし、他方、彼自身の熱意は彼を投票所に赴かせるのに十分である」と。

このいわば絵に描いたような市民像に対しては、すでに言及したＪ・シュンペーターの議論のように、強い疑問の声が見られた。最初にそれを一つの根本的な大問題として取り上げたのが、Ｇ・ウォーラスの『政治における人間性』（一九〇八年）であった。彼は、政治学が常に人間性に焦点を当ててきたという伝統に言及しつつ、人間性への考察を怠った政治研究は極めて脆弱な基盤に立っていることを力説する。それは結局のところ、民主政治の実際の姿から目をそらせる結果を生むことにつながる。そして、端的にいって、先のような市民像は一八世紀以来の伝統が漫然と継承されてきたものに過ぎず、その後の心理学などの成果を踏まえた人間性論の観点からすれば全く説得性を持たない遺物であるというのである。ウォーラスが持ち出した心理学の成果によれば、そうした市民像の前提にある知性主義的・主知主義的人間論は真っ先に疑問に付されるべきものであった。ここで批判される主知主義的人間観とは、欲する目的をまず確立し、次いでその実現にふさわしい手段を合理的に選択するという人間の姿を当然のものとする立場である。これに対してウォーラスが心理学の成果として対置させる人間の姿は、衝動（impulse）、本能（instinct）、性向（disposition）によって駆り立てられる存在であって、決して、目的合理的な判断に従って行動するような人間ではなかった。そこでは、合理的選択に先立って過去の蓄積や習慣が大きな力を持つ。実際、人間においては打算や推論といった合理的世界に先立って、愛情や恐怖、嘲笑、所有欲といった理性以前的要素が大きな力を持っている。そして現実政治は、そのほとんどがこうした衝動への訴えという形で行われ、例えば、候補者の目指すところは自らに対する有権者の愛情を喚起するところにあり、そのためには絶え間なく接触の機会を作り、物品を配り、理屈抜きで「どんなに良い人間であるか」を知ってもらうためのサービスに全力を傾注する。その上、政治の世界で用いられる概念は人々の認識を助けるよりはそれを歪めるために使われる。すなわち、これらは本来の意味から離脱して一人歩きを始め、やがて「確固たる実在」であるかのように人々を拘束し、政治家は概念の操作によって人々の衝動に訴え、自らの意のままに人々を動かす武器を手中に収める結果となっている。概念という認識のために欠かすことのできない手段が逆に人間を操作する道具に機能転換していく。結論として、本能によって拘束される人間は「習慣によって固定された、無意識的ないし半意識的推論」の域に止まるため、政治的スローガンや候補者の「旧友のような微笑」の反復に対して、独自の判断を形成して抵抗する力を持たず自動的に反応するようになっていく。政治家たちはこうした非合理的実態を知り尽くし、それを最大限に活用しているというのが、ウォーラスの指摘であった。

この指摘は、人々が「自らの利害についての確固たる推論」に基づいて投票するという古典的（功利主義的）な民主主義的理解に対して深刻な問題提起を意味した。エリート主義者がいわば外側から民主政治の不可能性を指摘したとすれば、ウォーラスの議論はいわば内側から民主政治の基本的限界を指摘したものであった。もし、ウォーラスがここで指摘したことが現実であるとすれば、どのような意味で民主政治を擁護することができるであろうか。そもそも広範な人々の政治への参加にどのような意味があるであろうか。事実上、それは民主政治を一つの「神話」と考え、あるいは、「外飾り」と見なす立場――エリート主義的立場――に強力な掩護射撃を与えることになる。「民主政治の世紀」にとってこれは最大のアイロニーであり、『政治における人間性』は二〇世紀の政治学を苦しめる「パンドラの箱」を開けたものともいえよう。

ウォーラス自身は「パンドラの箱」を開けたままにすることなく、「操作による政治」に対決すべく、「合意による政治」の回復を実現しようとした。「操作による政治」の根底にあったのが人間を「本能と衝動の束」ととらえる人間観であったが、彼は人間を完全にそうしたものに還元するという、いわば本能決定論とでもいうべき立場を拒否した。そして、人間には本能的世界とは別に後天的に獲得可能な自己意識の世界が存在すること、そして後者によって本能的世界を相対化することが可能だというのが、彼が強調した点であった。つまり、本能や衝動をなくすことはできないが、その働きを見極め、修正していくことは可能だというのである。従って、政治家による「操作」に受動的に唯々諾々と身を任せるのでなく、それを見抜き、それから自由になる可能性が開けてくる。また、非合理的・本能的反応を克服し、合理的推論を行うこともできるようになる。こうした自己意識の世界は一種の教育によって初めて自立可能であり、「合意による政治」としての民主政治は多元的教育活動によって辛うじてその基盤を確保することができるとされた。古典的議論があたかも自然に「合意による政治」が可能であるかのように考えていたとすれば、ウォーラスはそれが「自然」には不可能であること、唯一可能な突破口は「作為」と教育によって可能であることを指摘したのである。その意味でその掲げる目的において彼と古典的議論との間には大きな対立はないが、問題はそれへの経路にあった。彼の『大社会』（一九一四年）が示しているように、当時、通信・運輸手段の革命的変化によって政治の環境が激変し、旧い共同体的関係が急速にその意味を失いつつあった。彼の議論は迫り来る大衆民主政治の実像を見抜き、人間性の問題への自覚的対応の必要性を促したものともいえよう。

自らウォーラスの弟子であることを認め、民主政治と人間性との関係について有名な定式化を行ったのが、W・リップマンである。第一次世界大戦後、アメリカの改革志向の知識人の間で政治的無力感と幻滅が広がる中で、彼は『世論』（一九二二年）、『幻の公衆』（一九二五年）などの著作によってウォーラスの取り上げた問題に正面から取り組んだ。リップマンによれば、民主政治は人民の意志の支配であり、世論の支配であるというテーゼは到達不可能な理想であり、肥った人間がバレエの踊り手になろうとするような誤った理想である。それというのも、何よりもまず、確固たる形でまとまった、政治について的確な判断力を備えた「公衆」といったものはどこにも存在しないからである。仮に「公衆」というものがあるとしても、それは十分な情報を持ち、この大社会の複雑な事柄を処理できる能力を有していない。彼らは精々のところ、スローガンとか政治家にしか興味がなく、極めて単純化した形でしか政治について考えることができない。ここには、政治について十分な情報を持つ市民はあり得ないという認識が潜んでいる。実際、現代世界は極めて複雑化しているが、人間の側の世界認識は極めて狭小で心許《こころもと》無く、不正確であり、偏見や習慣によって支配されているのである。その背後には人間は今も昔も自分自身への関心によって支配されていることがあるが、リップマンによれば、時間がないとか、情報にアクセスできないとかに原因があるのではない。問題の根源は人間の物の考え方や態度にあるという。

ここでリップマンはステレオタイプ（stereotype）という有名な概念を導入する。ステレオタイプは「人間が見てから決定するのではなく、決定してから見るという傾向」に結び付いている。すなわち、人間は複雑で混乱を極める世界や環境に直面すると、自分の文化によって予め指定するところのメガネに従って一定の対象を選択し、それを知覚するのである。人間の心の中のステレオタイプが人間の思考や見聞を枠付け、人間はこうした形で現実を過度に単純化し、それを歪曲しながら知覚する。ステレオタイプは子供の頃から人間の中に定着し始め、人間の一生とほとんど不可分の関係にある。ステレオタイプの最大の意義は人間の努力を節約し、安心感を与えることにある。それによって、何を認識するか、何に関心を向けるかが自動的に決定され、安心できる世界が広がるからである。このように大多数の人間の判断や認識はステレオタイプを離れては考えられず、従って、変化する世界に対する適切な認識や判断が出てくるはずがないことになり、世論の非合理性は避けられないことになる。

人民の意志はこのようにステレオタイプによって拘束され、それから自由な形で自発的に構成されるものではない。例えば、新聞といったものもこうした事態を変えるものではない。何故ならば、新聞もまたステレオタイプに合致しない限り、誰も読まないであろうし、むしろ、ステレオタイプを強化することになるからである。新聞自体、世界の複雑な実情をそのままの形で伝えようとするのでなく、大衆は新聞を見て楽しみを味わおうとするだけである。かくしてステレオタイプや漠然たる感情、偏見、熱狂といったものが真理を代行しており、知性を備えた人民の意志はあり得ない。世論は人民が自発的に作り上げるものではなく、政治指導者が定式化するものでしかない。そして、人民は政治家からの提案に対してイエスかノーの反応を示すだけである。従って、人民の「合意」は政治指導者によって「製造」されるものに過ぎず、人民による自己統治は所詮、幻影にしか過ぎないものとなる。このリップマンの議論はウォーラスの開けた「パンドラの箱」に連なるものであり、民主政治に対する深い絶望感を示唆するものであった。

問題はそこからの脱出口をどこに見付け出すかである。この点で、『世論』の冒頭に見られるプラトンの『ポリテイア』第七巻の「洞窟の比喩」は極めて象徴的である。ウォーラスが広範な市民の自己意識の育成によって「合意による政治」の実現を構想したのに対し、リップマンはどちらかといえばエリートと大衆との二元論に傾斜した。その意味ではプラトンの哲人王論は示唆的である。二〇世紀の哲人王は情報を集積し、社会を分析する集団として現れる。彼らはステレオタイプと偏見の世界――「洞窟の世界」、ドクサの世界――を脱出して真理の世界を発見し、その社会的活用を担う存在である。ステレオタイプによって支配された人民やそれに依存する政治家ではなく、こうした情報と諸科学によって武装した集団が公共の利益の担い手となり、大衆にはそれへの受動的な服従が期待される。この構想は民主政治を直截に否定するものではないが、民主政治は知性と情報の組織化によって辛うじて維持され得るものとなる。そこには紛れもなく大衆の政治参加に対する否定的スタンスが見られるが、同時にこの新しいエリート集団がエリート主義者の想定するエリートやシュンペーターの政治指導者とは異なり、科学主義と行政主導のニュアンスを持つ点で独自の性格を示している。社会科学に対する大きな期待感が見られる点も興味深い。それはウォーラスの開けた「パンドラの箱」に対するいわばアメリカ的応答だったといってよい。

2　投票行動研究の軌跡と民主政治

ウォーラスやリップマンの議論は投票行動の分析や意識調査に基づいた議論ではなかったが、その後、この領域は大量のデータの数量的分析を基にした議論によってとって代わられた。この領域は「科学的」分析の政治学における最も重要な拠点となったのである。問題はこうした分析が先に言及した「パンドラの箱」とどのような関係に立っているかであった。

この領域における研究はアメリカにおいて先駆的な形で進められた。アメリカにおいて有権者の投票行動についての分析は一九二〇年代から始まるが、その最初の例がCh・メリアムとH・ゴスネルの『棄権』(一九二四年)であった。こうしたテーマそのものが政治に対する無関心の広がりに政治学者たちがいかに大きな衝撃を受けたかを物語っている。古典的な合理的市民像が現実性を欠くのみならず、そもそも投票しようとしない人間の広範な存在は、改めて政治に対する無知や根強い不信を明らかにし、政治教育の重要性をメリアムに思い知らせた。

大量のデータを扱う分析として最初に注目されたのが、俗に社会学的アプローチと呼ばれる立場であった。すなわち、人々の投票行動を宗教宗派、居住地域、職業といった社会的指標と結び付けることによって説明しようとする試みである。この方法は現在でも用いられているが、投票行動、特に、選挙分析との関連でいえば、こうした社会的変数の変化はゆっくりと生じ、数年で変化することはあり得ない。しかし、投票結果の分析にとっては選挙毎の変化こそ、最も重要であるという点に鑑みると、その説明能力には限界があるとされた。投票行動をもっと直接的に把握する方法を求めて、次に登場したのがミシガン大学の研究者たちの手になる『アメリカの投票者』(一九六〇年)であった。これは社会的変数といったものに基づく間接的な分析ではなく、実際に投票者の中で働いている心理的な力を直截に把握しようとするものであった。具体的には政党や政治家に対する態度が投票行動を規定していること、これらは長期的にのみ変化する社会的要因よりも短期的に変化し、投票行動について高い説明能力を持つことが指摘された。この研究はその後、長い間にわたって政治学の古典的業績と評価されている。そこで以下三点にわたってその議論を整理しておきたい。

第一は、政党帰属感（party identification）という概念の登場である。投票行動の決定要因として政党や候補者に対する態度、政治への関心の高低があげられているが、こうした要因の背後において投票行動に根底的・長期的に影響を及ぼす要素として重要視されたのが、政党帰属感であった。それは特定の政党に対する心理的愛着ないし忠誠の感情のことをいう。これには強度の相違があるが、アメリカの場合、両極に強い民主党支持層、強い共和党支持層を設定し、真ん中に無党派層を置くという形で有権者を分類する尺度が設定された。政党帰属感は政治現象を認識する枠組みを人々に与え、政治的態度決定を規定する。それは人々の政治認識や情報のあり方を決め、評価に一定の方向性を与えるという点でステレオタイプやイデオロギーに近い役割を持っている。政党帰属感が党派的態度決定・投票行動を生み出すことから推測されるように、帰属感が強い人間ほど政治的関心が高く、政治についての豊富な情報を有し、従って、選挙への参加意識も高いと考えられる。そうした強い政党帰属感を有する人々の投票行動は一貫しており、棄権率も低い。逆に、強い政党帰属感から最も距離のある無党派層（independent）は、政治的関心が低く、政治的争点に対する評価も曖昧であるというのが、この著書の結論であった。その意味で『アメリカの投票者』においては政党帰属感の強さと政治への関心のそれとはパラレルなものとみなされている。しかも、政党帰属感の大きな特徴としてその安定性が指摘された。また、政党帰属感は家庭を媒介にして親から子に継承されるものとされ、家庭が政治的社会化の中核を担っていることが強調された。そして、年齢の上昇と共に政党帰属感の強度が増すことも指摘された（政党帰属感の加齢効果）。

第二は有権者の実像についての分析である。人々が公共政策の諸イシューに対して持つ体系的イメージを彼らは信条体系と命名し、人々がどの程度、こうした体系的イメージを身につけているかを実態に即して分析した。まず、具体的争点についてどの程度、正しい認識を有しているかを、政府の政策の内容、さらに政党間の違いに即して問い質した結果、少数の有権者しか、十分な情報を得ていないことが判明した。また、政党や候補者を判断するに際して、どの程度、抽象的な尺度や概念を用いるかを調査したところ、極めて少数の有権者しかこうした概念を意識していないことが判明した。保守、リベラルといったイデオロギー的対立軸も大多数の人間は理解していないことが分かった。従って、諸々の争点を体系的に関連付けるといった傾向は見られず、信条体系らしいものは確認できなかった。しかも、重要な争点に対する態度も極めて不安定であり、総じて、確固たる立場に基づいて政治を考え、態度を決定している有権者は極めて少ないことが判明した。ここに安定的な政党帰属感が必ずしも投票行動に直結しない要因が顔を覗かせている。

第三は選挙についての分類論である。すなわち、安定的な政党帰属感が投票行動を規定する長期的・基底的要因として存在するが、他方において候補者や特定の争点はいわば投票行動を左右する短期的要因である。この後者の影響がどの程度に大きいかを選挙に即して確定するというのが彼らの提案である。選挙の最終結果において、政党帰属感において有権者の多数派をしめる政党の候補者が勝利をした場合、その選挙は現状維持（通常）型選挙である。これに対して短期的要因が大きく影響し、政党帰属感が投票行動にそのまま反映せず、多数派が敗北した場合、そうした選挙は逸脱型選挙と呼ばれる。この二つは政党帰属感そのものに変化はないという前提に立っているが、政党帰属感そのものが大きな構造変化を来すような選挙はこれとは異質であり、彼らはこのタイプの選挙を再編型選挙（re-aligning election）と命名した。

ここに描かれた有権者の姿はリップマンの議論とそれほど異なるものではなかった。リップマンのステレオタイプに代わって政党帰属感という新しいステレオタイプが出現した。そして、政策についての判断力は心許無い状態にあり、それが投票行動に一定の「遊び」をもたらす可能性が含まれていた。こうした有権者の姿はしばしばその積極的な政治参加に対して消極的な議論を生み出した。彼らがステレオタイプのうちに止まるにせよ、何にせよ、職業政治家と政治階層に政治を委ねることが民主政治の安定にとってむしろ好ましいという見解をそこから導き出すことは決して困難ではなかった。政治がイデオロギー的対立を免れ、妥協と取引による政治がこれによって再生産されるからである。それは常に同じ政党の安定的な支配を保証するものでないにしろ、政治参加の範囲についての特定の民主政治概念と結び付き得るものであった。

こうした受動的な有権者像を「人民の選択」の意味をもっと重視する方向で見直す議論として、ここでは二つをあげておきたい。第一は、先の行論の中に見られた再編型選挙に注目するものである。再編型選挙は政党帰属感そのものの大変動を意味するが、同時にそれは職業政治家による有権者のコントロールが失われる姿を示している。「人民の選択」が日常的政治過程を中断させ、そこに実質的に介入する事態に他ならない。その意味でこうした選挙は他の選挙と並列される類型ではなく、民主政治の観点からすれば、他の類型とは異なった含意を持つ。そこで政治学者たちはこれを決定的選挙（critical election）と命名した。決定的選挙は有権者と政党との関係の大規模な再編成とともに政策の新たな路線の決定や方向転換を伴う。そして、この大枠の中で再び職業政治家中心の日常的政治過程が繰り返されることになる。この議論は、少なくとも歴史の一定の時期において「人民の選択」が実質的な意義を持ったことを強調しようとするものである。問題は、そうした決定的変化がどれほどの頻度で見られるかである。いずれにせよ、決定的選挙という議論は政党帰属感型市民という大枠を前提にした議論である。

第二の議論は、有権者の政策判断力をもっと重視する方向である。これは政策面での選択肢が明快で、利用可能な情報が提供されている場合、有権者のかなりの部分はそれなりに合理的な判断と行動をとっていると考える。逆にいえば、有権者は言われるほどに操作の対象になっているわけではないということである。公共政策に対する選好に従って投票行動を行う有権者は、少なくともある部分存在している。こうした有権者の行動は争点投票（issue voting）型と呼ばれ、政党帰属感型のそれとの対比でしばしば議論の対象となった。そこに見られる市民像は政治に対して強い関心を持ち、公共政策について一定の意見を持ち、それに従って投票行動をする有権者である。彼らと政党との関係はあくまでもこうした政策での意見を媒介にしたものに過ぎない。これは政党帰属感型の有権者とは大きく異なった有権者像である。つまり、政党帰属感型では政策への選好よりも政党への愛着が先行し、政策についての判断の合理性は問われる度合いが少なかった。ところが今や政党帰属感が初めにありきではなく、それは政策判断からの帰結でしかないと見られるようになった。また、政党帰属感型モデルの議論では無党派層は政治意識の低い層であるとみなされてきたが、今や、政治的関心が極めて高い、政策について強い関心を持つ知的有権者へとそのイメージを変えることになった。

政党帰属感型の市民像と争点投票型市民像との間の相違をめぐっては複雑な議論の経緯があるが、政治生活の変化がその背後にあったという事実を無視することはできない。政党帰属感型が静かな、安定した政党政治時代の市民像を示しているとすれば、争点投票型は有権者と政党との関係が弱体化し、強い政党支持層が少なくなった時代、争点を媒介にした政治への有権者のより鋭角的なアクセスの時代を示唆していると考えられよう。そして、政党と市民との関係が特殊な選挙を媒介にして再び緊密なものになっていくという決定的選挙論よりも、政党と市民との関係が争点投票を媒介にして緩やかに再生産されていくという議論の方が歴史的現実感覚に合致していることは確かである。

また、有権者の情報収集能力の限界を念頭に投票行動モデルとして提示されているのが、業績投票（retrospective voting）モデルである。争点投票モデルが未来志向型であるのに対して、業績投票モデルは過去の実績に基盤を置いている。実績については数多くの情報が流通しており、政策内容を検討するコストは不要である。

こうした投票行動に表れた市民像の変化はアメリカについてしばしば議論された論点であるが、日本においても近年、政党と有権者との関係は大きく変化し、いわゆる無党派層の急増が注目されている。また、日本でも二〇〇五年の郵政選挙のような争点投票型の選挙も見られ、小選挙区制と結びついた形で業績投票モデルの現れである「賞罰投票」の傾向も見られる。

民主政治はその政治参加の質の故に内側から容易に空洞化するということをウォーラスやリップマン以来の議論はわれわれに教えてくれた。確かに政治参加の上滑り現象や巧みな操作の現実は簡単に無視できるものではない。しかし、少し長い時間の幅で考えるならば、市民像を余りに狭く、固定的に考えることは致命的な誤りに導く。有権者のあり方は政治的・社会的環境によって大きく変化するのみならず、リーダーのあり方によっても変化を受ける。そして、新たな現実は有権者の意識を変化させ、その変化がスパイラル状に加速していく可能性を見失ってはならない。市民像についての過度の楽観主義も悲観主義もともに有効性を持たない。実際には一定の幅での可能性があるのみであり、その可能性をいかに開発するかが大切である。

第五章　政　党

政党は政治システムと有権者とを結び付ける不可欠な媒体である。しかし、その性格や機能は極めて多様である。制度がそれらに影響を与える一方、政党自身が制度の作り手でもある。政党は相矛盾する役割を果たす政治システムのキイ・アクターであり、そのあり方と機能は民主政治の政治システムとしての機能を決定付ける。ここでは幾つかの側面からこの問題に接近したい。

1　政党の概念と機能

政党という概念は政治学の歴史において比較的に新しい概念である。政治理論史において長い間それは徒党や派閥とほとんど区別されずに使われてきた。すなわち、これらは一定の集団がその個人的利益のために、他の人々や社会全体の利益の犠牲において政治過程を支配するものであり、政治社会の分裂の最大の原因として糾弾されてきた。こうした伝統的イメージと政党との間の決定的違いを理論的に確立したのが、Ｅ・バークであった。彼の有名な定義によれば、「政党とは、全員が同意しているある特定の原理に基づき、共同の努力によって国民的利益を推進するために結集した人々の集まりである」。ここでバークはそれまで危険視されてきた政治集団を国民的利益の推進と結び付けることによって、単なる私的利益にしか関心のない派閥や徒党から政党を峻別し、いわば公的な義務や責任を一定の原理に従って果たす団体として擁護した。かくして政党は派閥、徒党とは区別された、重要な公的機能を持つ、尊敬に値する存在とされたのである。実態的に政党と徒党との区別が困難であった現実を考えると、この議論は極めて論争的な主張であったと想像できる。実際、バークの先の主張は、王権の権力濫用に反対して英国国制を擁護するために団結した議員団を従来の徒党から区別するという政治的意味を持っていた。従って、政党と派閥とを峻別する一線を維持することは政党の成否を制するものであり、政党がその本来の任務や目的にふさわしい行動をしないならば、「もはや政党とはいえない」という結果にならざるを得ない。日本における派閥という言葉に対する否定的なニュアンスは、こうした発想とつながるものがあろう。実態において、政党が派閥化していることは珍しくない。

しかし、政党を考える場合にはもう少し議論を進める必要がある。政党という言葉には原義において「部分」というニュアンスがあるとともに、他方で「与《あず》かる」というニュアンスがある。つまり、政党には一方で部分としての性格があるとともに、他方で、全体に「与かる」という二つの側面があるということである。このうち部分性は政治的多元性、政治的自由と政党との相互依存関係を示唆している。つまり、ある政党の掲げる原理が部分的なものであるという自覚は、当然のことながら、他の原理を掲げる政党の存在を予定している。政治的多元主義と複数政党制とが表裏一体のものであることはいうまでもない。しかも、他面において、この多元性は全体との結び付きを持ち、その点で単なる部分性しかない派閥や徒党とは違った、全体の機能的実在という側面を有している。バークが国民的利益の推進を政党概念の核心に据えていたのは、そのことを如実に物語るものであった。そこに政党という部分的集団の政治的正統性の根拠があった。逆にいえば、政党についてはその堕落や腐敗（政党の派閥への「退行」）が問題になるのはこのためであり、他方、派閥や徒党については改めてその腐敗が問題になることはない。このように考えるならば、政党という概念は全体的利益の実現という目的と政治的多元性や政治的自由の擁護とを媒介する位置を占めることが分かる。そこにある独特の政治文化的な前提条件を考えると、こうした政党政治のシステムが決して簡単に――例えば、政党が単に複数存在するからといって――作動するものでないことを示唆している。

この政党概念の独特なニュアンスはそれと対比される議論を念頭におくと明瞭に理解できる。先にも述べたように、政党と派閥との区別を認めず、それを一括して危険視する傾向はフランス革命やロシア革命などに顕著に見られた。すなわち、政党や派閥は個人的利益にのみ根拠を持つ、陰謀と野心の巣窟であり、人民の利益に対して常に敵対する犯罪そのものの政治的表現であるといった議論がそれである。そして、政党が確固とした地位を占めるようになると、こうした発想は一党支配を唯一正しいものとする立場へと移動する。そこではかつて徒党とされたものが「党内分派」に呼び名を変えて現れる。この一党支配主義は政党という言葉を使いつつも、政党概念の有していた政治的多元主義を真っ正面から否定するという点で、政党を直ちに犯罪的なものと断定する発想と大同小異のものである。

政党の機能としては、何よりもまず、利益や意思を集約的に表出し、代表する機能があげられる。これは社会から政治システムへの「上向き伝導ベルト」としての政党の役割に他ならない。その際、政党はあらゆる要求を無原則に受容・代表するのではなく、そこでは一定の政治的教化と意見・要求の組織化が伴わざるを得ない（政治的嚮導）。次に、政治リーダーの補充・育成・提供機能を果たすことが政党の重要な機能である。この二つの機能を政党は互いに競争し合いながら遂行していくが、それはやがて第三の機能である、「入力の出力化」に辿り着く。すなわち、政党は諸々の要求を表明し、あるいはリーダーを提供するにしても、これらは究極的にはそれを公共政策に転換するという機能によって裏付けられなければならない。「政党は大衆の選好を公共政策へ翻訳する基本的装置である」とか、「政党は多数派支配の理念を現実に翻訳できる唯一の組織である」といった定義に見られるように、政党は利益や意見を政策に転換し、実行に移す機能を持っている。「権力をとらない政党は、ネズミを捕まえないネコのようなもの」という指摘は、日本で繰り返されてきた。しかし、現実に政党がいかにしてこの機能を果たし得るかについては、例えば、官僚制との関係を考えただけでも問題はそれほど簡単ではない。これは単純化していえば、政党は統治主体として現れるということであり、その結果、政党は今度は社会に対して能動的に働きかけるという機能を示すようになる。それへの反応の結果として、再び、利益や意見の代表機能が動き始めることになる。政党と有権者との関係は極めて多様であり、ある場合には両者は深く結び付き、一体化しているように見えることもある。このような政党による有権者の組織化には多様な形態があるが、決定的に重要なことは有権者の前に多様な意見表明のチャネルが常に提供されていることである。何故ならば、それが意思表示の自立性と政治的自由にとって決定的な意味を持つからである。

他方、選挙権の拡大の中で誕生した一党制は、政治と社会との一元的管理を効果的に行うことを旗印に掲げてきた。しかし、そこには自由な政治的意思表示と選択の機会がなく、全体の利益を独占的に代表すると称する一つの政党が、政治による社会の統制を再生産していく。政党は上からの権威主義的なコミュニケーションを伝達する伝導ベルトでしかなくなり、部分と全体とのダイナミックな関係は全体一元主義によって置換されている。政党間競争は一つの政党内部での派閥争いに姿を変え、少数の人々の間での権力闘争を生み出すことはあっても、そこから政党多元主義へ向かうわけではない。全体主義と一党制を批判したJ・シュンペーターが、「政党とは『全員が同意するある原理に基づいて』公共の福祉を促進しようとする人々の集団ではない。政党はメンバーが結束して政治権力をめぐる競合的闘争を展開しようとする集団である」と述べたのは、公共の福祉を口にすることが一党制への入り口を意味した中で、権力をめぐる競争に焦点を当てて専ら政治的多元主義の代表者として政党を位置付けようとしたことをよく示している。こうした政党の定義は全体利益一元論を一度、卒業するためには欠かせない通過点である。

日本において政党は有権者の利益や意見を代表する機能はそれなりに果たしてきた。そのことは濃密に張り巡らされた利益政治のネットワークに典型的に見られる。しかし、政治リーダーの補充・選出・提供機能が十分な準備の下に遂行されてきたという証拠は少ない。人材調達面での困難は政党の社会的存在感の薄さと悪循環を形成している。また、民意を公共政策へ転換させる機能についていえば、部分的に過剰にこうした活動がなされてきたが、官僚制を含めた政治システム全体の管理運営機能については、なお、課題山積であるというのが実情である。政党に政治を変える力がないという有権者の直感が今なお根強いことはこのことと深く関係している。そのことは政治参加のあり方にも影響を及ぼすのであって、政党の社会的存在感の薄さが際立つ一方で、一部の代表される利益の方は常に動員体制にあり、選挙マシーンとして政党を代替する機能を果たしてきた。そのことは、政治参加に対する有権者の態度には非対称性が露骨に見られることにつながった。そのため、政党政治は自らの社会的基盤の狭隘化――特定の「組織された有権者」への過度の依存――と脱編成――有権者の政党離れ――の進行に同時に見舞われている。低い投票率を前提にした政党政治はそうした現象の帰結であり、外見的安定性の下でその脆弱性はますます高まる可能性がある。

2　政党類型論

ここでは歴史的過程の中で出現した政党の形態をその組織構造に即して分類する。今世紀初頭、この問題に鋭く迫ったのがM・ウェーバーであり、彼は貴族の周辺に形成された従者たちの集まりに過ぎない政党から、ブルジョア階級によって組織された名望家政党（Honorationenpartei）へ、そして、大衆民主主義型政党へと全体の流れが変化してきたと整理した。名望家政党は「教養と財産」を持つブルジョア階級の政党であり、国会議員中心の政党である。政党としての組織化は極めて未熟であり、政党への参加は個人的つながりに基づくものであった。政党を中心にした政治活動全体が名誉職的、あるいは副業的なものに止まり、職業政治家と官僚制を伴った大衆民主主義型政党、組織政党とは性格を異にしていた。近代的政党は大衆の政治参加の広がりを前提に、その組織化と指導の統一性を実現しようとするところから生まれた。ここでは政党の核心部分は議会内の議員集団ではなく、その外部にある党組織にあり、名望家や議員の地位は党組織の管理者と比べて急速に低下した。この党組織は厳格な規律を持ち、マシーンとも呼ばれたように一人の指導者の指揮の下、一糸乱れぬ行動をとることが想定されていた。議員もまたこうした組織の歯車の一つに過ぎない。他方、この巨大な組織を運営することを専業とする専従構成員が必要とされ、政党組織それ自身が一つの官僚制を内部に持つようになる。この巨大な組織を結び付ける絆としてしばしば世界観やイデオロギーが動員され、強固な組織の構築が進められることになるわけであるが、ウェーバーの弟子R・ミヘルスはこうした政党の代表格であったドイツの社会民主党の中で「少数者支配の鉄則」が見られることを指摘したのであった。社会主義と平等主義を掲げる政党の内部から組織の必要性に基づいて官僚制と「少数者支配」が顔をのぞかせたという指摘は、二〇世紀の政党組織の抱えたパラドクスを如実に示すものであった。

このウェーバーによって定式化された政党の類型論はその後、若干の修正を伴いながらも基本的に維持された。例えば、S・ノイマンは政党を個人代表の政党と社会統合の政党に大きく分けたが、このうち前者はウェーバーの名望家政党を継承するものであった。すなわち、個人代表の政党とは議員中心の政党（議員政党）であり、選挙での票の獲得をめぐって専ら活動するに過ぎない政党とされる。当然、選挙と選挙の間の期間は政党の活動はなく、議員として選ばれた者は――政党に拘束されることなく――自らの責任と判断に従って行動する。ノイマンはこの類型の政党は政治参加者の数が少なく、政党の影響力も限られている時代の産物であると論じた。これに対して社会統合の政党は大衆の政治参加の拡大と政府の権限の拡大の時代の産物であるとされる。つまり、個人代表の政党の時代と異なり、社会統合の政党は政党（政府）と社会との結び付きが深化していく時代を背景においているのである。ウェーバーには見られなかった点であるが、ノイマンは社会統合の政党を民主的統合の政党（party of democratic integration）と全体的統合の政党（party of total integration）とに分類した。民主的統合の政党は大衆の投票権を前提に、投票の永続的な組織化を目標にした政党である。この組織化の基盤は階級であるが、政党はこうした役割に応じて実に多様なサービスを提供する巨大組織を持つ。巨大な党官僚制とその統制が議員たちに及び、一種の寡頭制的支配体制が党内部で確立することになる。全体的統合の政党は硬直した指揮命令体系を備え、構成員に無条件の服従を要求する政党である。そして他の政党の徹底した打破と権力の独占を活動の目的にし、一党体制の樹立とその再生産のために構成員の全面的服従を要求する政党とされる。

有名な『政党論』におけるM・デュヴェルジェの分類論も基本的にこれと同じ構図を示している。彼はノイマンの個人代表の政党を「幹部政党（parti du cadre）」と規定し、社会統合の政党のうち、民主的統合の政党を欧州大陸の社会民主主義政党によって代表させ、全体的統合の政党を共産主義政党とファシズム政党とによって代表させ、その相違を議論している。この分類論は戦間期の政治的経験を前提に、新たに出現した組織政党の軌跡を跡付けたものであった。基本的に階級政治、イデオロギー政治の時代において政党がどのように有権者を組織化したか、その果てに民主政治とどのような緊張関係を生み出すことになったかが、ここでの議論の焦点であった。共産主義政党とファシズム政党は大衆の政治参加に立脚しながらも、その政治選択の自由を完全に奪う結果となり、やがて、議論の舞台から退くことになった。

第二次世界大戦後、経済生活が安定し、しかも、外には冷戦の時代が続く中で、いわゆる西側諸国において新しい政党類型が登場した。これが包括政党（catch-all party）である。この概念の提示者であるO・キルヒハイマーはノイマンのいう個人代表の政党や社会統合の政党も今や「得票極大化」政党になりつつあると論じた。この背景にあったのは「豊かな社会」の到来と「イデオロギーの終焉」、そして、「コンセンサス政治」の登場であった。今や、政党は「全てのカテゴリーの投票者」からより多くの票を獲得しようとするようになり、こうした観点からすれば、政党にとって特定のイデオロギーや宗教との密接な関係はむしろマイナスになる時代が到来したというのである。包括政党は「脱イデオロギー」に傾斜せざるを得ず、その反面で、社会統合政党的な強い組織の持つ意味は低下することになる。政党と党員との関係はかつてのような強さを失う。イデオロギー政治は利益政治に主役を譲り、政党と利益集団との機能的な共生と混在が進行する。政党のその支持者との関係は人間的・思想的結び付きに基づくものから、大量生産のブランドものを売る企業とそれを買う顧客の関係のようになっていった。

こうした包括政党には独特のジレンマがあった。何よりも、支持者との関係が稀薄化することによって政党の基盤が弱体化を免れなくなる。政党は強いイデオロギー性のみならず党派性すら薄めようと努力する結果、政治参加への強い意欲が有権者の間で失われ、政党自身のアイデンティティを曖昧なものにしていく。その結果として、政党の政治的統合機能と組織的凝集性が弱まっていくことになる。しかも、諸要求への反応を政党が競う中で、政党は政策決定のチャネルの独占権を徐々に失い、「利益の調整者」といった地位に甘んじる結果となった。包括政党は包括的たらんとした結果、かえって自らの基盤を脆弱化させ、政党の統合機能を弱めることによって「政党の役割そのものの減退」を招くこととなったと言われる所以である。かつて大衆政党がイデオロギー政党という形で強固な組織原理を大きな特徴としていたのに対して、包括政党は紛れもなく大衆の願望に応答しようとしつつも、その実態においてかつての大衆政党とは全く異質のものになってしまった。組織の内と外との垣根は低くなる一方となった。メディアの影響力の増大はこの傾向を強く後押しした。その意味で包括政党は大衆化現象政党といえよう。日本の自民党が代表的な包括政党になり得た原因の一つは、強固な組織的伝統を持たなかったことにあったと思われる。包括政党化は組織政党であった社会主義政党にとっては組織の弛緩を意味したとすれば、元来、組織政党たり得なかった政党にとって利益政治は新たな組織化のチャンスを与えるものであったといえよう。

大衆政党から包括政党への流れは基本的に政治と社会との関係の緊密化、換言すれば、政府の経済に対する役割の拡大と表裏一体の関係にあった。この基本的条件の下で時代の推移に従ってイデオロギー政治から利益政治への変化が起こったのである。第二次世界大戦後の未曾有の「豊かな社会」は利益政治にとって格好の基盤を提供した。しかし、一部の地域を除けば、この利益政治万能の時代はそれほど長く続かなかった。第一に、利益政治の枠内に入り切れない争点が続々と登場したことが上げられる。これらの争点の中には環境問題のように「脱物質主義(post-materialism)」を志向するものがあった他、フェミニズムや少数民族問題のようなアイデンティティに関わる争点があった。これらの争点は利益の分配によっては解決できないものであり、包括政党そのものが機能不全に陥らざるを得なかった。支持層の拡大に関心をとられ、雑多な支持層を抱え込んでいた政党はこうした問題をめぐって内部的分裂を深め、ますます統合能力を失っていった。

その上、第二に、包括政党とその寛大な利益政治の基盤そのものが崩れ始めたことは決定的打撃を意味した。この点で大きな転機になったのが石油危機であり、「豊かな社会」は巨大な経済的激動に巻き込まれたのである。分配すべき資源の縮小は政策をめぐるゼロ・サム・ゲーム状態を現出させたが、包括政党はこうした事態を処理する求心力を持たなかった。包括政党という看板と資源の縮小との矛盾は、「統治能力の危機」という問題を浮上させた。包括政党と利益政治の遺産を整理するためには、政党のあり方を転換する必要があった。ここではっきりと現れた一つの動きが保守政党の「イデオロギー化」現象であった。長い間、イデオロギー政治は階級政治と結び付き左翼勢力にそのイニシャティブがあったわけであるが、ここでは保守政党が市場主義や新保守主義といったイデオロギーの担い手になったのである。イギリスのサッチャー政権、アメリカのレーガン政権はその典型であり、彼らは一定のイデオロギーを基準にして包括政党とその利益政治の遺産の整理、縮小を唱えた。この保守政党のイデオロギー化現象の意味については後で検討するが、包括政党の時代に政党自らがピリオドを打とうとした実例として注目される。

第三に、政府や国家そのものの権力の衰退が包括政党モデルに引導を渡すことになった。経済のグローバル化の衝撃は冷戦の終焉とともにますますはっきりし、伝統的な利益政治は「横からの入力」によって大きく動揺させられた。包括政党は一国経済体制を前提にしていたわけであるが、この前提の大きな変化は包括政党を時代遅れにした。EU通貨統合の波に巻き込まれた西欧諸国の政党は包括政党とは両立し得ないような高い失業率を甘受した政策をとらざるを得なかったし、世界に冠たる包括政党である自民党長期政権下の日本も遂に従来の政策の見直しと巨大利益政治のリストラと政権交代に追い込まれざるを得なかった。

包括政党モデルのこうした解体過程において、政党と有権者との強い絆は決して回復することはなかった。保守政党はそのイデオロギーによって一時的にこの絆を作り出したかのように見えたが、それも長続きしなかった。包括政党時代の利益を媒介にした有権者と政党との関係は激しい環境変化の中で緩やかに解体・変容していった。巨大な組織に基礎をおく二〇世紀前半型の政党モデルも、あらゆる利益を満足させ得るかのようなメッセージを駆使した「利益政治マシーン」のような政党も、新しいタイプのそれにとって代わられようとしている。この新しいタイプの特徴は、広範な党員参加による党首選挙に代表される、「開かれた政党」のイメージにある。これは裏側から言えば、党組織といわゆるインナー（派閥を含む）の影響力の削減、党首の党内権限の事実上の強化を意味する。そこでの党首選挙は専門家によるメディア戦略と否応なしに結びつき、さながら選挙への予行演習でもある。党組織の機能がかつて資金の提供と選挙運動に主眼があったとすれば、今や資金は政府からの助成金にとって代わられ、選挙運動も戸別訪問型からテレビ・メディアを駆使したものへと変貌し、党組織の役割は急速に変化しつつある。その上、政策形成についても、専門スタッフの重要性が高まりつつあることも周知の事実である。このことは政治家集団とその指導部がその支持母体への依存度を下げていく傾向を示唆している。逆に言えば、それだけ政権に参画することの持つ意味が大きくなるということである。政府からの財政支援にしろ、テレビ・メディアへのアクセスにしろ（テレビ・メディアは新聞よりも遥かに政府の強いコントロール下に置かれていることが多い）、政党にとって政権に参画することがその地位を維持するための大きな条件になる。そこで一部には、幾つかの政党がさながらカルテルを組むように、政権に与かり続けるタイプの政党の誕生を指摘する意見がある（カルテル政党）。当然に、それに対しては反カルテル運動が喚起されることになるが。併せて、この変化にはトップリーダーへの注目度の高まり、政治の「個人中心化」現象、更には、首相の大統領化といった現象がこれまで以上に随伴している。そこに浮かび上がってくるのは、政策専門スタッフとメディアのアドバイザーで周囲を固めた、世論の動向を占いながら、巧みに個別の問題を処理する政治リーダーであり、そうしたリーダーを提供し続ける政党の力量が問われることになる。

政党組織の実態は歴史や伝統、更には環境によって大きく左右される。中央・地方関係、政党と外部組織との関係などがそれを決める要素として指摘されているが、実態はそれ以上に複雑な要因によって左右される。例えば、日本ではその民主化の特異な環境もあって大組織政党は遂に誕生しなかったし、自民党はあくまでも包括政党であり、その組織は七〇年にわたる中選挙区制という日本独自の選挙制度の刻印を強く受け、個人中心の選挙というメンタリティが残り続けた。また、ユーロ圏の政府は財政面を含む政策面での自律性が大幅に制限されつつあり、こうした政治環境の下で「党派性」というものがそもそもどのような意味を持つのかが問われている。それはカルテル政党誕生につながり得ることは当然として、更には政党の終りなのか、新しいタイプの組織——「同盟」や「パートナー」といった——による代替の前段階なのか、注目される。

政治学の世界において、「政党の没落」という指摘は繰り返し行われてきた。それは政党の果たすさまざまな側面に即した議論であり、ある時は政党の有権者との関係、ある時は政党組織のあり方、更にある時は政党の果たす役割・機能をめぐって展開されてきた。非常に単純化して言えば、組織政党モデルに代表される政党の圧倒的な社会的存在感は、有権者の無党派化と投票行動の不安定化、競争者としてのメディアの台頭、社会的亀裂の弱体化、党派性とイデオロギーの後退などによって先進国においても確かに弱体化した。それと共に、多党化現象は確実に進行し、旧来の大政党の政権掌握力には翳りが見られる。興味深いことに、一九八〇年代以降に民主化した国々の政党には先進民主政に見られたような組織政党がほとんど存在しない。それは組織政党が極めて特殊な歴史的条件の産物であり、新興民主政にはそうした条件は全くなかったか、旧社会主義圏のようにそれまでの政治・経済体制の急激な流動化に見舞われたためであった。

新興民主政では現在の先進民主政の政党に比べて相対的にあらゆる点で政党の基盤が流動的であり、反政党感情も根深いものがある。反政党感情には政党に対するシニシズムといったものを越えて、政治的多元主義そのものに対する反発も含まれている。勿論、新興民主政においても政治的多元主義の重要性の認識はかなりの程度共有されているが、基盤の安定しない政党——政治的状況に応じてその政治的立場が容易に変転し、政治的便宜主義に傾くような——とそこに生み出される慢性的に不安定な政党システムいう現実は政党に対する不信感を招き、多元主義にとって大きな負担になりかねない。これらの国々の多くが大統領制、半大統領制という制度を採用していることは、こうした状況からして止むを得ない選択のように見えるが、他面、議会制の場合以上に政党のこうした弱体化を温存する側面も持っている。それは政治的多元主義と民主政との絆を弱め、大統領による個人支配＝民主政治という公式に政治的基盤を与えることにつながる。さながら大統領は政党を超越したような存在と見なされる。更に、国家権力が多くの社会的・経済的リソースを独占しているような場合、政党はこうした個人支配の従属物に転落し、遂に自らの政治的基盤を構築することができない。あるいは、政党はクライエンタリズムの隠れ蓑でしかなくなる。このように政党の姿は民主政のそれと一蓮托生の関係にあるといえる。

3　政党システム論

政党システムとは複数の政党の間に成立する相互関係に着目した概念であり、その意味で政党政治全体のあり方を問う概念である。当然のことながら、これは政治システム全体のあり方にとって決定的な意味を持つ。そして、政党の数と民主政治の安定との関係を問題にするといった形で、政党システム論は事実上、論じられてきたのである。その中で最も常識的なものとして、多党制と二党制との優劣をめぐる論争があった。そして、一九五〇年代までは、デュヴェルジェをはじめとする多くの政治学者たちが前者に対する後者の優位を主張した。すなわち、二党制は二つの政党が中間的立場の票を獲得しようと試みるために安定する傾向があるのに対して、多党制においては世論の遠心化に見合って「政治的分断の悪化と差異の激化」が不可避的に生ずるというのである。こうした見解に対してはその後、多党制の再評価が行われた中で批判が起こり、「多極共存型民主政治」といった概念の登場によって、伝統的評価の相対化が進んだことはすでに述べたところである。

ところで政党システム論においてはしばしば政党の数に関心が集中することになるが、機械的に政党の数を数え上げる議論で政党システムの実像が把握できるのであろうか。一国の政党システムはそれなりの伝統と社会的基盤に根差しており、数に基づく議論はこれら構造的問題を余りに無視する形式的論議ではないか。他面、こうした各国政党システムの構造的特質にばかり注意を向けるならば、一般的な分類や特徴付けが不可能になる可能性も否定できない。ここに政党システム論の隘路がある。そこで数の問題に配慮しつつ、それを機械的に数えるのに満足しない議論をどう考えるかが、差し当たりの課題となる。G・サルトリの『現代政党学』はこうした問いかけに対する最も体系的な応答であった。

彼はまず、政党の数に注目することは政治権力の分散度・集中度を知る上で有益な情報を与えてくれることを認める。他方で、機械的に政党の数を数え上げることによって政党システムを論ずるというのは、余り説得的な説明にはならないと指摘した。そこで彼は「政治的に有意味な（politically relevant）」政党の数に注目すべきだという提案を行った。「政治的に有意味な」政党か否かを判断する基準として、彼は二つの基準をあげた。第一は、政権を担当するか、政権に与かる可能性のある政党である。そして、連立政権のような場合、どんなに小さくても過半数与党を形成するのに必ず入って来なければならない政党、あるいは、連立に参加できるようにイデオロギー的に他の政党と近い立場にある政党、こういった政党は「政治的に有意味な」政党とされたのである。第二は、政権担当には無縁であるが、政権を形成する政党に対して威嚇や脅迫の能力を持ち、その意味で政権成立に対して重大な間接的影響力を持つ政党である。これはかつての西欧における共産党に典型的に見られた。この「政治的に有意味な」という基準は、政党政治を政治権力の形成・運用との関係において位置付け直そうという立場を明快に表明したものである。従って、政党システムを政治システムとの有機的連関において考えるという伝統を意識的に打ち出したという意味がある。

後で見るように、彼の議論は多党制の分類において生彩を発揮することになるが、もう一つ注目すべきはいわゆる一党制論について新たな地平を開いたことである。すなわち、政党システムが競争的であるか、非競争的であるかという軸を入れることによって、有権者の選択の自由があるか否かを浮き彫りにしたことである。従って、いわゆる一党制の場合でも、競争的選挙が許されている場合とそれが許されていない場合とでは、事態は全く異なるわけで、社会主義体制（共産党支配）と日本の自民党支配との基本的相違を説得的に論ずることもこれによって可能になった。

こうした分類基準に基づき、彼は七つの政党システムを概念化した（図6）。

一党制（one party system）
ヘゲモニー政党制（hegemonic party system）
一党優位政党制（predominant party system）
二党制（two party system）
穏健な多党制（moderate pluralism system）
分極的多党制（polarized pluralism system）
原子化政党制（atomized system）

最初の三つが広義の一党制を構成し、最後の三つが広義の多党制を構成する。そして、ヘゲモニー政党制と一党優位政党制の間に競争的か否かの線が引かれ、最初の二つが非競争的政党システムと分類された。ここでは彼の知見を念頭に置きつつ、これらの類型について具体的に検討を加えてみたい。

サルトリの議論の一つの大きな特徴は一党制についての精緻な分析にあった。社会主義体制がなお牢固とした地位

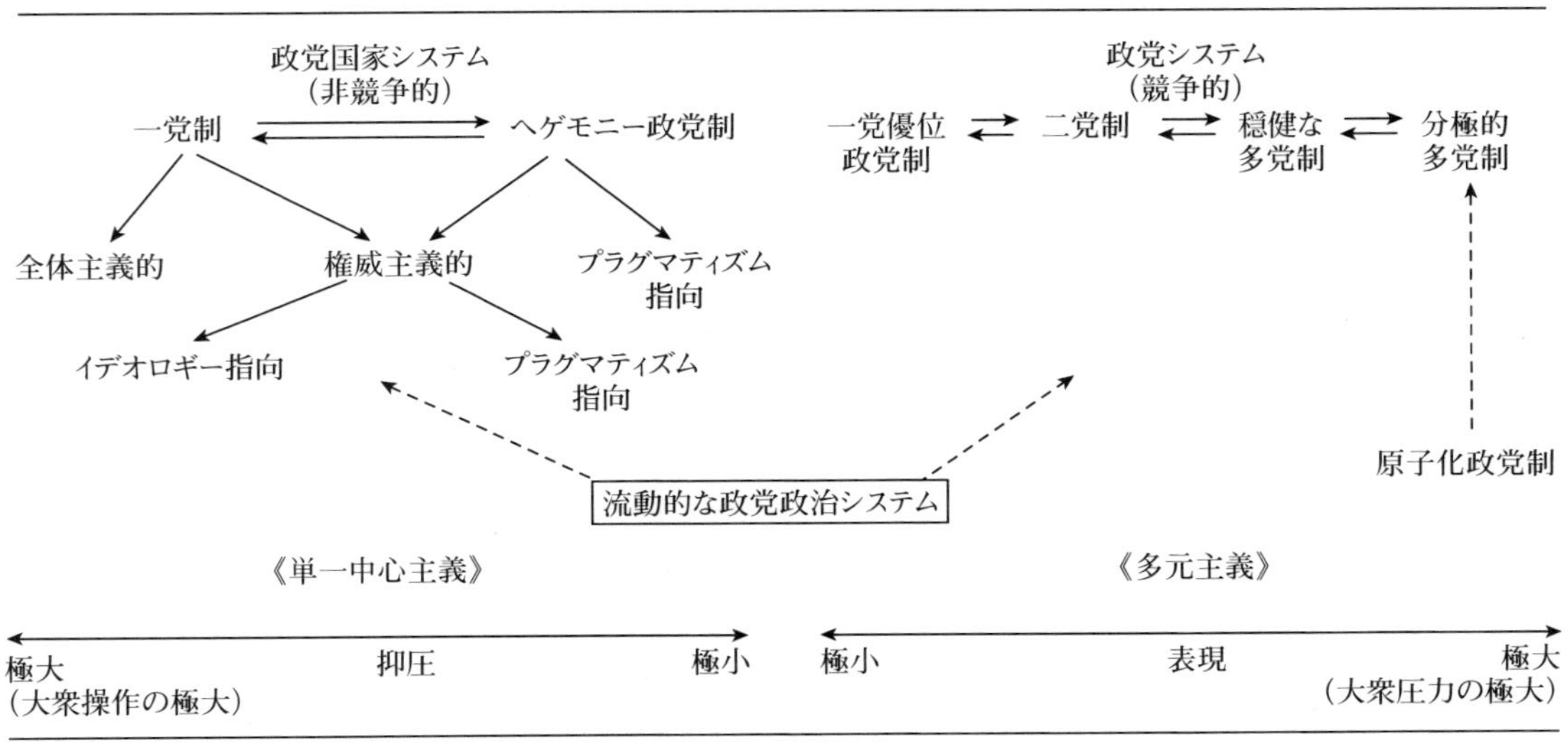

図 6　政党政治システムのタイポロジー

出典：G. Sartori, *Parties and Party Systems*, 1976, p. 283 (邦訳 469 ページ).

を占め、独裁政権が随所で見られた当時としてはこれは理解できる点であった。

一党制は唯一の政党しか、法律上も事実上も認められない、典型的な非競争的政党システムであるが、彼はそこにおけるイデオロギー支配の強度と下位集団の自立性の程度に応じて、これをさらに全体主義一党制、権威主義一党制、プラグマティック一党制に分類した。ヘゲモニー政党制においては複数の政党の存在が許される点で一党制と異なるが、しかし、法律上も事実上も、ヘゲモニー政党と他の政党との間に歴然とした非競争関係があり、野党はヘゲモニー政党によってその存在を容認、許容されている衛星政党（satellite party）に過ぎないのである（擬似多党制）。従って、ポリアーキーの条件としての公的異議申し立てはその実質を欠いているといわざるを得ない。ヘゲモニー政党制についてサルトリはそのイデオロギー支配の強弱に応じて、イデオロギー的ヘゲモニー政党制とプラグマティックなヘゲモニー政党制という分類を行った。

次がサルトリの議論の中で注目された一党優位政党制である。これは一党制の中で唯一競争的な政党システムである。すなわち、このシステムは政党多元主義の一翼をなし、優位政党以外の政党はその存在を許容されるだけではなく、優位政党に対する合法的かつ正当な競争者としての地位を認められている。その大きな特徴は、それにもかかわらず、政権交代が事実上生じないという点にあり、優位政党は選挙において一貫して多数派を獲得し続けていることにある。換言すれば、優位政党の勝利は初めから決まっているのでもなければ、あるいは何らかの不正な手段（投票箱の操作といった）によって保証されているわけでもない。従って、他の一党制と異なり、選挙結果によっては二党制にも多党制にも容易に変化し得るのである。

サルトリは一党優位政党制という概念を提示したが、そもそも何故、このような優位政党が誕生するのか。これについては、そうした政党は現在の政治体制の始まりと一体化しているといった議論がなされてきた。そのことはかつてのインドの国民会議派のように独立と一体視された政党の場合に典型的に見られるし、かつてのスウェーデンの社会民主労働党の場合もこれに近いであろう。従って、優位政党はその社会において独特の権威がある政党と広く認められているということと不可分の関係にある。一部の政治学者たちは支配的政党（dominant party）という言葉で優位政党を表現してきたが、他の政党にはない権威があると認められる結果、そうした政党は行動の自由を持つとともに包括政党として容易に横断的支持を調達できる立場を享受することができる。この横断的支持の調達は個別的具体的に行われ、利益分配の確実性の故に支持の自己増殖が期待できる。つまり、優位政党であるが故に優位政党の地位が再生産されることになる。政権党であることが政権党の地位を保証するというこの自己増殖のメカニズムは自民党に典型的に見られたように利益政治全盛の時代において最も効果的に機能する。ここに票と便益の提供との交換関係を軸にした政治家と選挙民とのパトロン・クライエント関係が成立することになる。これを政治的クライエンタリズム（political clientelism）と言う。日本における田中型政治――公共事業中心の利益誘導政治と後援会組織の肥大化現象――もその一例である。

逆にいえば、野党は政治的リソースに乏しく、優位政党のネットワークから排除された周辺的集団に基盤を求めざるを得ず、それぞれの野党の基盤は互いに散在することになる。野党相互の協力関係の構築は、日本の長い間の経験からしても極めて困難であり、優位政党は極めて容易に野党の間の分断を維持できる。そして、優位政党の権威が高ければ高いほど、野党はそれにとって代わるよりも、それを補完する役割に傾斜せざるを得ない。そのことがさらに優位政党の地位を高め、野党を政治的に周辺的な存在にしてしまう。日本の国会において「何でも反対野党」にしろ、「協調的・建設的野党」にしろ、どちらにしろ、自民党にとって大きな失点にならない枠内での動きであった。「何でも反対野党」であれば周辺的存在に止まることを自認するに等しく、「協調的・建設的野党」であれば「取り込み」

の対象になってしまう。極端な場合、優位政党は他の政党の議員を便益の供与によって「抱き込む」ことも可能である（これをイタリア語でトラスフォルミスモ（trasformismo）という）。

二党制は、その実例が少ないにもかかわらず、民主政治に最もふさわしい政党システムとして多くの関心を集めてきた。二党制は連立政権が不必要なシステムであり、単独で、しかも、交代で政権を担当するシステムである。勿論、このことは政権交代が常に現実に起こることを意味するわけではなく、正確には競争的政権交代可能性があるシステムである。従って、「野党が政権担当政党を政権の座から引きずり下ろす機会に恵まれる可能性が十分にある」政党システムといわれている。選挙においては有権者はどちらかの政党を選択する形で、政権を直接的に選択することができる政党システムである。政党間の交渉によって政権が決まる多党制や政権選択の余地が事実上存在しない一党優位政党制に比べて、有権者の判断が政権を決定する上で直接的なインパクトを有する政党システムである。その意味で正に二党制においてこそ、「多数派支配の理念を現実に翻訳する装置」としての政党の姿が最も生き生きと現れる。従って、有権者の判断も抽象的な政策論議よりも、政治権力の担い手としてどの政党を選択するかという一点に絞られることになる。

ところで、実際には二党制と一党優位政党制及び多党制との境界はそれほど明確なものではない。かつてサッチャー以来、英国の保守党は四回にわたって選挙で勝利したが、当時、英国の一部の政治学者たちはこれを「英国政治の日本化」、すなわち、一党優位政党制への変化であると見なしたのであった。また、英国でも連立政権が誕生し、多党制との境目はほとんどなくなった。小選挙区制は二党制の実現を保証するものではないが、少なくとも多党制への道を妨げる制度的装置になっていることは事実である。長い間、小選挙区制と二党制を維持してきたニュージーランドが選挙制度の変更とともに多党制へ変化したのは、興味深い実例である。いずれにせよ、二党制を他の政党システムとの連続性において見ていくことが大切である。

二党制の高い権威は有権者による政権の直接的選択というメリットにあったのみならず、それが政治システムを安定的に維持し、穏健妥当な政治を実現できると考えられたからであった。そこで想定されていたのは、世論の分布が中央に厚く、しかも、イデオロギー対立が少ない状態であり、そうしたところでは二つの政党は多数派を獲得するために中道寄りの穏健な政策に訴えることになり、政党の関心は中央に向くという形で政党システムが求心的に作動すると考えられたからである。しかし、世論の分布がこうした形になっていない場合には二党制の機能はもっと不安定なものになろうし、双方の政党がイデオロギー化したりすれば、中間に位置する有権者は行き場を失うことになりかねない。このように二党制は常に求心的に作用するわけではなく、場合によっては分極的、遠心的に働く場合もある。後者の場合、二党制は決して安定した政治を保証することにはならない。一時期の英国において比例代表制の導入論が広く論じられたのは、そうした機能障害が原因であった。また、同じ二党制といっても大統領制を採用するアメリカの場合には、政党の規律は弱く、大統領と同じ政党が議会で多数を制しているからといって、両者の関係が順調に進む保証はなく、大統領職と議会とが異なった政党によって支配されている「分割政府」も珍しくない。そして有権者も選挙において複数の投票権を持っているため、これらをそれぞれ異なった政党の候補者に投票する例が数多く見られる（折半投票行動）。従って同じ二党制といっても、相当に「ゆるんだ」二党制であるといわざるを得ない。しかし、アメリカのような多元的社会においてはこの「ゆるみ」は避けられないものと考えられる。その二党制の強さはむしろ第三党の台頭を許さない点に見られるといえようが、大統領選挙を含め、小選挙区制が大きな支えになっていることは疑うべくもない。逆に、アメリカのような社会において比例代表制と多党制といった政党システムを導入するならば、政治システムの遠心化は避けられないであろう。

サルトリの多党制の分析は最も生彩に満ちた部分である。まず、彼は原子化政党制についてそれが発展途上国に見られる、伝統的・自然的多元主義の反映であり、はっきりした基盤と力量を備えた政党によって構成される多党制と峻別すべきであるとする（所詮、それは自然発生的集団ではあっても、なお、擬似政党レベルのものでしかない）。多党制についての彼の議論の最大の特徴は、その上で、従来の二党制対多党制という構図を打ち破り、多党制の中に分極型と穏健型とがあることを明確に定式化した点にあった。

イタリアの政党政治を熟知している彼は、戦後のイタリア政治に代表される分極的多党制を次のように特徴付けた。それは六つ以上の「政治的に有意味な」政党によって構成される政党システムであり、ワイマール共和国、フランスの第三共和制、それに戦後のイタリアがその典型例とされる。ここでは次のような現象が見られた。第一に、政治的に重要な影響力を持つ反体制政党――共産党やファシズム政党――が存在している。こうした政党は現今の政治システムの崩壊を自らの原理原則として掲げる。その結果、政党システムを構成する政党間のイデオロギー的距離が極めて大きくなる。第二に野党勢力が複数存在している。これは野党間の距離が大きく、互いに対決状態にあることを示す。第三に中央に一つの政党・政党群が存在し、左右両翼の勢力と対決状態にある。その結果、政党システムは全体として遠心化の傾向を強く帯びる。第四に世論の分布にまとまりがなく、コンセンサスの基盤が弱く、政権に対する異議申し立てが慢性化している。第五に、全体的な遠心化傾向の中で、中央の政党群は左右によって継続的に票を奪われ、弱体化の傾向を示す。第六に、政策のみならず、原理原則についての意見を異にする政党が混在する状況の中で、各政党はイデオロギー政党の道を歩み、包括政党は出現しにくい。第七に無責任野党の存在があげられる。政権が中間的政党の間でたらい回しされ、その他の政党は容赦のない過激な野党的行動に走る。また政権を担当する政党の間にも遠心化傾向が現れ、半責任政党というべきものが出現する。最後に、全体として過剰公約の政治（politics of outbidding）が横行する。そこでは公約の実現性を度外視した不公正な競争がはびこり，政治的な無責任が日常化する。こうした特徴を有する分極的多党制は自己崩壊しないまでも，力強い政権を生み出すことができず，イデオロギー偏重政治に転落していく。特に，外からの危機に対して極めて脆弱である。この過剰公約政治，イデオロギー偏重政治の中で現実に問題を処理していくためには秘密裡の裏取引が不可欠になる。この「見える政治」と「見えない政治」とのギャップが極めて大きいのが分極的多党制の特徴でもある。

穏健な多党制はこれに対して三ないし五の政党からなるものである。絶対多数を獲得した政党はなく，何らかの形での連立政権は必至な政党システムであるが，分極型との最も大きな相違は，政党システムが二極型である点にある。すなわち，連立政権について二つの案があり，そのどちらかが実現した場合，野党は一つにまとまっている。その意味では事実上，二党制と同じ構造が見られ，全体として求心的な政党システムを形成している。三党システムのような場合を考えてみれば，極めて明瞭である。全ての政党がそれなりに政権志向的であり，野党が二つに分裂したり，反体制野党といったものも存在せず，政党間のイデオロギー的距離は大きくない。なお，多極共存型の政党システムは穏健な多党制の一環をなすものであり，有権者が互いに分離した形で組織化された場合である（分節的多党制）。ここでは政党システムの求心性は与野党の競争関係を通して現れるのではなく，全政党の政権への参加という形で現れている。穏健な多党制は分極的多党制と異なり，安定した政治や着実な成果に基づく政治を実現できる。サルトリは多党制を一括して非機能的な政党システムとして二党制に対比させてきた伝統を批判し，この穏健な多党制が十分な政治的エネルギーを発揮できる政党システムであることを強調したのであった（図7）。

この問題は連立政権のあり方や評価についての議論と深く関係するものであった。連立政権には，過小規模連立政権，最小勝利連立政権（minimal winning coalition），過大規模連立政権など，さまざまなタイプがある。連立政権には独特のダイナミズムが働く。連立形成においては、政党システム全体の中央に位置し、常に政権に参加する「かなめ党（pivotal party）」が重要である。また、イデオロギー的に、連立政権内部において中間の地位を占めるのが「緩衝政党（buffer party）」であり、この政党は政策上の妥協を実現していく上で重要である。その左右に位置するのが「両翼政党（wing party）」であり、その離反によって連立政権は危機に陥る。そして一般には、連立政権は余分な政党を加えず、政党の数も少なく、リソースの分配が容易で、イデオロギー的距離が小さい場合、理想的である。しかし、過小規模の場合には議会で多数を維持できないために基本的に脆弱であり、これらの条件を最もよく満たすのは最小勝利連立政権である。過大規模連立政権の場合には、ポストの配分やイデオロギー的距離の面で問題を抱えかねないが、多極共存型はこうした難問を克服した珍しい例と考えられる。

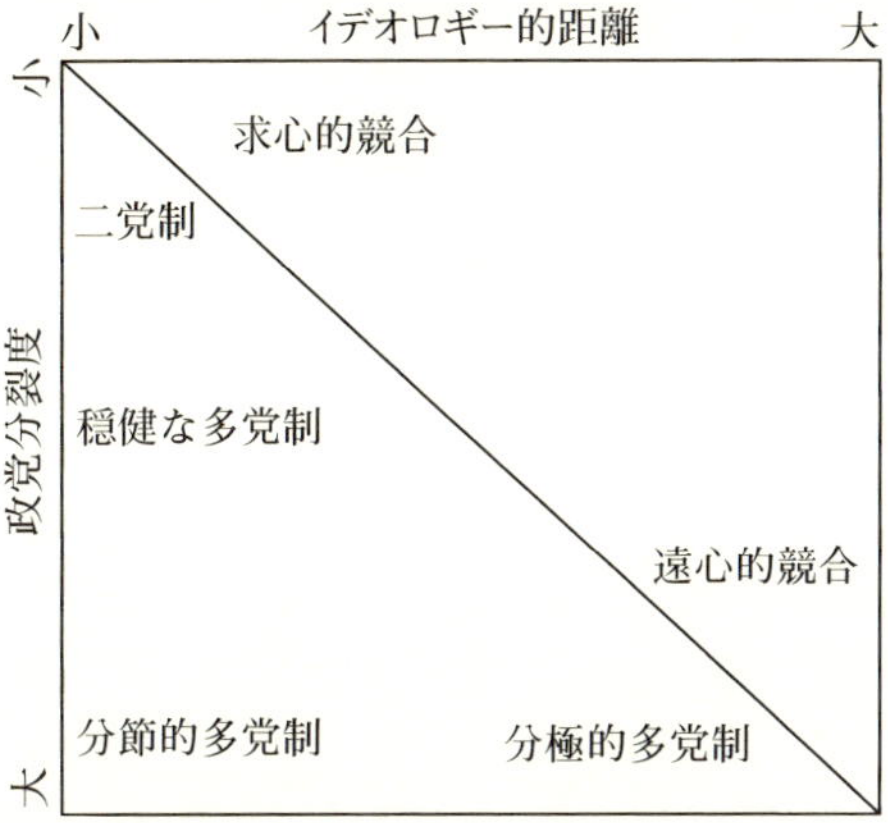

図7　単純化したモデル

出典：Sartori, *op. cit.*, p. 292（邦訳 481 ページ）.

ところで、連立政権は一般に不安定であるといわれているが、それもどのような連立政権を念頭に置くかによって大きく違ってくる。しかし、最小勝利連立政権について考えるならば、その存続期間は単独政権のそれに劣らないといわれる。穏健な多党制が最小勝利連立政権を生み出す限りにおいて、二党制のみを絶対視する必要はないことになる。かつて二党制と多党制とは異なる政治的パフォーマンスを示すものとして峻別されたが、以上のような議論を顧みるならば、二党制と穏健な多党制は極めて近いパフォーマンスを示し、むしろ、同じ多党制の中の分極型と穏健型との区別が重大な意味を持つものとなる。

4　政党政治と統治責任

政党は人民の選択を公共政策へと翻訳する組織的装置である。これは政党政治の必要性と正当性を根拠付けるものであるが、その政党がどのような姿であるかによって事態は大きく変わる。もし、政党がこうした任務を担うにふさわしくない組織であれば、有権者の意向と公共政策との連関は限りなく曖昧にならざるを得ない。例えば、候補者は選挙に熱心であるが、彼の属する政党の主張は不明瞭で雑然としており、公共政策について確固たるプログラム（政権公約＝マニフェスト）がないとしたら、有権者は何を選び、どのようにして公共政策に影響を及ぼすことができるであろうか。そもそも政党は有権者にどのような責任を負い、どの程度、それを果たしていると考えられるか。こうした問題は常にある程度解決済みであると見られやすいが、実は、最も厄介で、政党政治の実効性に重大な影響を及ぼす問題である。政党システム問題は政治選択の自由に片足を置きつつも、基本的に政党間関係に関わる議論であったわけであるが、それは政党そのものの活動の実効性を直接問うものではなかった。この実効性を問うということは、端的にいえば、政党政治は問題の解決者なのか、それとも、問題そのものなのかという点に関わる。そして、政党が問題そのものであるという疑念をなかなか払拭できないのが、民主政治の悩みなのである。

早くから政党政治が定着したアメリカにおいて、この問題は、責任政党政府論（responsible party government）という形で取り上げられた。アメリカの政党が組織的まとまりをほとんど持たず、選挙の際の票の調達機能しか持たないような状況に対して、これは政党が先のような役割を果たすためには、統一的で規律ある政党、はっきりした原理原則と政策プログラムを持った政党である必要があり、そこに初めて政党は有権者に対して十分に責任を果たすことができると論じた。この議論は、政党がその集団的責任を全うするための条件を明らかにすることに焦点を合わせている。まず、政党は多くの争点の中から特定の争点を重要なものとして選択し、選択肢を単純化することによって有権者が選択しやすいようにすべきである。そして政党は打って一丸となって自ら示した選択肢にコミットし、責任を負う。権力の獲得は政策プログラムの実現のためであって、権力掌握のためのプログラムではないという主張もここから出てくる。それは候補者個人がその選挙区の有権者に対して個別的に責任を負うといった現実、ボスたちの権力追求が全てに優先し、一旦、選挙が終われば政党の責任なるものは雲散霧消するような現実に対する痛烈な批判であった。この責任政党政府論は国民の多数の信任の明確化と責任の一元化を根拠に強いリーダーシップを実現し、分散的・断片的権力関係を克服していくという政治的目論見を有していた。

この議論と対照的なのは、その時々の要求に応じて利益を調整し、妥協を図っていくことをもって民主的と考える立場である。すなわち、はっきりした政策や原理原則に基づく政治よりも、当事者のコンセンサスに基づく政治を擁護し、イデオロギー的な政治を未然に防止するためには、弱い政党は当然に払わなければならないコストであるというのである。アメリカの政党が固い組織を持たず、さまざまな要求に対して柔軟に対応し（responsive）、プラグマティックに妥協を実現する姿こそ、実は政治的安定と対立の緩和を実現し、利益政治の運営にとってむしろ好ましい。しかも、これによって多数派の意向を背景にした政策の強行が阻止され、少数派の利益が保護されることにもなるのである。さらにいえば、数年に一回の選挙によって有権者の意思を確定し、その結果に対して責任を負うという発想そのものが妥当かという反論もある。特に、その多数派なるものが少数派の合成の結果でしかないということであるならばこの反論の説得性は高まる。かつてR・ダールが描いた民主政治の姿——政治家たちが社会のあらゆる利益の表出に対して耳を傾け、対応しようと身構える応答型民主政治（responsive democracy）——は、実は、責任政党政府論が批判した弱い政党とワンセットになっていたのである。Th・ロウィの描いた利益集団自由主義もこれと同様の事態に他ならない。

ところで興味深いことに前者の主張は多かれ少なかれ、議会制への好意を含んでいた。より正確にいえば、権力分立制がその抑制均衡のメカニズムによって権力の一元的行使を妨げ、統一的政策プログラムの実行を困難にしてきたことをこうした論者は深く痛感しており、そこで規律ある政党の樹立によってこの権力分立制を議会制に近い形で——大統領と議会との政治的一体性を担保することによって——運用しようと考えたのであった。その意味でイギリス型政治システムに対する憧憬が見られたといってよい。実際、大統領制においてよりも議会制において政党の実態はより深刻な問題を生み出す。何故ならば、大統領制は政党がどのような実態であれ、とにもかくにも、政府権力を選挙によって樹立できるが、議会制においては政府権力は政党を基盤にしてのみ構成できるからである。その意味でいえば、責任政党政府論は議会制において取り上げるべきテーマを大統領制の下で取り上げたというアイロニーを含んでいる。そして、先に言及した responsive democracy とそこでの政党の姿は、大統領制下の議会の姿と親和的な現実のように見える。政党の姿は議会制、大統領制、半大統領制といった制度の大枠によって大きく影響されることは明らかであり、それを度外視した議論には大きな限界がある。

政党政治の実効性をめぐる議論は、民主政治が政治参加のチャネルを開放しただけではなく、政治権力の有効な行使を通して政治体制としての実を挙げなければならないということと結び付いている。従って、この実を挙げることのできるような体制を政党が構築できるかどうかが決定的に重要になる。特に、議会制においてはこのことの持つ意味は大きい。そのためには、政党そのものが支持者をどの程度組織化しているかから始まり、最後は政党内部の権力構造がどのようになっているかが問題になる。イギリス型議会制の強みは単独政権によって政権の基盤が安定しているのみならず、政治権力の有効な行使を可能にするような条件を政党が具備している点にあり、首相が「同輩者中の第一人者」などとは比較にならない強大な権力を一身に体現していることは広く知られている。しかし、同じ議会制であっても、議員たちが気儘に内閣を作ったり潰したりする「議会政府」政治もある。そうしたところでは政権は安定せず、強いリーダーシップなどは望むべくもないし、政党の公約などはほとんど有名無実化することは避けられない。また、政権は極めて安定し、一党優位政党制が実現しているが、首相や内閣の政治的リーダーシップはほとんど見られず、個別的な利益政治がその内実をほとんど占領している議会制もある。これは政権の安定性が実効性とほとんど無関係になっている例であろう。このような多様な現実を念頭に置くならば、そして、それが実質的に政治体制としての民主政治にとって決定的な意味を持つ以上、政党の政治責任のあり方は議論されなければならない問題である。

政治責任のあり方は観点を変えれば、代表という観念の問題になる。これは政治学における古典的問題である。一方には代表者と有権者との一体化を強調する議論がある。これは代表を代理の論理で理解する伝統に発し、有権者の利益や選好に敏感に対応し、応答することが代表者の使命であると考える立場である。日本流にいえば、それは選挙区の利益に専念し、議員が選挙民の「東京出張所」になるという、「地元民主主義」として結実した。他方には、E・バーク以来のこれとは真っ向から反対する代表観念がある。これは代表者が選挙民の具体的な指示によって拘束されることなく、政治家としての「理性と判断力」に従って行動することを積極的に肯定する立場である。前者が政治家と選挙民との一体化を志向するものであるとすれば、後者は両者の距離感を前提に有権者の直接的要求を越えた目的を志向することを代表の姿であると考える。バークの場合、それは選挙区の利益に対する国民的利益の優位として現れた。前者は委任型とも呼ばれ、後者は受託型・独立型とも呼ばれ、前者はアメリカ的（コモンマン的）、後者はイギリス的（貴族主義的）と考えられてきた。この二つは政治を地方利益に還元する立場と国民的利益に献身するエリート支配と考える立場との対比としても見られてきた。この二つの対立について一言すれば、実際には「あれかこれか」という形では終らないということである。選挙民と密着し、その選好や利益を代表しようとする場合を考えてみても、その全てを純粋に代表することは不可能である。何が選挙民のそれであるかを考えるだけで時間がなくなるということは横に置くとして、実際には代表者による代表すべき利益の選別は避けられない（典型的には、自分の支持者のそれを優先させる）。その意味では代表者は選挙民との距離感を持たなければならず、それを推し進めていけば、独立型の世界と接することになる。他方、民主政治の世界では独立型といえども、選挙民の意向を無視することはできず、むしろ、「大政治」や変革のビジョンなどを示すことによってこれに応答していかざるを得ない。しかしもっと重要なことは代表者は政党の構成員であり、有権者もそうした観点から投票しているということである。そして、実は先のような二つの代表観によって示唆されている政治の異なった方向性をどのように調整し、それを有権者に示すかという問題は、バークの時代と違い、基本的に政党の課題に他ならない。

責任政党政府論は一定の明確な政策プログラムを国民的利益に関わるものとして掲げ、一旦、それへの支持が明らかになれば、その実現に向けて政党を規律ある形で運用すべきだという主張であった。それは有権者からの具体的・直接的要望よりもこのプログラムの実行を優先させる限りにおいて、受託型・独立型代表観に近いと考えられる。これに対して次々と登場する個別的な諸要求に柔軟に対応し、その都度、コンセンサスを形成していこうという委任型中心に政党を運営しようとすれば、政党は個々の問題での最適解が全体のそれになるだろうという予定調和に頼らざるを得ない。ここに政党政治における responsible, responsive という二つの類型が浮上してくる。

政治活動が常に具体的・個別的問題に発する以上、responsive な対応が必要であり、政治システムの実効性にとって無視できないものである。ここに responsive 型政治の強みがあり、それを無視することは到底できるものではない。しかし、他面において、政治権力が可能な限り政治生活の全体に対する責任を全うすべきであるという立場からする限り、それを越えたプログラムの実行を通してのみ責任を全うできることも疑う余地はない。その意味で、responsive であることは responsible であることにとって決して十分条件ではない。さらにいえば、responsive 型政治の積み重ねが responsible な政治になるという発想についていえば、この予定調和論そのものの説得性を敢えて問わないとしても、それが説得性を有するのは社会全体の安定や経済的繁栄が持続しているといった状況においてである。それは二〇世紀中葉の例外的な時代にこそマッチする政治のスタイルであって、包括政党がそうであったように、その歴史的寿命を見極める必要がある。日本における「右肩上がり時代」と包括政党の繁茂、responsive な利益政治の全盛時代も、互いに密接に関係している。responsive な政治による予定調和の夢が破られ、「呑気な時代」が終る時、responsible な政治の比重は自ずから高まらざるを得ない。

政党が responsible な政治を実現するためには、政策や公約の明確化といったことだけでは不十分である。特に決定的なことはそれを着実に実行に移す体制を自ら創設できるかであって、日本の場合には、二院制の扱いに始まり、党内体制の整備や官僚制との関係で厄介な問題を数多く抱えている。かつて一党優位政党制という形で政権の安定性を類例を見ない形で実現した日本の政党政治は、responsible な政治の実現に向けて正に課題は山積している。先ず、現在の二院制を維持しようとするならば、それを機能するものにする知恵を出さなければならない。また、官僚制との関係では「政治主導」の役割と限界を明確にすると共に、国際競争力のある執政中枢を作り上げなければならない。そして、政党を統治の任に堪え得るような組織に作り上げるため、人事・政策・資金の管理体制を明確化することによって党の内部分裂のリスクをコントロールする仕組みを整備しなければならない。無党派層の増大の結果、バックベンチャー（陣笠議員）の離反の可能性が高まっていることを念頭に党の組織を戦略的に設計する必要はかつて以上に高まっている。「政治主導」を「政治家主導」に置き代えて平然としているのは「呑気な時代」の政治の繰り返しでしかない。「呑気な時代」に帰ることができないとすれば、これらの挑戦に応えるしかない。

第六章　官僚制

職業政治家と官僚とは二〇世紀に登場した政治過程の重要なアクターである。前者は大衆政党の登場と不可分の存在であり、官僚は政府の機能拡大に根拠を持っていた。いわゆる行政国家化現象の進展とともに、議会の地位は低下し、政党は「君臨すれども統治せず」といわれたように、双方の関係は大きく変化した。これに利益集団を加えると主要な政治過程の担い手が揃うことになる。ここではそれぞれの主体の役割の独自性を念頭に置きながら、官僚と官僚制に焦点を当てて考察を加えたい。

1　政治家と官僚との役割分担

Ｊ・アバーバックらによれば、政治家と官僚の関係については四つの類型が考えられる。第一のモデルは政治家は政策を形成し、決定を行い、官僚はそれを実行する存在であるという区別論である。これは政治と政策を一体と考え、政治と行政とは領域的に峻別されるとする立場であった。すなわち、行政は政治の域外にあり、行政上の問題は政治問題ではなく、行政は政治的対立から自由な世界と見なされた。他面において、官僚は政治的な「主人」に従順に仕えるべきものだという関係は、政治家の権威を輝かしいものにするとともに、官僚が自らを匿名性、中立性という

「灰色の服装」で装うことを可能にした。しかし、どのように技術的に見える事柄であっても政治的判断と結び付いており、このモデルには十分な説得性がない。また、政治家が政策決定に必要な専門的知識と情報を欠いているとすれば、官僚の政策決定における影響力の増大は不可避となっていくはずである。特に、上層の官僚についてはその政治的影響力は無視できないと考えられる。従って、政治家と官僚との明確な機能分担、政治の優越性といった発想に支えられたこのモデルは実態にそぐわないものとされた。それどころか、このような理解は、官僚が中立性の装いの下に政治的責任を問われることなしに事実上政治に関与し、あるいは政治家が重要な決定を行政の領域に移すことによって政治的責任を問われるのを避けるといった隠れ蓑として用いられた。

第二のモデルは政治家と官僚が共に政策形成に参加することを認める点で第一モデルと違った立場をとりつつ、政治家と官僚はそれぞれ違った寄与をしているという観点から区別しようとするものである。すなわち、政治家は利益に関わる問題を処理し、価値判断を担当するのに対し、官僚は専門的知識と情報を提供する役割を担当する点で両者の役割は異なるとするモデルである。つまり、政治家はいかなる政策を行うべきかについて判断を行い、官僚は一定の政策が技術的に見て政治家の期待するような効果を持つかどうか、その意味で有効かどうかについて判断を下す。この役割分担論の背後には、価値判断と事実認識との峻別という二元論の伝統が流れ込んでいる。それはしばしば行政的（技術的）合理性と政治的決断・情熱の相違という形でも論じられてきた。そして、決定の責任を政治家に一元化する点で、第一モデルとそれほど大きく違うものではない。官僚は相変わらず中立性の外観を維持し、政策決定において関わらざるを得ない特殊利益とは無縁な存在と自らを見なしている。しかし、実際のところ、官僚が政策決定に実質的に深く関わり、諸利益の調整において大きな役割を果たしているという指摘によって、このモデルの説得性は急速に失われていく。利益集団が政党に接触するに先立って官僚に接触を求め、両者の日常的関係が一種の政治的クライエンタリズムの様相を示しているともいわれる。官僚の中立性を擁護しようとするこの第二の議論も、多くの事実によって容易に反駁された。

第三のモデルは政治家と官僚との役割がもっと重なり合っていることを認めるところから出発する。すなわち、官僚も利益の調整や価値判断に関わることを担当する点で政治家と共通性を持つことを認める。その上で、次のような両者の相違を指摘しようとする立場である。政治家は選挙での勝利を獲得するために広範な、組織されない人々の利益や要望をも念頭に政策決定を行うのに対して、官僚は予め組織された、自らの庇護する団体の利益に関わる政策決定を担当する。このことは官僚制が法的にそれぞれにその任務を限定され、いわば「仕切られた」枠内で活動をせざるを得ないという制度的制約条件と深く関係している。実際、官僚と関係するところの利益団体とは恒常的な意見交換と接触の場を持ち、両者の共生関係は深く定着している。従って、政治家と官僚の相違は政策決定の仕方の違いに求められる。何よりもまず、官僚の場合、組織されない利益は無視され、情報も組織された団体のそれに限定される。そのため、基本的に好意的な団体との関係で政策決定が行われる。政治家の場合には組織されている利益のみならず、それ以外の利益や団体との関係も関心の対象になるし、新たな要望の組織化を進めることも関心事になる。また、官僚は仕切られた枠内での利益の調整に全てのエネルギーを使う（segmented incrementalism）のに対して、政治家はそうした部門間の調整や各部門を越える、いわゆるクロス・セクターの決定をしなければならない。その意味で官僚の政策決定は既存の政治力学と仕切られた枠内での関係者の合意を前提にした着実な前進を志向するのに対し、政治家のそれはこうした限界を乗り越える可能性を含んでいる。そして、官僚の政策決定が基本的に関係者のコンセンサスに依存したものであるのに対して、政治家のそれは激しい対立と不特定多数者の参加の中で行われる点が違う。従って、官僚の政策決定が有効性を発揮するのは平穏な時代であって、重大な危機と混乱の時代には政治家の登場場面が増加せざるを得ない。

第四のモデルは両者の区別を否定するものである。両者の人的交流が進み、官僚が政治家に転身し、政治任用（political appointee）の増加につれて、両者の融合形態が発生するという見解である。この見解は中央の行政官庁が巨大化し、従来の官僚とは異なったタイプの官僚、すなわち、「政治家化した官僚（superbureaucrats）」の増加に着目したものである。ここでは第三類型のように官僚が専ら仕切られた枠内で政策決定を行うという制度的制約条件がなくなると共に、政治と区別された意味での行政という概念が後退してしまう。それがこのモデルの説得性や妥当性について新たな疑問を生み出す原因になる。

以上の議論を図式にすると次のように整理できる。

	第一類型	第二類型	第三類型	第四類型
政策実施	官僚	官僚	官僚	官僚
政策形成	政治家	双方	双方	双方
利益調整	政治家	政治家	双方	双方
理念提示	政治家	政治家	政治家	双方

ところでこの四つのモデルは幾つかの違った角度から見ることができる。第一に、これを両者の関係の歴史的展開に重ね合わせることができる。すなわち、第一類型は一九世紀後半に相当するとすれば、以下は二〇世紀前半、二〇世紀後半、現代といった具合である。それは一口でいえば、官僚の政治家化、政治家の官僚化という流れとして総括できる。第二に、これらを官僚制の中で見られる政治との多様な接触及び関係の類型と考えることもできる。すなわ

ち、ある種の官僚は現在でも第一類型の中で生活しているし、高級官僚になればほとんど第四類型に近くなるという具合である。実際、全ての官僚が第四類型にあてはまるといった議論は全く説得性がない。重要なのは、政治家と官僚との接触面には実にいろいろな類型が含まれているということである。そのため、官僚制をめぐる議論はなかなか焦点が定まらず、その政治性が問題になっているかと思うと、いつの間にか中立性の装いをとって現れるといった具合である。その意味では、官僚（制）を均質的なものと考えるのでなく、極めて多様で異質な機能を果たしている集団であることを認識し、その上に立って議論の対象を明確にする必要がある。

われわれの経験的認識からすれば、この中で最も説得的な類型は第三類型である。説得的であるというのは、政策決定のスタイルに即して見るかぎり、官僚制的政策決定のメリット、デメリットがそこに極めてはっきりと描き出されているからである。その場合に出てくる最大の問題は、政治家と官僚とのこの局面での機能分担がどのように遂行されているかである。その意味では政治家、特に、政党政治の体制のあり方が改めて問題にならざるを得ない。

2　政党政治と官僚制

二〇世紀において官僚制は政党政治にとって欠くことのできないパートナーであるとともに、その最も厄介な競合者であった。強固な官僚制支配によって政権交代の意味が有名無実化する事態は、政党政治の存在意義そのものにとって深刻な事態を意味した。それを回避するために、政党は入念な政権構想とそれを実施するための組織作りを準備しなければならなかった。しかし、政党政治と官僚制との関係はそれぞれの政治的伝統に従って、極めて多様な問題を生み出した。

アメリカでは中立性を掲げる官僚制の伝統が元来なく、猟官制度（spoils system）に代表されるように行政の「政治化」は自明なものであった。それ故にこそ、そこでは政治とは区別された「脱政治的」行政を確立し、中立的な官僚制を樹立することがむしろ課題であった。しかし、政治任用の規模からも推測されるように、行政権の「政治化」は強く生き延びた。そこでは政党政治と官僚制との緊張関係は決して政策決定過程における主題ではなかった。むしろ、中心的争点は議会と行政権との関係であった。それというのもアメリカの議会と議員は政策内容について強い影響力を持つのみならず、その実施についても強い関心を持つからである。政党の規制力が弱い中で議員たちは自らの生き残りのために個別的争点に参入し、行政権との競合状態を慢性的に生み出す。その結果、官僚と政治家双方の資質を備えた人的集団（先の第四類型に相当する）が議会（議員スタッフとして）と行政府の双方に存在し、互いに競争し合うという事態になっている。従って、アメリカは政党政治対官僚制という問題設定そのものが妥当しない例といえよう。

ヨーロッパでは強力な官僚制の伝統があるのみならず、規律ある政党がそれと向かい合っていた。その意味では政党政治対官僚制という問題は極めて切実な形で存在した。アメリカのように政治と行政とが混在している場合と異なり、ここではこの二つの機能の線引きをし直すことによって双方の組織の存続を図ることが問題になった。そのために採用されたのが内閣の人的基盤強化や政治任用の促進であった。政党政治は自らの政策に従って官僚制が作動するために工夫したが、それはあくまで政策的原理に基づく介入であって、議員たちが個別利害を介して行政に介入するものとは明らかに質を異にするものであった。

かつての日本の自民党一党優位政党制がその実態において官僚制支配に依存（寄生）し、それとの共生関係を結ぶことに「よって」――「にもかかわらず」ではなく――続いてきたことは周知の事実である。そして政党政治対官僚制という構図そのものも極めて最近になって浮上した論点に過ぎない。問題の定式化そのものの遅れはこの両者の共生関係がいかに根深いものであったかを如実に物語っている。勿論、この問題についてはこれまで議論がなされなかったわけではない。例えば、「政高官低」とか「党高政低」とかいった言葉は官僚制に対する政治の優位を示す言葉として一九八〇年代以来頻繁に用いられてきた。それが近年の「官主導から政治主導へ」というスローガンにまで続いている。

それとの関連で官僚制優位論とか政党優位論などが唱えられてきた。官僚制優位論は日本においてあらゆる公的組織の中で官僚制は自生的権力集団として最も継続的に存続し、社会の中で圧倒的な影響力を行使していると考え、民主政治という原理の存否に関わらず、こうした権力を振るってきたとする立場である。従って、政策決定においても政党や国会に服従するどころか、むしろそれらを事実上従属させ、その意味で民主政治にとって重大な障害物になっていると主張する。官僚制優位論が極めて一般的に官僚制の優位を説くのに対して、八〇年代の経済官僚制論は日本の戦後の目覚ましい経済成長に対する経済官僚の圧倒的なリーダーシップを強調する説である。これは官僚制優位論の一つの実例ともいえようが、ここでは官僚制と民主政治との緊張関係が主たるテーマではない。むしろ、市場経済モデルとは違った形で経済成長が可能であったことを示す実例として、政治経済学の観点から官僚制に関心を向けたものであった。それは日本を西欧諸国とは異なったシステムを持つ国――資本主義発展国家（capitalist developmental state）モデルの代表――と見なす議論につながり、八〇年代後半の日本異質論の母体となったのである。

こうした理解に対抗して、八〇年代には政党優位論が唱えられるようになった。戦後の憲法体制は政党政治の優位を確立したこと、政治家の政策形成能力の向上が見られること、官僚制のコントロールには負えない多元主義的政治過程が見られるようになったこと、これらがその主張の眼目であった。この政党優位論を象徴するものとして注目を集めたのが「族議員」であった。族議員は自民党の政策決定過程の変化の産物であった。六〇年代前半までは派閥勢力比で構成された政策審議会が政策決定過程に関与していたが、六〇年代後半以降、その部会へと審議の重心が移動し、部会と官庁との橋渡し役として、専門分野への知識を持つ脱派閥的な族議員が登場してきた。族議員とは、「省庁を基本単位として仕切られた政策分野について、日常的に強い影響力を行使している中堅議員の集団」（佐藤・松崎『自民党政権』）のことである。彼らはそれまで官僚によって独占されていた専門知識と情報の領域に食い込むことができたが、それは彼らが長期政権の下で長年政策形成に与かることができたからであった。族議員は行政に対して陳情する伝統的タイプ——これ自体、官僚制優位論の現れであった——とは異なり、政策形成に当初から参加し、内側から政策に影響を及ぼしたという点で新しい存在であった。彼らの登場を決定的に促したのは石油危機以降の財政の逼迫と政策の見直しの必要性であった。ここに先の第四類型的混合型の人材が現れたという認識が発生した。そして政治は官僚制に対して優位に立つようになったといった議論が一時期流行した。

しかし、族議員の発見と政党優位論との間には大きな距離がある。誠に特徴的であるが、日本では政党と官僚制との「どちらが優位するか」という議論の仕方が極めて一般的であった。いわば特定の争点をめぐる強弱に着目することが当然だという発想である。ここに一つの落し穴があったと思われる。確かに族議員が官僚制に対して一定の影響力を発揮したことは疑い得ないとしても、彼らは所詮、官僚組織の別働隊の域を出るものではなかった。先の第三類型が問題にしたような官僚と政治家との機能分担と、族議員との間には実に大きな距離がある。敢えていえば、族議員は先の定義からも判明するように、仕切られた政策分野の中で活動する存在であり、官僚制に取り込まれた政治家のように見えてくる。その意味では「政治家の官僚化」現象にむしろ近いとみるべきであろう。従って、これを根拠に政党の優位を説こうとするのは、政治家の任務について初めから不適切な理解に立っているのである。むしろ、族議員が政治家本来の機能を果たしているかのように見えたところに、日本の政治的現実の歪みが反映していた。実際、九〇年代になり、族議員は官庁応援団であるというイメージがすっかり定着し、彼らを官僚制に対抗する政治家の代表のように見なすかつての議論はすっかり影を潜めている。

さらにもう一つの論点をあげるならば、政権交代がない一党優位政党制という現実が政党政治と官僚制との関係にどのような影を落としていたかという問題がある。この点も先の族議員をめぐる議論ではほとんど論じられることがなかった。政党政治は政権交代の可能性があることによって官僚制との関係を整理し、第三類型で言及したように、「仕切られた」政策空間を越える横断的な政策パッケージの提示や新たな問題群の発掘を行い、官僚制との対比で政治家らしさを発揮する機会に恵まれる。あるいはそれまでの政権との相違を印象付けるために、官僚制からは出てこない新しい試みに挑戦することになる。しかし、一党優位政党制の下にあっては、「どの政党が政権を担当するか」は競争の対象とならず、与党そのものが官僚制と密接な関係を持つ「組織された利益」に依存して選挙を行うことさえ珍しくなかった。そこからは第三類型に見られたような政治家と官僚との機能分担関係も緊張関係も現れず、共生関係ばかりが肥大する結果になったのである。政党の官僚制に対する地位を強める政権交代という現実がない中で、族議員は両者の共生関係という大枠の中で、政治の優位を辛うじて演出した存在であった。こうした族議員に政党優位の象徴を見たということは、いかに一党優位政党制という現実が議論に死角を生み出したかを示す一例である。

近年の日本における政党政治と官僚制との関係をめぐる議論と動向とは明らかに新しい様相を示している。二一世紀に入ると、「官主導」に対する「政治主導」の確立がテーマとなった。これには二つの要因が大きく影響している。第一は、政権交代が現実のものとなったことである。そのため、官僚制との共生関係に頼るのではなく、政治は官僚制との距離感をもった機能分担関係を真面目に考えざるを得なくなった。政党は一斉に首相中心の内閣機能の強化や副大臣・大臣政務官制の導入など、政党政治と官僚制との接点の作り直しを始めている。政治任用問題はいずれにせよ、避けて通れないテーマとなっている。第二に、経済官僚制論がかつて礼讃の対象とした日本の経済システムが機能不全状態に陥り、官僚制が問題処理能力を失ったことである。そのため、政党政治は今や官僚制との共生関係に満足するどころか、官僚制的システムの生み出す弊害を防ぎ、諸々の改革の担い手にならざるを得なくなった。規制改革などを掲げた小泉政権はその代表例であった。このことは政党政治と官僚制との緊張関係を高めざるを得ない。二〇〇九年、新たに政権の座についた民主党は「政治主導」を実現するために国家戦略局の設置を企てたが、失敗に終った。「官主導から政治主導へ」という掛け声にもかかわらず、政党がどのように「政治主導」を実現しようとしているのかはなお課題として残っている。

かつて族議員論が政党優位論にすり替わったように、現実には、「政治主導」を「政治家主導」にすり替えて済まそうとする現象も珍しくない。組織間のルールの問題を個人レベルの問題にすり替えても何も解決しない。それは政治家と官僚との対立関係を煽ることを「政治主導」と取り違える事態を生み出した。結果は当然予想されたように不毛であった。その最大の原因は「政治家による政治家のコントロール」という政党本来の機能が弱く、「政治主導」の条件を政党自ら十分に具備していなかったことにあった。政党内部が無秩序的であれば、「政治主導」は「政治家主導」にしかなりえない。従って、政党と官僚制との関係のように見える問題が実態においては政党の側の問題であることも少なくない。内外の政策環境が激変する中で執政中枢の充実がこれからの政治の一つの関心事となっている。それは先の第四類型などを考慮に入れた新しい体制の構築を促すものであり、政治家と官僚とがいがみ合って時間を費やすのは無駄の限りである。

第七章　利益集団

民主政治の公式的制度は一人一票という地域代表である。これに対して非公式的でありながら、現代民主政治において極めて大きな役割を持ってきたのが利益集団の活動である。そして、利益集団の活動への注目は一九世紀の制度論中心の政治学に対する二〇世紀の政治学の大きな特徴であった。その後、一部の国々では職能代表という形で利益集団を公式的制度にする試みもなされた。利益集団の分析に際しては、次の二つの課題を念頭に置きたい。第一は、利益集団と政治権力との関係がどのように形成、展開され、そして制度化、構造化しているかという実態に関わる問題である。第二は、こうした利益媒介のあり方が民主政治論にとってどのような意味を持つか、いかなる意味で正統性を持つかという理論的問題である。これらいずれの問題の考察に際しても、利益集団を孤立的に論ずるのではなく、他の政治過程のアクターとの関連で分析しなければならない。

1　利益集団と他のアクター

利益集団の機能と役割を考察する場合に、第一に問題になるのは政党との関係である。この関係にとって重要なのは、政党がどのような状態にあるかである。特に、政党がどの程度、組織的にまとまっているか、あるいはイデオロギー的にどのような傾向を帯びているかは、極めて重要である。これによって政党と利益集団との上下関係や役割関係——機能は分離しているか、それとも混在しているか——を見定める手掛かりが与えられる。第二に、利益集団がアクセスすべきもう一つのアクターである官僚制がどの程度、組織化され、強力であるかという点も、利益集団のあり方に大きな影響を及ぼす。確固たる官僚制の存在が利益集団の組織化を積極的に促すことがあるように、組織化過程を含め、官僚制のあり方は無視できないファクターである。第三に、社会に存在する諸々の対立と亀裂——宗教、言語、民族、階級——の動向は、利益集団の性格と影響力を見る上で大切なポイントである。例えば、経済的利害がどれだけの組織力を持つかは、他の亀裂がどれだけ強い影響力を持つかと深く関連している。そして、これらの亀裂が相互に増幅されるか、それとも相殺されるかによって、政治過程の様相は大きく異なることになる。総じて他の強力な亀裂がある場合、経済的利害の影響力は相対化される傾向が見られる。

こうしたことを念頭に利益媒介のモデルを実態に即して考察してみたい。アメリカにおいては、組織的なまとまりのある政党が存在せず、利益集団がアクセスすべき官僚制も未発達であった。しかも、移民の流入に代表されるように激しい社会的流動性があるために、社会的亀裂・対立が容易に固定化せず、利益集団の組織化にも大きな限界があった。その上、地域的な広がりが組織化を妨げたという面も否定できない。それにもかかわらず全体として利益集団は政治的アクターとして重要な役割を果たしたことは明らかである。他面で、政党や官僚制の組織化が進まず、しかも、社会的流動性が高いといった環境の下、利益集団そのものの組織化もなかなか進展せず、断片的な利益集団が多数存在する結果となった。その結果、多くの主体が自由に接触・交渉・妥協する、自由な市場のイメージで政治過程を論ずることが当然のようになった。これがアメリカ的多元主義の基本的な構図である。

これに対して欧州では、全体として社会的亀裂がはっきり目に見えるような形で存在し、社会的流動性もそれほど高くはなかった。他方で、政党は強固な組織を有し、明確なイデオロギー的・宗教的スタンスを有していた。また、官僚制は絶対王政以来、強固な社会的基盤を持ち、その発達は目覚ましいものがあった。このような環境の中で、利益集団も自ずから組織化（集中化）を進め、政党や官僚制との間で大組織同士の安定した関係を形成していくことになったのである。アメリカと比べ、利益集団が自由に活動できる空間は少なく、また、無党派的なスタイルが通用する余地も乏しかった。従って、利益媒介の構図を自由な市場のイメージで考える余地はなく、組織間のより制度的な関係へと展開していった。その結果としてコーポラティズムといった独特の、大規模な利益媒介の形態も出現することになったのである。

日本では社会的亀裂・対立は自ら組織化されなかったか、あるいは遅れて顕在化した。また、政党の組織化は遅れ、終始弱体であった。これに対して官僚制のみは明治以来、公的組織として圧倒的な地歩を固めてきた。そのため、官僚制が利益集団の形成を促すことを通じて利益集団を次々と自らの管轄下に取り込む傾向が強かった。いわゆる「官庁クライエンタリズム」の傾向である。特に、一九四〇年代における総力戦体制の構築過程がはっきり示したように、官庁が業界団体の編成を通して経済活動をコントロールするという構図は、日本における利益集団の組み込みをよく物語っている。そして、利益媒介の主たる場は官僚制であり、政治家はこの「官庁クライエンタリズム」に後から、例えば、「族議員」として参入したのである。それのみならず、利益集団は「組織された利益」として与党の選挙マシーンとして機能することもあった。そして日本の場合、利益媒介は業界の保護育成と不可分の関係にあり、資本主義発展国家モデルの核心部分をなしていた。このように日本においては官僚制の仕切られた枠組みが利益媒介の前提をなしており、そこに参加を許されない利益には公的機関へのアクセスはほとんど存在しなかった。その意味で利益媒介の仕組みそのものが閉鎖的、非対称的であり、アメリカのような市場モデルで全体をイメージするのは不可能、不正確である。そして、個々の利益の代表可能性について著しい不均衡が見られる結果として、部分最適型の利益媒介が執拗に継続し、それを修正・規制するメカニズムが働きにくかった。公共事業の配分比率の硬直性はこのことを示す典型的な実例である。同時に、日本型政治経済体制の動揺——護送船団方式の終焉であれ、規制緩和の推進であれ——は、こうした利益政治の構造そのものに影響を及ぼすものであり、「組織された利益」に寄生する政党や政治活動の消長に影響するのは必至であった。実際、組織の動員力は九〇年代以降顕著に低下した。

2　多元主義とコーポラティズム

二〇世紀における利益集団の台頭と政府のそれへの応答という基本認識を踏まえつつ、先進工業国における利益集団と利益媒介の性格を示すモデルとして多元主義（pluralism）とコーポラティズム（corporatism）の二つが対比されてきた。ここでこの問題を政治システム全体との関係で予め整理しておきたい。民主政治を多様性と集中性との双方を満足させる政治システムと考えた場合、これら二つの要素はいろいろな次元で対応が可能である。第一は、政治制度がどの程度、集中的な方向を志向しているかという次元である。議会制は大統領制よりも、より集中的な可能性を含んでいるといった次元の問題である。第二は、政党システムがどの程度、集中的であるかである。一党制から多党制に至る議論がこれに相応する。第三が利益集団の関与のあり方がどの程度、集中的であるかという問題である。集中度を測定する基準としては、団体にどれほどの数の人間が参加しているかという包摂度（inclusiveness）と頂上団体といったものへの集約度（concentration）とがあげられる。多元主義とコーポラティズムとはこの利益集団の関与のあり方についての対照的な構図を示している。一言でいえば、コーポラティズムは最も集中度が高い形での利益集団の公的政策への関与の形態であり、多元主義はそれと対極をなす。

多元主義はコーポラティズムと次のような点で異なるとされてきた。第一に、複数の利益集団が互いに競争関係にあり、それらの間に上下関係といったようなものはない。つまり、何か一つの頂上団体へと組織されるといった集約化が見られない。第二に、どれかの団体が公的権威によって特別の地位を認められたり、あるいはその統制を受けたりするということがないことである（例えば、独占的な代表権といったものを持たない）。要するに、利益集団は公的権威の拘束を受けることなく、行動と決定の面で自由を持つのである。第三に、集団形成の自発性が優先する結果として、一つの集団に加わる人間の数には自ずから限界があり、それだけ個々の集団の主張は「特殊的」なものになりやすい（包摂度の低さ）。これは集団と公的権威が接触する場合、「特殊利益」が専ら追求されることを示唆している。第四に、このような「特殊利益」がどのようにして公的政策に転換できるのか、そのような政策にはどのような意味で正統性があるのかという問題が発生する。この正統性の危機はTh・ロウィが鋭く指摘したところであるが、この転換を説明する論理として市場モデルや公共の利益についてさまざまな議論が持ち出されたのであった（第一部第七章2「公共の利益を求めて」を参照のこと）。

多元主義は利益媒介の一つのモデルであったが、同時に民主政治を理解する中心概念でもあった。非集約的な、多数のグループが互いに交渉や取引を行い、漸進主義的に政策決定を行っていくという多元主義のイメージは実は民主政治のそれとほとんど一体的であり、両者の調和的関係は素朴に想定されていた。しかし、民主政治と多元主義との緊張関係が徐々に意識されてきたことも見逃せない。第一に、利益のうち組織化されるのは少数者の、特定化した利益であり、これに対して多数の人々に関係する利益はなかなか組織化されない。それというのも、前者の場合、組織化のメリットは明白であるのに対して、後者の場合には、タダノリできるといった可能性があるために、組織化へのインセンティブが弱いからである。第二に、少数者は具体的な目標を明確に定め、戦略的に行動できるのに対して、未組織の多数者はほとんど無力で、容易に操作される。第三に、制度的・政治的集中度が低い政治環境は「特殊的」利益が入り込む余地を大きくし、議員、行政府と利益団体との間で「鉄の三角形」の関係が形成されやすい。ここに下位政府（sub-government）が成立し、補助金などを媒介にして「鉄の三角形」が再生産される。「特殊利益」に反対する動きが一時的に出てきても、早晩、こうした下位政府の力が復活する。

ここから明らかなことは多元主義が当初、想像させたような政治過程の開放性とは実態においてかなり遠いということであった。その意味で多元主義のイデオロギー的性格が指摘されるようになった。それは、開放性の外観の下、実は公的政策の私的管理というメカニズムの温存に手を貸す議論であったからである。それに加えるに公共政策の「断片化（fragmentation）」が一種のエリート支配と結び付いた形で温存されていることも取り上げられた。公的政策は「特殊利益」の連合によってコントロールされ、結局のところ、少数者の狭い利益が実に巧妙に貫徹する仕組みを作り出したというのである。そして、これらの「特殊利益」は包摂度、集約度が低いために、短期的な目の前の関心によって支配され、それは社会全体にとってどのような影響を及ぼすかとか、長期的に何をもたらすかといったことには基本的に無関心である。利益媒介における集中度の低さは政策の合理性への問いそのものが無視される結果となる。すなわち、ここでは利益政治を全体として鳥瞰するといった視点は働かず、計画的に政策を進めていくといったことも問題にならない。従って、少なくとも二つの問題が出てくる。第一は、「特殊利益」中心のメカニズムをどのように修正するかである。これに対する処方箋としては対抗集団（countervailing group）の組織化ということが唱えられ、実施に移されている。集団には集団で対抗するというこの応答は二つの可能性を持つ。一つは、集団のぶつかり合いの中で政策過程そのものが動きがとれない状態になっていくという可能性である。実際、民主政治の動脈硬化症（demosclerosis）という概念がそこで言われている。第二は、このぶつかり合いの中で公的権力の担い手が一定の自由な政策判断の余地を確保できる可能性である。そして第二の問題は政策の合理性をどのように追求するかであるが、集団の競合状態の中で一定の争点をめぐる政策論議が高まり、それによって合理性の問題を取り上げる余地が出てくるとされる。いわゆるイシュー・ネットワークは専門家による議論の可能性を開き、古い下位政府をより合理的なものに変えていくことができるという。

以上のような多元主義モデルは主としてアメリカに即した議論である。日本の利益媒介システムについてもそれを多元主義とする議論がある。確かに、両者において「鉄の三角形」といった共通の現象は見られる。しかし、その相違もきっちり押さえておく必要がある。何よりも、先にも述べたように日本では官僚制の占める大きな地位は決定的であり、従って、日本について多元主義を口にする論者はいずれも利益媒介の「仕切られた」性格に言及せざるを得なかった。そのことは二つのことを意味する。一つは、日本の利益集団はアメリカのそれと異なり、ある種の公的・特権的地位を初めから付与されていたことである。多元主義の有していた外見的な開放性はここではほとんど問題にならない。もう一つは、議院内閣制であるため、官僚制へのアクセスを有していた与党議員が利益媒介に与かる機会をほとんど独占することになったことである。このことが一党優位政党制の再生産に大きく寄与したことは明らかである。国民にとってのみならず、政治家にとっても日本の多元主義はそれほど開放的なものではなかったのである。勿論、この与党政治家と官僚制との二人三脚体制は公共政策の「断片化」を防止することを可能にした面があった。実際、経済官僚制論が強調した政策の戦略性――資本主義発展国家の形成――といったものも、ある時期には可能であったのである。そして、この点でアメリカとの決定的な相違が力説されることもあった（いわゆる日本型システムの異質性）。しかし、開放性の程度の低い利益媒介のメカニズムはやがて部分最適中心の自己増殖構造を生み出し、マクロ的戦略性を欠如したものに変化する素地を有していた。極論すれば、一ドル＝三六〇円時代に形成された経済システムは為替レートの激変と国際環境の変化の下、内部矛盾を深め、そのことが一九九〇年代における政治行政システムの閉塞状況と問題の先送りをもたらしたのである。

多元主義が個人主義的伝統を基礎にした自発的結社の伝統に由来するのに対して、コーポラティズムは諸々の団体の権利義務関係によって社会秩序を形成、再生産していくという伝統に基づいている。そして、こうした伝統から出てきた政府、資本、労働の集中的な利益媒介システムがコーポラティズムである。ところでコーポラティズムは二〇世紀前半、ファシズムによって諸職能・団体を国家権力の下に統合・編成するためにも用いられた。これは今日、「権威主義的」・「国家」コーポラティズムと呼ばれている。これは「上から」各職能・団体を強制的に国家の下に従属的に編成しようとするものであり、政治的自由や集団の自発性を否定するものであった。これに対して、政治的自由を前提に社会的合意に基づいて自発的に、「下から」形成される利益媒介システムが「自由主義的」コーポラティズムであった。その発端は大恐慌後に労働組合を政策形成過程に組み込みつつ、雇用の安定と引き替えにその譲歩を求めたことにあったといわれる。その後、第二次世界大戦後の荒廃からの経済復興過程においてこうした政府・労使の協調関係の体系化が北欧諸国や中欧諸国で進行した（イギリス、フランス、イタリアなどでは成立せず）。こうした利益媒介システムの定着は社会民主主義の定着と「合意の政治」の常態化、ある種の計画的経済の実現と表裏一体の関係にあった。

コーポラティズムは多元主義のような利益集団の競争を前提とするものではなく、利益集団の包摂度、集約度の高さを前提とする集中的な利益媒介メカニズムである。コーポラティズムを仮に定式化するならば、それは「限られた数の巨大な利益組織がその構成員の利益を独占的に政治システムに入力するとともに、諸価値の権威的配分とそれに関わる政策形成に参加することが制度化され、しかも、その執行においても公的権威と互いに協力し合う一定の政治的仕組み」である。ここでは第一に、利益を独占的に代表する組織が存在するという形で利益集団の集約化が実現している。そして、個々人はこうした組織への加入を強制され、それに縛り付けられる。第二に、この独占的団体はその構成員の利益を公的機関に伝え、公共政策の形成に与かるのみならず、その執行についても一種の共同責任を負う。多数の集団が個別的な関係を通して公共政策に断片的に参加する多元主義と異なり、ここでは利益の媒介過程の明確な組織化が見られる。そして、このシステムは階級妥協的な意思決定の仕組みである以上、強い階級対立の伝統が残り続けた国々（フランスやイタリア）においては成立する余地がなかったのである。また、政府と市場との分離を主張するアメリカ型の発想や労使協調が企業単位で進められた日本型とも大きく異なることは明らかである。

コーポラティズムは資本と労働との利害が交錯する経済政策の領域において機能する。典型的には一定の経済成長率の下での雇用の維持と賃金の抑制といったことが交渉の主たるテーマとなる。一種の「社会的パートナーシップ」という形で所得政策や景気対策が共同で決定され、国民の経済生活の合理的な計画を通して経済生活の安定を図ることがここでの目標となる。そして政府の政策的関心はこの「社会的パートナーシップ」とそこでの合意の実行によって満たされる。すなわち、ここでの利益媒介は多元主義に見られるような、短期的関心に傾斜する「特殊利益」の貫徹とは異なり、包摂度と集約度の高さの故により全体的利益を考慮に入れ、さらには長期的な将来展望をも視野に収めたものになり得るからである。コーポラティズムは頂上団体と政府を当事者とする公的政策と利益とのギリギリの調整の仕組みといってよい。そして、いわゆる多極共存型民主政治はコーポラティズムをその一環として組み込んでいたのである。

民主政治の観点からすれば、コーポラティズムにはどのような問題があるのか。何よりも、政党政治と並行して

「もう一つの政府」が事実上、存在するに至ったことが最も大きな論点になる。すなわち、政府、資本、労働という三部門の代表者が経済政策を事実上決定し、政党政治はそれを追認するしか方法がないという現状がそれである。端的にいえば、この「もう一つの政府」の正統性はどこに求められるべきなのか。一方では、利益団体と政党との密接な関係を念頭におくならば、この二つの意思決定の過程はいずれにせよ、政党によって統合されているという解釈がある。他方においては、この二つは互いに相容れない対立関係にあり、コーポラティズムは行政権優位の時代の制度的象徴であるという見解がある。恐らく、この利益媒介システムの政治的正統性を弁証することは、多元主義の場合と同様に困難である。そうした中で敢えていい得るのは、このシステムが構成員の包摂性と集約性において多くの人々の意思を結集するものであったことに加え、何よりも、それが結果として有効性を発揮したということが決定的に重要であった。実際、その「成果」が芳しくない状態の下では、このシステムの正統性は急速に消滅することになったのである。

コーポラティズムは戦後の経済の安定的成長の時代にその有効性を発揮するとともに、七〇年代の石油危機に際して、その優れた経済的パフォーマンスの故に国際的注目を集めた。コーポラティズムの強みは、マクロ的政策（ケインズ主義的な需要政策）をミクロ的政策（所得政策）によって補強することによって、前者にのみ依存する市場経済体制の国々（アメリカやイギリスなど）より、はるかに優れた経済的パフォーマンスを発揮することができたことにある。そして、経済危機に見舞われた七〇年代のイギリスやイタリアにおいてコーポラティズムの「導入」が試みられたが、いずれも完全に失敗した。

なお、ここで一言するならば、日本型労使協調システムは非政治的な企業レベルでの協調体制に止まる（いわゆる、ミクロ・コーポラティズム）。また、春闘を舞台にした賃上げは確かにマクロ的外観を有しているが、公共企業体を除き、基本的に政府は関与しないシステムであった。日本において欧州型のコーポラティズムが姿を現したのは敗戦直後の経済危機の時代においてであった。その後、労使関係は脱政治化され、いわば、企業内部の問題（日本型経営の問題）に移ったのである。国鉄、電電公社の民営化は政府が当事者として登場する労使関係を企業内部の関係に移すという意味を有していた。この日本型経営は九〇年代後半に至って金融システムの危機と歩調を合わせる形で急速に崩れ始めた。日本では系列と金融システムが過剰投資・雇用の存続を可能にしてきたが、金融ビッグバンはこの止め金を外す結果となったのであった。なお、政治システム全体として見ると、官僚制と経済界との関係は極めて親密であり、労働界の公的権威との関係はこれに比べて稀薄であった。従って、日本の仕組みは「労働なきコーポラティズム」とか、資本主義発展国家と呼ばれることになったのである。

一九八〇年代から九〇年代にかけて、コーポラティズムはその説得性と有効性を失った。何よりも、コーポラティズムの前提をなしていた団体の包摂度、集約度を維持することが極めて困難になった。資本、労働双方の側における利害のまとまりが稀薄になり、それぞれの産業部門や企業単位での動きがマクロ的な交渉にとって代わることになった。特に、国際競争の激化と資本の国際流動性の高まり、技術革新の進展によって内部的利害の分裂と対立が進み、問題の一括的処理よりも多様な形での利益の媒介が課題になった。労使の協調関係が問題になるにしても、その単位は国民的なレベルから企業単位（「コーポラティズムの日本化」）へ、あるいは部門単位あるいは地方単位（「メゾ・コーポラティズム」）へと変化していく。しかも、低成長、労働力の過剰、財政赤字という中で、マクロ的な妥協を可能にしていた余裕はなくなり、階級的連帯の名の下に責任を分担するというインセンティブが弱体化していく。為替レートの変動と国際競争の圧力によって国民経済の自己完結性は存在感を失い、市場経済の渦巻きの中で生き残りのために個別的に対応する方向へと全体が再編成されていくことになった。これはアメリカ型や日本型などへの移行が部分的に生ずることであり、政治的には社会民主主義的「合意」の弱体化を意味する。

特に、西欧についていえば、EU統合の進展は制度的に各国単位の産業政策からその根拠を失わせたことが大きい。各国経済の自立性が制度的に形骸化する中で、EU市場全体や世界市場全体を展望した企業活動が促されることになった。さらに、通貨統合への動きは各国のマクロ政策からも選択肢を奪い、一国単位のマクロ政策形成に決定的な打撃を与えた。通貨統合に参加する条件を満たすためには財政赤字の削減や金利のコントロールは不可避であり、伝統的な総需要管理政策を維持することは不可能になった。これもコーポラティズムを可能にしていた妥協の余地を急速に失わせた。政治は経済政策の面では利害を調整する能力を失うことになった。何よりも、通貨統合を契機とする失業率の急上昇は、完全雇用と所得政策とがワンセットになった一国単位のコーポラティズムの終焉を裏書きするものに他ならない。その意味ではコーポラティズムという利益媒介システムの歴史性も今や明らかである。二〇一〇年から始まったユーロ危機は金融市場に発する緊縮政策の「強制」によってますます一国単位での利益調整システムの構造的な限界を明らかにした。二〇世紀に構築された利益媒介システムは決定的な打撃を受けつつある。

他方で、新たに肥大化しつつある金融市場とその担い手である金融機関の政治的影響力が注目されている。金融市場の規制をめぐる働きかけの他に、金融システムの崩落を防止するための金融機関への公的資金の投入など、政府と金融界との関係はますます密接化している。従って、新たな利益媒介のメカニズムが国境を越えて誕生していることにも留意する必要がある。

第八章　政治経済体制と民主政治

これまで政党、官僚制、利益集団といった政治過程のアクターに即してその役割を検討してきたが、ここでは経済生活と民主政治との関連に焦点を当て、現代民主政治の課題を具体的に論ずることにする。

1　二〇世紀型体制をめぐって

かつて大恐慌が脆弱な民主政治に引導を渡したように、政治経済体制の行方は民主政治の命運を左右する重大問題である。第二次世界大戦後の民主政治の安定が斬新な民主政治論によって可能になったという説は、寡聞にして耳にすることがない。実際、先の諸章において取り上げたJ・シュンペーターやR・ダールの議論にしても、それほどの斬新さと理論的魅力を備えていたとは考えにくい。ましてや、政治参加の主体の複数性や競争の重要性を唱えるだけで、民主政治の脆弱性が克服できると考えることは困難である。殺伐とした階級対立の時代を考えれば分かるように、こうした議論は問題の解決にはほとんど役に立たなかった。その時代の民主政治論に特徴的なのは、政治対立の穏健化への確信、あるいは、それを当然とする発想であったように思われる。例えば、第二部第二章で取り上げた社会の近代化と多元化が決して社会的対立を激化させないという考え、さらには政治リーダー相互の信頼関係を堂々と持ち出す発想にそのことはよく表れている。こうした政治対立の穏健化への確信はどこから出てきたのであろうか。日本における「一億総中流」といった議論に見られる社会的同質性への確信はどこから出てきたのであろうか。そこには明らかにある種の社会イメージとそれへの民主政治論の寄りかかりがあり、その社会イメージは極めて特殊な経済的性格を有していたように思われる。

冷戦状況下でこの問題が最も自覚的に取り上げられたアメリカにおいて、新しい社会のあり方を論じた典型が一九六〇年代の高度産業社会論であった。それは、社会の近代化につれてあらゆる社会は「多元主義的産業主義」に収斂していくという議論であった。この「多元主義的産業主義」の社会構造は、大略、次の三つの特徴を持っていた。第一に、社会的流動性の高まりによって古い社会的不平等が減少し、特に、学歴と能力に応じた社会的移動が顕著になる。そして、政府は国民の生活の最低水準を維持することを自らの役割と考えるようになる社会である。この結果第二に、それまでの階級中心の社会構造は解体し、「総中流化」現象が進展する。それは大量生産、大量消費時代の到来と表裏一体の関係にあった。第三に、階級闘争への政治的エネルギーが弱体化し、イデオロギーの政治的動員力が後退していく。それに代わってさまざまな社会集団が政治参加の主体となり、その間の競争と妥協が政治過程の主題になる。それは正に「豊かな産業社会」と中流階級社会の登場を明確に定式化したものであった。それは、一方でマルクス主義を排撃し、「イデオロギーの終焉」の立場に立ちつつ、他方で、個人主義的・自由放任主義的資本主義を退ける議論であった。人間は今や自らの力でこうした社会を実現する技術的・政策的合理性に自信を持つに至ったのである。刺々《とげとげ》しい社会対立に代わって、技術的・経済的合理性が社会を支配する時代になったというのが、その基本的認識であった。これが「二〇世紀型体制」の核心であった。

この社会像から幾つかの政治的帰結を導き出すのは、そう難しいことではない。第一に、こうした社会は政治的多元主義の世界であり、包括政党の母体でもある。世界観政党とか階級政党は急速にその基盤を失い、「豊かさ」を前提にする利益政治にとって順風満帆の時代が訪れる。民主政治の利益政治への変貌をどれほど高く評価できるかについては強い異議申し立てもあったが（アレントやマルクーゼ）、内在的にいえば、多元主義における権力と特定集団との癒着、政治過程の閉鎖性といった指摘が出てきたことは、これまで繰り返し論じた点である。第二に、そこには職業政治家中心に問題を妥協によって解決する「安定した」民主政治への強い傾斜が見られる。これは大衆の動員と強い政治リーダーの台頭という大衆民主政治に対する批判とその是正を意図するものであった。そこでの民主政概念に見られたように、多くの一般市民は政治に参加することは期待されないし、また、必ずしも、政治への参加は望ましいものとは考えられていなかった。「安定した」民主政治は政治的熱狂とは無縁のものであり、職業政治家と政治的階層の手中に問題の処理を委ねることをその条件としていた。日本においても、「豊かな産業社会」の実感は高度成長を通じて国民に共有されるようになり、古い社会構造の解体の中から「総中流社会」が姿を現したのであった。そして、少数の職業政治家と官僚が政策決定過程をコントロールし、経済官僚制論が論じたように、経済活動の合理的な誘導が当然のことと考えられていた。その意味では、日本の五五年体制は正しく日本版「豊かな産業社会」と一蓮托生の関係にあったと考えられる。そして、西欧のコーポラティズムも「豊かな産業社会」の一環をなす資本と労働との協調関係を制度化したものと考えられよう。

こうした利益政治が説得性を有していたのはそれを支えるパイが不断に増加すると考えられていたからであった。それはケインズ主義的施策の有効性への盤石《ばんじゃく》の信頼感、経済運営の一国的枠組みの完結性という前提といったものと結び付いていた。元来、冷戦がその根を階級政治とイデオロギーに持っていたことを考えると、「豊かな産業社会」論と利益政治はそうした冷戦の根を国内的に徹底的に封じ込める意味を持っていた。そして、政治の主題が一方では冷戦であり、他方では利益政治という独特の構図が出来上がったのである。逆にいえば、この構図から明らかなように、この民主政治はこれ以外の争点の登場に対して極めて無防備であった。「差異の承認」を問題にする政治（フェミニズムや少数民族問題）や「豊かな産業社会」の前提を問う環境をめぐる政治などは、そうした脆弱性を突くものであったといえよう。これら外在的衝撃以上に「職業政治家による安定した利益政治」の基盤を揺さぶったのは、この「豊かな産業社会」の歴史的限界が明らかになり、パイの増大という自らの前提が崩壊に瀕したことであった。「豊かな産業社会」はケインズ革命以後の政府の巧みな経済的施策への信頼を基礎にしていたわけであるが、七〇年代における国際経済関係の不安定化、特に、ブレトン・ウッズ体制の崩壊（ニクソン・ショック）と変動相場制への移行、石油危機と深刻なインフレ・失業の同時進行（スタグフレーション）、そうした中でのケインズ主義的施策への盤石の信頼感の喪失は、極めて重要な意味を持った。経済システムの合理的・安定的運営を前提にしてきた「豊かな産業社会」論は、自己否定を余儀なくされたといえよう。こうした経済システムの管理能力の限界の暴露は、一方では利益政治の前提を揺るがし、その意味で民主政治の「統治能力（governability）」への疑義を生み出したが、よりグローバルには戦後の体制全体の止め金の役割を果たしてきたアメリカの覇権の衰退・衰弱を如実に示すものであった。いずれにせよ、多くの国々において、「豊かな産業社会」を前提にした「幸せな」利益政治の時代は七〇年代に決定的な試練に立たされたのであった。そうした中にあって、日本はこの「幸せな」利益政治の幻影が九〇年代まで政治的に存続した国であったといえよう。

こうした事態に直面して大別して三つの議論の流れが立ち現れた。第一は、利益政治の環境の変化を政治的にどう受けとめるかという問題である。何よりも、パイが増えない中での利益政治は「ゼロ・サム・ゲーム」型に変質せざるを得ない。それは「豊かな産業社会」が想定していたような「合意の政治」とは明らかに異なるものである。当然、政治に対する不信と不満は高まらざるを得ない。国民の諸要求と政府の能力との決定的なギャップがある中で、不満は新たな不満の原因を生み出し、それがますます政府の力の限界を明らかにするという悪循環が発生した。この点に着目したのが、「統治能力の危機」を唱える議論であった。日米欧三極委員会がこれを共通のテーマとして取り上げたのは、一九七五年であった。「統治能力の危機」を指摘する議論の中には、明らかに民主政治の再検討を企図するものも含まれていた。例えば、「統治能力の危機」は政治への過剰な要求や政治参加の増加に原因があり、危機の克服のためには要求水準の切り下げや政治的無関心が必要だという主張などはそれである。ここにはそれまでの「職業政治家による安定した利益政治」へのノスタルジアが露骨に顔を覗かせている。民主政治論としていえば、政治参加という水平軸に対して政治的権威やリーダーシップという垂直軸を強調しようという見解であることは明らかである。G・サルトリの『民主政治理論再訪』といった著作にはこうした見解がはっきりと見られた。

しかし、実をいうと、こうした議論は余り説得性のあるものではなかった。同じ問題に対してより巧妙であったのは、かつて高度産業社会論が批判した自由放任主義的・個人主義的資本主義の論理を用いた新保守主義の対応であった。彼らは政治参加そのものを直接攻撃するような戦法を採用せず、むしろ、既存の利益政治のシステムが市場と自由にとって脅威になっているという観点を強調した。つまり、諸利益の調整と配分は政府を通して行われるべきものではなく、市場を通して行われるべきものであり、しかも、それこそが本当に自由を尊重する立場にふさわしい立場であると論じたのである。政治参加の圧力を直接抑制しようとするのではなく、利益分配に関わるかなりの領域をいわば「脱政治化」「市場化」することによって政治参加のエネルギーを間接的に抑制するというのが、この戦法の大きな特徴であった。その上、こうした政府の役割の見直しによって税負担は軽減され、規制は緩和され、やがては経済的繁栄が訪れるというメッセージまで付け加えられた。この論法が包括政党論に対する見直しを志向するものであり、利益政治の整理縮減を図ろうとしたものであることは先に述べたところであるが、重要な点は「イデオロギーの終焉」に代えて「イデオロギーの復活」が見られたことである（第二部第五章2を参照のこと）。勿論、イデオロギーの内容は両者において決定的に異なる。「イデオロギーの終焉」の場合、イデオロギーとはマルクス主義に代表される社会主義を意味したわけであるが、「イデオロギーの復活」の場合のイデオロギーとは自由放任主義的、個人主義的なそれを意味した。それは後で述べるように、国家や政府の役割の縮減、国家による経済生活の合理的管理能力の否定といったものと結び付いていた。従って、国家の役割そのものの見直しが明瞭にビルトインされていた点で、古い利益政治に回帰するという道は断念されていた。

第二の帰結は、先進各国における経済的パフォーマンス（成長率、失業率、インフレ、国際競争力など）における差異が極めて顕著になり、この差異がそれまでの「豊かな産業社会」への収斂論に代わって急速に関心の的になったことである。元来、「豊かな産業社会」論そのものが濃厚にアメリカ的色彩を持っていたわけであるが、アメリカの覇権を前提に「豊かな産業社会」が各国が「収斂」すべき未来の姿とされてきたのがそれまでの議論であった。そこではどこにおいても政府の役割は基本的に同一であり、差異は限定的な意味しか与えられてこなかった。ところが石油危機の後、最も経済のパフォーマンスにおいて問題を抱え込んだのがアングロサクソン世界であり、差異の持つ意味が急浮上することになった。そして、石油危機以降の各国経済のパフォーマンスの相違の背後にどのような国内的条件が潜んでいるかが政治学的議論の中心に成長したのであった。「豊かな産業社会」論に民主政治論を単純に上乗せする議論に代わって、政治体制と経済的パフォーマンスとの関係に注目するいわゆる政治経済学が登場することになった。今や、政府の役割はどこにおいても同じであるどころか、極めて注目すべき差異を含み、それが重大な経済的帰結につながることが強調されるようになった。政治学においてある時期背景に退いていた国家や制度の仕組みの持つ効果とそれへの関心が復活してくる。「収斂の終焉」が構造的差異・異質性への関心を惹起したと言えよう。

そこから、比較的パフォーマンスのよかった西欧諸国や日本に対する関心が高まった。例えば、西欧諸国におけるコーポラティズムに対する関心の急上昇はその一例である。それは基本的に政府がマクロ政策という政策手段しか持たないアングロサクソン世界と異なり、マクロ政策をミクロ面で安定的に受けとめる仕組みがあるという発見であった。しかし、その西欧においてもコーポラティズムとは異なり、労働市場が複雑に分断されたデュアリズムという仕組みがあるという指摘もされた。西欧の小国研究は政治システムとしての側面のみならず、コーポラティズムに代表される政治経済システムへの関心とも結び付いていた。「多極共存型民主政治」も経済を含む広い協調体制をその背景に有していたのである。そして、議論の対象は政府のみならず、労働組合などの経済主体全体へと広がっていった。

さらに、当時、最も目覚ましい経済的パフォーマンスを示し始めていた日本の政治経済体制は格好の研究対象となった。日本の経済官僚制論に先鞭をつけた、Ch・ジョンソンの『通産省と日本の奇跡』は、正に差異がいかに重大な意味を持つかを衝撃的に伝えるものであった。経済的効率とは最も無縁と思われる官僚制が経済動向を先取りし、先行的施策の積極的担い手になっているというメッセージは、市場万能主義の世界からすれば、それこそ異質性の最たるものに見えたことであろう。しかも、日本の背後に多くのアジア諸国が経済的に台頭し、それらもまた大なり小なり、官僚制（国家）と企業との密接な協力関係を基本とする資本主義発展国家と見なされたのであった。政治の役割はもはや各国において一様でないのみならず、その多様性が「豊かな産業社会」の成否にとって決定的な意味を持つというのが、これらの議論からの帰結であった。そして、政党政治や政党制の評価もこれにつれて微妙に変化せざるを得なかった。二党制が同質的な社会における世論の分布を前提にしていたとすれば、その権威を見直すものとして多党制が注目されるようになった背後には、社会的亀裂を前提にした協調体制のメリットへの注目がある。また、日本の一党優位体制も経済的パフォーマンスとの関連で興味をひくようになった。そして、日本が一方で自由主義陣営の一員とされながらも、権力による国民の統制がいかに隅々にまで及んでいるか、その結果、日本がいかに恐るべき経済的マシーンになっているかといったことがジャーナリズムで話題にされたのである（ファローズ『日本封じ込め』、ウォルフレン『日本／権力構造の謎』など）。その結果、日本の異質性問題は日米間の経済交渉の主要テーマにさえなったのであった。

第三は経済のグローバル化と民主政治との構造的関係の問題化である。石油危機に端的に見られるように、国際環境を度外視して「豊かな産業社会」を実現できるかのように考えたところに問題の発端があった。その意味での脆弱性が七〇年代中葉以来一気に顕在化したわけであるが、第一の論点は、基本的に経済運営への政府の自信喪失に端を発したものであり、第二の論点はそれにもかかわらずそれに対する処方箋をなお国内に求めることができるのではないかという期待感に発するものであった。しかし、こうした期待感は九〇年代における西欧諸国及び日本の経済的パフォーマンスの急速な悪化によってほぼ完全に打ち砕かれた。コーポラティズムの危機の背後で進行していたのは、組織資本主義という二〇世紀の製造業中心の資本・労働の高度の集中化を前提にした仕組みの崩落現象に他ならない。企業活動の国際化と多国籍化、ブルーカラーの減少と多様な職種に従事するホワイトカラーの増加、賃金交渉の単位のミクロ化（「日本型コーポラティズム」）と労働市場の「柔軟化」、経済活動に対する政府の規制の後退、政党に対する階級的支持の弱体化、為替レートの変動などの要因による国内的利害関係の分裂など、組織資本主義とコーポラティズムを可能にしてきた基盤は次々と弱体化していった。コーポラティズムが成立しなかったアングロサクソン世界は組織資本主義が未熟であり、それゆえに、新保守主義といった形で脱組織資本主義路線を明確に打ち出すことができた。西欧諸国が選択肢として選んだＥＵ統合（特に、通貨統合）は主権国家体制の事実上の終焉を意味するとともに、これまでの経済システムの超国家規模での再編成を促すことによってグローバル化の衝撃を受け止めようという政治的な挑戦であった。通貨統合は金融財政面から経済システムの再編成を促す強力な武器であり、その結果、「豊かな産業社会」を過去のものとするような高い失業率を生み出した。その意味では深刻な代価を統合参加国は払い続けることになったのである。いずれにせよ、強固に組織された国内の協調体制が崩れ、市場原理が熾烈な大競争を促す事態になったことは間違いがない。

日本の政治経済体制は八〇年代にはその国際的競争力の強さの故に、先進各国と摩擦を相次いで発生させ、国際的に協調的体制へ移行することが政策課題となった。規制の撤廃による市場の開放と、輸出に頼らない「内需主導型」の経済成長が一貫した政策課題であった。その一方、八〇年代に起こった為替レートの変化（急速な円高）は企業の国際化を促し、官僚制中心のそれまでの体制に風穴を開けるとともに、産業諸部門の間の競争力の不均衡を浮き彫りにした。各業界を縦割り的に編成し、保護することによって予定調和を期待するという政策はその合理性を失った。日本のシステムは成功することによって自らの寿命を終えることになったのである。このシステムの行きづまりを自滅に変えたのは八〇年代後半のバブルと九〇年代におけるその破裂であった。過剰流動性が土地と株価の暴騰を招き、それがパイの増加という戦後幻想に最後の花を添える一方、バブルの破裂は天文学的な不良債権を発生させ、企業と金融機関の経済体質を急速に悪化させた。バブルの発生とその崩壊、その後の事態の推移は、政治経済システムの管理者が不在の下での迷走であり、経済官僚制論の時代との隔絶した状況を明らかにするものであった。日本もまた実態において、もはや六〇年代のそれではなかった。勿論、「改革」の必要性は幾度となく叫ばれ、実際に改革が試みられたが、不良債権問題と金融システムの危機の問題は先送りにされ続けた。金融システムの自由化と規制緩和（「金融ビッグバン」）が実施される中で、日本の金融機関は国際市場において不信認のターゲットとなり、日本政府の問題処理能力そのものが同時に問題とされた。そうした中で一九九七年から九八年にかけて日本の大規模な金融機関の相次ぐ破綻が発生した。一方でグローバル・スタンダードが権威あるものとして語られ、他方で、失業率は高まり、戦後の「日本型システム」の終焉が着々と進行したのであった。

2　金融市場の肥大化と政府

民主政治は基本的に主権国家という枠組みを前提にした政治体制である。主権国家は対外的独立と国内的な自己決定権を基本的原理とし、帝国的・植民地的支配体制とは異質の枠組みと考えられてきた。二〇世紀の民主化はこの上に行われ、ポリアーキーはその中の一部分において実現を見たのであった。1で論じた「豊かな産業社会」は主権国家という枠組みにどっぷりと寄りかかった議論であった。国民の経済生活が政府によって安定的に管理運営可能であるということを真面目に信じた点で、主権国家の存在のみならず、その能力をも信じていた時代の産物であった。しかし、こうした経済を含む国民生活の管理体制が可能であるという認識と判断は比較的新しいものであった。何よりも一九世紀の金本位制度は国境を越えた原理が経済生活を支配するのが当然だとの認識に立つものであり、日本の浜口内閣にとって金本位制への復帰は内閣の最大の使命と考えられていた。「豊かな産業社会」にしろ、福祉国家にしろ、政府権力への信頼感に裏付けられた経済生活が存在感を持ったのは大恐慌から暫くしてからのことであった。二〇世紀中葉において華々しく登場したケインズ主義、社会民主主義、福祉国家は、総力戦の時代と決して無縁でなかったように、国家が国民を根こそぎ動員する体制の確立と一体の関係にあった。第二次世界大戦後、総力戦は冷戦に代わり、経済生活の管理運営の側面が大きく浮上したのであった。1で述べた議論の多くは、政府が市場を支配するかのように見えた、こうした時代を念頭に置くものであった。しかし、歴史の歯車は主権国家の限界を明らかにし、一九七〇年代から九〇年代、更には二一世紀と進むにつれて、一国体制を前提とする「豊かな産業社会」論はますます過去のものになっていった。それは同時に民主政治の意義と有効性にとって新たな問題の発生を意味した。そこで、この間の経緯を簡単に振り返っておきたい。

第二次世界大戦後の世界経済は、通貨体制としてのブレトン・ウッズ体制と通商面での自由・多角・無差別の原則を掲げるガット（ＧＡＴＴ）体制という、二本の柱によって支えられていた。その背後にはアメリカの圧倒的な経済的優位という現実があった。後者の原則は貿易をめぐる自由化措置を各国政府に求めるものであり、日本政府は一九六〇年に「貿易・為替自由化計画大綱」を決定し、自由化へと舵を切ることによってＩＭＦ八条国へと移行し、更には経済協力開発機構（ＯＥＣＤ）への加盟が認められ、いわゆる先進国の仲間入りをすることになった。従って、貿易面での自由化はその後も継続的な課題として歴代政権のテーマとなった。他方で、ブレトン・ウッズ体制は米ドルを金にリンクさせて兌換性を維持し、各国通貨と米ドルとの為替レートを一定幅以内で維持するという固定相場制であった。通貨は伝統的に主権国家の一つのメルクマールであり、各国政府はこの為替レートの維持のために国内の財政金融政策を管理することが求められた。例えば、貿易赤字が膨らみ、自国通貨が弱くなりそうになれば金融を引き締めたり、自国通貨を買い支えたりすることになった。一九五〇年代の日本経済は景気が良くなると国際収支が悪化して外貨危機が発生し、そのために金融引き締めに追い込まれるというサイクルに繰り返し見舞われた（「国際収支の天井」）。六〇年代になると西欧は各国の経済状態を反映した通貨危機に繰り返し見舞われたのみならず、アメリカの金準備が逓減し、米ドルの兌換性に対する疑念が高まり、ブレトン・ウッズ体制の持続性に対する懸念が高まった。貿易黒字を続ける日本の円も切り上げ攻勢に直面した。一九七一年八月、ニクソン米大統領は新経済政策の一環として金と米ドルとの兌換性の一時的停止を発表した。ここに一米ドル＝三六〇円体制は崩壊に向かい、一九七三年に固定相場制は完全に終りを告げた。今や、各国の経済的な不均衡は政府間の通貨交渉によって扱われるのでなく、非政治的な市場によって決められるべきものとなった。これによって国家は為替レートに一喜一憂することから解放されたが、通貨問題をめぐる問題がなくなったわけではなかった。

この大転換には国際金融市場の広範な規制緩和が同時に伴っていた。変動相場制への移行当初、為替市場は国際収支の不均衡を専らターゲットにして動くものであり、従って、いわば、実体経済の補完機能を果たすものとしてイメージされていたが、やがて、為替市場はさまざまな経済的・政治的要因によって変動することが明らかになった。従って、国際収支の不均衡を是正するように機能するどころか、それを加速するような動きさえ、見られるようになった。つまりは、実体経済の補完機能に甘んずるどころか、実体経済の動向を左右する力を持つ、新たな独立した市場の誕生である。一九八五年の「プラザ合意」はＧ５がこのような金融市場と正面から向き合った最初の歴史的出来事であった。その後も金融市場と金融資産の膨張は続いた。中国の改革開放路線への転換と冷戦の終焉によって資本には新たなフロンティアが提供された。正しく、グローバル市場が現実のものとなった。統一通貨ユーロの誕生も金融市場に新たな可能性を提供した。膨大な額に上る債券（国債・社債）と株式などを合わせた金融資産の総額についてはさまざまな推計があるが、リーマン・ショック後においてさえ一四〇兆ドル相当とされ、実体経済の二倍を遥かに上回る額に達している。変動相場制への移行当時、金融市場は実体経済の補完機能という観点から見られていたこととは反対に、今や金融市場が実体経済を左右する恐るべきエネルギーを秘めたものとなった。俗に、「犬の尻尾（金融経済）が頭（実体経済）を振り回す」時代になったというべきである。かつては財政が主、金融は従と言われたが、これこそ政府主導の時代の発想であり、今や国債は金融市場という大海の中で格付けを与えられた一つの債券にしか過ぎなくなった。

現象的には次のような事態は極めて明白である。第一に、物品や情報の移動のコストは急速に低下し、資本の迅速な移動はますます加速されつつある。要するに、経済活動に関わる要素が全て取引可能な時代が到来したのである。そして、人間すら、今や労働の場を求めて世界を動き回る時代になった。第二に、金融市場の規制緩和は政策決定の幅を大きく狭めた。すなわち、金融市場で支持されない政策を実行に移す能力を政府は事実上失ったのである。選挙での公約が金融市場によって拒否されるという事態はもはや珍しくない。失業問題といったものに取り組む有効な手段は予め大きく限られることになった。第三に、国境を越えた直接投資が盛んになり、各国にとって世界中を移動する資本をいかにして自国につなぎとめておくかが重大な関心になった。法人税の減税など、制度と政策をめぐる国際的な競争が始まり、国民の意向に従った制度設計には外在的な限界が課されることになる。第四に、国際機関や国際的約定によって政府の自由は拘束され、国内的決定による自由は大幅に制限されるようになった。いずれにせよ、政府が国民の支持を背景に経済生活の安定のために有効な施策を実行する手段は急速に失われたのである。

それはかつてとは異なった意味において「収斂」が始まったということでもある。新たな「収斂」の主役は明らかにビジネスと資本である。その反面で、労働部門は受け身に立ち、あるいはその内部の足並みが乱れるようになる。部門間の競争力の不均衡はその大きな原因になる。そしてビジネスの掲げる市場原理と民主政治との緊張関係は高まり、経済生活に対する政府の影響力の低下とともに、政治過程に参加するアクターの影響力は全体として低下していく。「豊かな産業社会」の目指すところは「総中流階級」社会を実現することにあり、そのために雇用の維持と社会保障制度の維持は政府の役割とされた。しかし、今や、雇用は国際的競争の波に襲われ、特に、国際金融市場の動向は容赦なく企業と雇用を揺さぶるようになった。経済面での政府の統合機能の低下は他の争点を際立たせる一方で、中流階級の没落と貧富の差の拡大を通して民主政治とその社会のストレスを高めることにつながる。

アメリカの労働長官を務めたR・ライシュは国民経済（national economy）という概念が無意味になったことを述べた後、「最も才能に優れ、卓越した洞察力を持つ人々にはかつてなかったほどの富が授けられる一方、大した才能も持たない人々の生活水準は低下するに任されることによって、市民の間の結束をズタズタに引き裂くような強烈な遠心力」が働く時代になったと総括した。「われわれ」意識は稀薄となり、「中流階級への収斂」というメカニズムは働かなくなり、国民はその世界市場での評価に従ってあるいは恵まれた、あるいは恵まれない境遇で生活せざるを得ない。ライシュによれば、アメリカの場合、ルーティン的な労働に従事する人々や対人サービスに従事する人々の大群は余り明るい展望を持ちえないのに対して、シンボルの世界でその創造性を発揮する人々は大いに成功の可能性がある。前二者は保護主義を志向し、最後のグループはグローバル化の主唱者であるとともに、もはや、「われわれ」の世界に対する義務感が稀薄になり、「われわれ」の世界からの「離脱」願望をますます強めていく。これは国民経済概念の無意味化と民主政治の経済的基盤の解体を指摘したものであり、「豊かな産業社会」といった経済的・社会的前提に依拠した第二次大戦後の民主政治論はここに寿命が尽きつつある。その一方で、BRICS（ブラジル・ロシア・インド・中国）に代表される新興国の目ざましい成長と台頭が世界の注目を集めている。

そうした前提の下、以下三点に注目しておきたい。第一は、政府はもはや国民の経済生活を直接的に保護することはできなくなったにもかかわらず、なお、国民の経済生活にとって重要な役割を有しているということである。諸々の社会保障制度をそれなりに維持するためにも、国際競争力と相対的な経済的優位の維持は欠かすことができない。問題は、こうした目標をこうした環境の中でどのようにして実現するのかである。目まぐるしく変化する環境の下で活発な内外施策が求められるが、それらを実現するためには何をなすべきかについては確定的な回答はない。政府の役割は良好な経済活動が行われるための条件を整えるという環境整備に傾斜したものになっていき、特に金融システムの維持管理といった政府の能力が大きくクローズアップされるようになった。多くの国々がその金融システムの脆弱性を突かれ、相次いで金融破綻に追い込まれ、ＩＭＦ体制に組み込まれた、一九九七年のアジア通貨危機は、政治の限界をはっきりと印象づけた。

第二に、こうした一般論にもかかわらず、各国政府の影響力の非対称性はなお極めて重要な意味を有している。例えば、アメリカは他の国々と同様、グローバル化の波に呑み込まれ、貧富の差は拡大し、「中流階級社会」の根幹が揺らいでいることは事実である。それにもかかわらず、その強大な軍事力によって国際的影響力を有するのみならず、経済的にも膨大な財政・貿易赤字を他国からの資金の流入によって埋め合わせてきた。財政・貿易赤字に苦しむ国は世界中で少なくないが、こうしたことは基軸通貨の国アメリカにして初めて可能なのである。

その上、アメリカでは一九九〇年代中盤から十年余りにわたって金融業が規模及び収益力で飛びぬけた成長を示した。これが可能になったのは一つにはグラス＝スティーガル法に代表される金融規制の廃止であると共に、もう一つは「強いドル」を売り物に世界から余剰資金を集めることが出来たからであった。その結果、ウォール・ストリートはその驚嘆すべき高給によって有名になったのみならず、アメリカ経済の圧倒的な牽引力ともなったのであった。しかし、皮肉なことにそのことが金融業界の暴走を生み、やがてリーマン・ショックの発生につながることになった。

こうした国際的な非対称性を指摘する議論には事欠かない。Ａ・ネグリ／Ｍ・ハートの「帝国」論は、単純な主権国家否定論に満足せず、各国家や国際機関が平等とは無縁な形でそれぞれに異なった役割を担当する階層的秩序こそ新たに誕生しつつある「ネットワーク状の権力」体制、「帝国」体制の特徴であることを力説したが、それはこうした非対称的構造を全体的に読み解こうとする試みの一つであった。彼らによれば、「帝国」は三つの層からなり、このうち第一の層は均質的・平滑的なグローバル市場の実現に向けて司令塔的な役割を果たすが、その中の頂点をなすのがアメリカであり、第二グループにＧ７のような若干の国民国家群が位置するという。そこでは第二の階層に属し、グローバルなものをローカルなものに接合する国家群の存在が想定されている。そしてこの体制の下では、国家や既存の制度の危機が進むとともに、人間のアイデンティティの不確定性が進行することを指摘し、その上で彼らはこの「帝国」体制がそれまでの近代国家よりも「まし」であると断言している。旧左翼風な言い方をすれば、人間の解放の可能性を与えてくれるのは古い国家体制であるよりも「帝国」体制であるという。その他の非対称性論としては、中国やロシア、湾岸諸国などの巨大な国営企業が国内市場を独占的に支配するだけではなく、国家権力を背景にしてその潤沢な資金を国益追求のために使っているという「国家資本主義」の台頭に警告を発する議論もある。

第三に、金融市場の膨張とそれがもたらす政治的帰結という大問題が未来に控えている。金融資産が実体経済を遥かに上回る規模に達し、金融業界がデリバティブなどの手法を駆使してハイリスク、ハイリターンを顧客に提供するシステムが成立するにつれて、金融市場は繰り返しバブルに見舞われることになった。アジア通貨危機、ロシア危機、ＩＴバブル、そしてやがてリーマン・ショックというように、数年に一回の割合でバブルとその破綻が繰り返された。バブルの破裂は金融機関の役割の縮小を通して実体経済に大きな影響を及ぼし、金融システムの危機へとつながった。金融システムの危機を回避するのは実体経済にとって至上命令であり、中央銀行による潤沢な流動性の供給と併せて、金融機関の救済などの措置が政府に求められることになる。アメリカ政府は日本の金融危機の際に日本政府の対策の拙劣さを批判したが、リーマン・ショックの際にはかつて日本が採ったと同様の措置を採らざるを得なかった。こうした危機回避の対策は金融市場の更なる膨張に寄与し、金融システムの危機回避のために政府が出動するということは結局のところ財政負担の増大につながる。ところが財政負担の増大によって財政状態が悪化すると、それは金融市場での国債の格付引き下げなどの動きにつながっていく。しかも、過剰な流動性の供給によって金融市場はますます膨張し、どの政府の手にも負えないような事態が進む。バブルとその破裂が発生するたびに、政府の側からすれば、事態はますます悪くなっていくように映る。更に、有権者は銀行救済に反対するが、銀行の救済と金融システムの危機回避との差別化は実際にはできない。特に、「大き過ぎて潰せない」ような金融機関の場合にはそうである。逆に言えば、「大き過ぎて潰せない」ような金融機関はいずれにせよ、政府によって救済されることになるから、そこではモラルハザードが日常化しない保証はない。その結果、リスクの高い業務運営を行い、正にリーマン・ショックの淵源であるサブプライムローンを組み込んだ債券商品の組成のように、自らバブルの引き金を引きかねないことになる。

　更に金融市場の経済的比重の増大は経済的な格差の広がりと密接な関係にあるという指摘が一般的である。政府が金融市場の生み出すバブルとそこから生ずる金融システムの危機の回避のために膨大な額の税金を使用するのは、事実上、所得格差の再生産のために資金を使っているようなイメージを醸成することにつながる。つまり、金融業界は「大き過ぎて潰せない」という現実を踏まえて今や政府に対する強力な圧力集団に成長したということになる。特に、アメリカにおいてはウォール・ストリートとワシントン（財務省・連邦準備制度理事会など）との人的・イデオロギー的密着度を指摘する分析には事欠かない。当然、そのしわ寄せは社会保障関係費などに及ぶことになり、それが「ウォール街を占拠せよ」といった呼びかけや「われわれは九九パーセントだ」という貧富の差を表すメッセージとなって現れた。ここに見られるのは、金融市場の比重の増大が事実上民主政治の大きな変質をもたらしているという認識であり、一部には寡頭制（少数の金持ちの利益のための政治体制）に変化したという指摘も見られる。ここにバブルとその破裂を防止するために金融機関と金融市場を規制するという課題が浮上するが、これは世界規模で実施しなければならない課題であり、それだけに合意は容易ではない。しかし、何かをきっかけに「われわれは九九パーセントだ」という大合唱が世界中に広がらないとも限らないし、それは市場経済と民主政治との緊張関係にも行き着き得る（第10章参照）。

第九章　エスノポリティクス

1 「差異の政治」の時代

第二次世界大戦後の民主政治は強い経済主義的性格を有し、利益政治が政治の舞台を占領する事態となった。自由主義陣営と社会主義陣営との争いも基本的に経済的争点をめぐるものであった。しかし、近年における経済のグローバル化と国民経済の終焉はこの利益政治の基盤そのものを大きく動揺させた。その一方で、利益政治と第一義的に関わらない争点が政治的に浮上してくる。環境問題をめぐる政治はその代表例であった。しかし、利益政治の動揺が新たな争点の浮上に間接的に手を貸すという関係も見逃すことができない。その代表的な例がエスニシティをめぐる争点の登場である。社会主義体制の崩壊は自由主義体制的にいえば、利益政治の解体に他ならず、後に残った社会的凝集核はエスニシティ以外にはあり得なかったのである。

ところで争点の性格に即していえば、エスニシティをめぐる政治は利益をめぐる政治ではなく、人間のアイデンティティに関わるものである。利益政治が利益という観点から人間の間の差異を解消するという傾向を有していたとすれば、これはグループの間の差異そのものを大きく浮き彫りにすることによって成り立つ。その意味で、エスニシティをめぐる政治は、現代におけるアイデンティティ・ポリティクス、「差異の政治」の代表である。利益政治の動揺と弛緩がこれを加速度的に解放する結果を招いた面は否定できない。利益政治をめぐる多元主義とアイデンティティをめぐる多元主義とは自ずから異なった政治的相貌を有する。

現代におけるエスニシティをめぐる政治はいわゆるナショナリズム問題とは決して同一ではないが、無関係とはいえない。よくいわれたように、ナショナリズムの政治的出現はフランス革命とナポレオン戦争から始まり、それは一九世紀の間にエネルギーを貯え、遂に二つの世界大戦でそれぞれに巨大な政治的凝集性を発揮したのであった。それまでの長い王朝支配と帝国の時代の歴史においては、多様な人種や民族が一つの権力の下にあることは自明のことであり、そうしたことはいかなる意味でもその支配の正統性に影響を与えるものではなかった。そうした被治者の異質性や多様性は統治の効率の問題にしか過ぎなかったのである。ところがフランス革命は人民の支配を一つの民族的共同体の自立と自己主張に変え、そうした発想の自己増殖を促すとともに、それによって既成の帝国体制の解体につながる有力な武器を提供した。そこでは自治とナショナリズムとの同盟関係が見られたのであって、それは第一次世界大戦後の欧州諸帝国の解体と第二次世界大戦後における植民地帝国の解体に見られるところである。こうした民族の「政治化」が多くの神話と伝統——その多くは「作られたもの」あるいは幻想ともいわれる——に依拠していることは論を待たないが、それによって諸民族の共存がにわかに問題化するに至った。その結果、民族国家の時代は帝国の時代をはるかに凌ぐ未曾有の難民と迫害を現出するに至った。ナチス・ドイツにおいてユダヤ人絶滅が体制の根本的目標にまでなったことはよく知られた事実である。これに対して、冷戦の時代を支配した資本主義、社会主義という対立軸は、少なくともこうした民族を中心にした政治や「部族的」イデオロギーの力を相対化し、この争点の政治的無視・無害化を志向する点で実は同盟関係にあったといえよう。

「冷戦の終焉」に際し、フランスのある論者は次のように論じた。

「一九八九年は恩寵の年であった。共産主義は死に、楽観論が勝ち、資本主義が傲慢さを見せた。しかし、たちまちのうちに波乱が生まれた。すでに民族が地平線に浮かび上がっている。民族は長すぎた屈辱の復讐に向かう。東側でも西側でも、国際舞台でも国内でも、厳しく復讐を遂げるであろう。……われわれは国際主義の半世紀の後、民族の再発見を迫られている」（マンク『民族の復讐』）。

冷戦によって「冷蔵庫に入れられていた」民族間の憎悪が扉を開けて姿を現す。この指摘の背後には民族現象の新しさよりも、それについての理論的な目隠し状態が許されなくなったことの当惑と衝撃が見られる。旧ユーゴスラヴィアでは「民族浄化」の嵐が内乱の中で吹きすさび、民族間の憎悪がいかに根深く、凄まじいものであるかを実証した。これによって冷戦の終焉が生み出した楽観主義は一気に吹き飛んでしまった。また、新たな移民に見舞われた国々では移民排斥を掲げる極右グループの影響力が伸長し始めた。経済のグローバル化と移動の加速化はこうした問題を次々に生み出す可能性がある。そして、利益政治の存在感の低下は、こうした民族問題を争点とした政治集団の相対的な影響力を高めやすい。民族をめぐる問題には古いナショナリズムをめぐる問題の他、多極共存体制の問題、新たに台頭しつつある極右の問題など、幾つかの歴史の層が重なり合っている。

ところで人種（race）がある人間集団の持つ生物学的あるいは肉体的特徴（皮膚の色、顔や頭の形、毛髪の色、背の高さなど）や血液型、遺伝子などを根拠にした概念であるのに対して、エスニック集団あるいは民族は言語や生活様式、宗教などを基準とした分類である。また、民族とエスニック集団とは、前者が支配的集団や政治的地位を主張する集団であるのに対して、後者が承認と保護を求めるマイノリティ集団であるといった用法の区別があるといわれている（この区別がどれほど厳密であるかについては疑問もある）。ところでこのうち人種については一九世紀以来、それぞれの人種がどのような文明的、倫理的、社会的特質を持つか、あるいは何をもたらすことができるかについて大きな話題となった（いわゆる黄禍論は最も有名なものである）。それはやがて人種間の優劣を話題にする人種主義学説にまで成長した。そして、人種の質を高める学問として優生学（eugenics）や民族衛生学が唱えられた（日本でも昭和初期に大いに盛り上がりを見せた）。この人種・遺伝決定論は一種の生物還元論であり、ナチスにおいて恐るべき政治的結果を帰結した（アーリア人は文化創造者、他のヨーロッパ人やアジア人は文化の保存者、ユダヤ人は文化破壊者という政治公式の登場）。

第二次世界大戦後、先にも述べたように、こうした教説に対する反対が勢いを増し、人種や民族はもはや紛争の原因になり得ない概念であるという見方さえ現れた。これに呼応する立場が同化主義（assimilationist approach）であった。これは人種や民族に基づく差別は社会の合理化、近代化とともに消滅し、従って、民族集団間の紛争は消滅すると考える立場である。この立場を代表するのが高度産業社会論であり、社会の高度化、近代化とともに合理的・機能主義的思考や業績主義、平等主義が高まり、価値観の一元化が進む中で人種や民族の問題は一種の過去の病理現象として消滅すると考えたのである。同化の過程についてもさまざまな段階論が説かれた。すなわち、まず、ホスト社会の文化や言語の習得による文化レベルでの同化が発生し、次いで、ホスト社会の諸組織への加入と市民権の獲得へと進み（構造的同化）、さらに結婚などを通したより深い同化と「融合」が行われ、ホスト社会との自己同一化が一段と進むにつれて偏見や差別が消滅し、文化や価値の面で葛藤そのものがなくなる段階に至るという。この同化主義はいくつかの前提を想定していたが、何よりも、ホスト社会が十分に民主主義的、近代的、個人主義的であること、差別の経済的コストを十分に熟知していること、社会の制度改革によって差別の原因を除去できると考えていることなどがそれであった。

2　多元主義の諸相

こうした同化主義に対して民族とエスニシティへのこだわりに着目する見解が登場した。これを総称して多元主義と呼ぶ（利益の媒介の仕組みとしての多元主義とは明らかに性格を異にするが、近時、こうした形での多元主義概念が用いられるようになった）。この中には心理・生物主義的アプローチとでも呼ぶべきものがある。これによれば、民族やエスニシティの相違は血縁や祖先の同一性や固有の文化、固有の生活習慣を維持したいという原初的愛着や本能的紐帯に根拠があるという。そして、人間のアイデンティティとこれらの差異とは深くつながっており、こうした要素は社会の近代化とともに消滅するのではなく、むしろ、強く意識されるようになると考える立場である。この立場は制度的差別の撤廃にもかかわらず、人々の動機付けや認知過程の中に差別と偏見が深く根を下ろしている点に着目する見解であった。逆差別論に見られるように、差別されているという意識は社会の周辺においてのみならず、中心部にも見られるのであって、差別や偏見は社会全体に普《あまね》く広がっているというのである。

これに対して多元主義の中でも、社会構造上の差別や不平等が民族やエスニシティに対する「こだわり」を生むとする立場がある。すなわち、社会の近代化は決して平等化や均質化を直ちに生み出すわけではなく、さまざまな不平等が温存され、あるいは再生産され、これと民族やエスニシティの従属関係とが重なると紛争が発生することになる。つまり、それは既存の支配従属関係に対する周辺・下層エスニック集団の敵対運動となる（多極共存体制はこれに対してそれぞれの集団が並列する形で階層状に組織化され、こうした支配従属関係にはならないケースである）。なお、この場合、エスニック集団の組織化は抵抗と反抗という目的に対する合理的選択の産物である。そこでこうした構造的支配従属関係との関係においてではなく、もっと一般的に一定の利益や目的を追求するためにエスニック集団を組織化し、動員することが一つの合理的選択として登場する。ここではエスニック集団は社会運動の担い手になるわけで、エスニシティは人種主義的世界とは無縁な社会的課題との関係で自らを位置付けることになる。その限りにおいてエスニック集団は主観的な問題意識によって形成され、行動するものとなる。そして互いに競合する関係を構成することになろう（エスニック集団競合論）。

人種主義的学説の否定、同化主義の登場とその限界の指摘、多元主義的立場の台頭といったこれまでの議論の流れを見ると、結局は多元主義の中でも社会運動論の観点からエスニック集団を分析する立場に到達することになる。そこまで来れば、エスニシティをめぐる紛争は原初的・文化的束縛に原因があるのではなく、経済的・社会的資源への接近及びその保持に関わる紛争であることが浮かび上がって来ざるを得ない。それは常に不公正と不平等の意識に裏付けられ、比較の意識によって支えられており、相互にエスカレートする可能性を含むことは明らかである。こうした認識は次の三点に要約できよう。第一に、社会の近代化につれて全ては同化していくという期待ないし理論は十分な説得性を持たず、エスニシティは条件と環境があればいつでも活性化し、紛争の原因として立ち現れる。第二に、それにもかかわらず、エスニシティをめぐる紛争は全て統御不能なわけではなく、一定の条件の採用によって、同化主義の立場に立たなくても、エスニシティを紛争原因にしないことは可能である。第三に、エスニシティを静態的でがっちりと固まった不動のものと見るのではなく、常にその境界は流動的であり、主観的判断によって左右される「政治的な通貨」として動員可能なものと考えるべきである。エスニシティを一定の文化の体現者であると固定的に考えるのでなく、一定の目的を実現するための道具——エスニック集団を動員するために——として文化があるという形で視点を転換してみる必要がある。

こうした基本的な認識を念頭においてエスニック集団の形成する諸関係の類型について考察してみたい。第一は、人種主義的関係というべきものである。これはエスニック集団の間の固定的な敵対関係、支配服従関係が見られる場合である。そこでは露骨な排除と対立が再生産されることになる。第二は、同化主義的関係である。エスニック集団の相違にもかかわらず、支配的集団の文化、言語、宗教、生活習慣を受容し、それに同調する人々に限って成立する関係である。逆にいえば、こうした受容の態度を示さない人々は当然に差別と排除の対象になる。それは結果として「同化の強制」を意味する。ここでは第一の関係と比べれば社会的な境界は曖昧になり、社会的強者にとっては同化は比較的容易である。第三が多元主義的関係である。これはエスニシティの多様性を正面から認めつつ、共存可能性を探るものである。いわゆる「承認をめぐる政治」の世界がここで展開されることになる。これには大別して二つのタイプが考えられる。その第一は自由主義的（liberal）多元主義と呼ぶべき関係である。これはエスニック集団への帰属に関わりなく、普遍的な基準に従ってメリットを有する人々を平等に取り扱い、公的関係においては法の前の平等や機会均等を保障するが、他方で非公式的にエスニック集団のまとまりを維持し、文化的多元主義の存在を禁止するわけではない（同化主義の制限）。各人はこうした集団に属するか、それとも同化を選ぶかについて選択権を有する。この場合、公的原理は個人主義的であるため、エスニック集団を法的に保護したり、それに特別の権限を与えたりすることは論外であるが、私的な形でそれが存在することを禁止したりはしない。公的な制度におけるホスト社会の優位は自明であり、その上でエスニック集団の存在を非公式的に許容する立場である。もっと端的にいえば、公式制度は普遍主義的、個人主義的であり、エスニック集団はそれに対して挑戦的でない形でその存在が認められているものである。そのことは一言語主義の維持などに典型的に見られる。

これと対比されるのが、集団的（corporate）多元主義的関係である。これはエスニック集団に社会内で公的な地位を与え、それを単位として差別是正や一定の「結果」の実現を図ろうとするものである。それは各人の社会的地位が個々人の属する集団の歴史的地位によって左右されることを承認するところから出発する。自由主義的タイプがあくまで個人主義的な公的制度を前提していたのに対して、ここではエスニック集団が一つの閉鎖的共同体を形成することを支持し、この集団が今や重要な政治的主体として登場し、その扱いが政治の中心的テーマになる。エスニック集団の多様性に見合った公的援助を付与し、積極的助成を行うことが当然と考えられる。例えば、多言語教育や多言語放送の創設を正式に支持するのみならず、諸集団の人口比率に応じて教育・就職機会を与えるといった形で既成の社会制度の変更を目論む。また、原則として特定の地域に集中的に定住することをこうした集団の条件と考える。エスニック集団が住み分け状態にある場合には連邦制が採用されることもあるし、いわゆる多極共存体制になっていく。なお、集団的多元主義が連邦制の枠内に留まる場合もあるが、時には分離独立主義が台頭することもある（カナダのケベック州独立問題）。そしてエスニック集団に対する公的権限付与・便益供与をめぐってしばしば激しい政治的対立が生まれる。また他方で、集団的多元主義においてはエスニック集団相互の関係に議論がとかく集中し、これら各々の集団と個人との関係がとかく見失われやすい。ここに自由主義的多元主義の観点からする集団的多元主義に対する批判の一つの重要な視点がある。

ところで多元主義においては、いわゆる多文化主義（multiculturalism）が政治体全体のアイデンティティや、その統一性（普遍性）と多様性（特殊性）をめぐる議論に一石を投じることになる。これは市民を市民権、参政権、社会権の主体と考えてきた伝統とは異なる、個人のアイデンティティに関わる「承認をめぐる政治」に関係している。議論の焦点はアイデンティティの承認とは何を意味するか、それが公的秩序とどのような関連を有するかにある。先の二つの多元主義の類型はこれらの問題についてそれなりに応答を試みたものといえよう。

第一〇章　政治思潮とイデオロギー

政治的決定や政治行動は制度や組織、利害などの状態によって大きく左右されるが、政策に体系性と説得性を与える上で、政治思潮やイデオロギーは極めて重要な役割を果たしている。特に、二〇世紀はあらゆる政治的事象がイデオロギーとの関係で考えられ、評価された「イデオロギーの時代」を体験した。政治活動が集団的活動である限り、人々を共通に結び付ける思潮やイデオロギーの役割は決して無視できるものではないし、それがなくなれば政治問題が解決するといったものではない。それどころか、公的生活に方向性を与え、その転換を計るバロメーターとしてなくてはならない要素である。

二一世紀がどのようなイデオロギーを生み出すかを予見することは出来ないが、かつて存在した文明―野蛮、先進―後進という座標軸の流動化によって文明や地域の特性を根拠としたイデオロギーの登場と細分化を予想するのは困難ではない。しかし、その基礎になるのが二〇世紀の遺産であることは間違いがない。一九世紀は「自由主義の世紀」（ラスキ）といわれたが、二〇世紀もその最後の段階に至って自由主義がその圧倒的な地位を回復するに至った。F・フクヤマによれば、人類は自由民主主義において思想的発展の終局に到達し、今や「歴史の終焉」に至ったという。ファシズムであれ、共産主義であれ、自由主義に対する挑戦者の敗北や後退は確かにこうした考えに根拠を与えるものであるが、しかし、自由主義自体、なかなか複雑な構成体であり、その内部に相対立する議論を多数抱え込んでいた。また、元来、自由主義は抑圧的で権威主義的な体制の打倒においてその威力を発揮してきたが、一九世紀末以来の政治思想をみても分かるように、支配的な地位を確立した自由主義はその内部が思想的な雑居状態のようになり、意外な脆さを見せることもあった。そうしたことを念頭に自由主義の内部構造を検討することにしたい。

1　二つの自由主義

一九世紀は「自由主義の世紀」と呼ばれたが、その思想的なエネルギーは二〇世紀初頭には衰弱状態を示し始めた。何よりも、自由主義はその当初の課題をかなりの程度において解決したという達成感に支配されていた上に、民主政治との関係をどう処理すべきかについて明確な立場に到達することができなかった。これは問題処理能力の欠如として映じた。一九世紀型自由主義の問題解決能力が市場原理への依存に傾斜していたことは知られているが、市場原理そのものの説得性の後退、大衆の政治参加のエネルギーの盛り上がりに直面して自由主義は、特に第一次世界大戦後、受け身に立つに至ったのである。ファシズムやマルクス主義が新たな問題状況に対する解決策なるものと「新しさ」を代表したのに対して、自由主義は消極的な現状維持と「古さ」を体現することになった。そして欧州における自由主義の劣勢は明らかで、そこで自由主義の中心的担い手としてのアメリカの登場、そして、自由主義の大きな転換が不可避となったのである。

二〇世紀中葉のアメリカを代表する哲学者J・デューイは『自由主義と社会的行動』（一九三五年）の中で、これまでの自由主義の歴史を次のように整理し、自らの立場を明らかにしている。自由主義はまず、J・ロックに代表されるように、個人主義的自由主義として現れ、個人を政府や国家に先行する存在として確立した。そこでは政府は基本的に個人の自由にとって敵対的な存在と考えられ，政府が権利（財産）を侵害せず，専ら，その保護に向かうようにするためにはどうしたらよいかに関心を向けた。そしてやがて財産の擁護から，ダイナミックな形で展開される経済活動の自由にその力点を移し，そうした経済活動の仕組みを守ることが政府の任務とされるようになった。伝統的社会経済システムを廃棄することをためらわないA・スミス型自由主義，さらには，自由放任主義（レセ・フェール主義）の登場である。今や，個々人の自由な経済活動が社会の利益と進歩の原因と考えられ，政治はそれを妨げる可能性を持つものとして警戒の対象になった。そして経済法則は一種の自然法則としての地位を確立するに至ったのである。

デューイによれば，こうした自由主義には永続的な価値がある。それというのも，自由の尊重が価値として成立し，それを通して個人に潜在的に備わった能力の開花が可能になり，知性の活性化が可能になったからである。しかし，そこには幾つかの致命的な欠陥が潜んでいた。何よりもこうした自由主義はそれまでの特権や権威に対する攻撃プログラムとしては絶大な影響を持ったが，自らの歴史的立場に対しては極めて無自覚的であったからである。すなわち，自由主義は否定の論理としては絶大な力を発揮したが，自らが作り出した新しい事態や巨大な変革に対しては手をこまねいて見ているばかりであった。実際のところ，個人主義的自由主義は自らの作り出した大きな社会的不平等に対して現状維持の態度をとり，あるいは，社会的な変革はあくまで個々人の努力の積み重ねによって行われるべきものとし，政治や社会が経済活動に介入することに対して原理的に反対したのである。例えば，スペンサー主義は，社会の進歩は自由競争によってのみ達成可能であるという命題を主張した。すなわち，人間界においても「適者生存」と社会的淘汰を弁護する社会進化論（social Darwinism）が宇宙の自然法則として神聖化された。この自然法則と表裏一体の形で個人主義の美徳の大切さが説かれ，自立性や自己責任などの徳目が公的扶助によって破壊されることの恐ろしさが強調された。かくして個人主義的自由主義は少数者が社会的・政治的権力を握る体制を弁護することになったが、デューイによればそれは少数者の利己主義を擁護し、大衆の自由と人格の侵害に目をつむることを意味した。かくして自由主義は少数の「強靭な個人主義者」のためのイデオロギーに転化していったという。

こうした政府の社会経済問題への介入に反対する自由主義の系譜に対抗して、一九世紀末からこれに反対する自由主義のもう一つの系譜が登場してくる。後者は既存の社会的な不平等が個々人の自由の実現や個性の開花を妨げていることを主張し、自由の実現と個性の開花の敵対者となった古い自由主義に対決した。この新しい自由主義によれば、人間は個人主義的自由主義が想定するように孤立した存在ではなく、社会結合の中で生まれ、その中で生きていく存在であり、従って、個人と社会とを二元論的に対立させ、個人の利己心を煽る古い自由主義は個性と人格のあり方を大きく歪める議論である。孤立した個人（アトムとしての個人）の利己心の刺激と熾烈な競争に訴える中から彼らの自由放任主義への執着が出てくる。これに対して新しい自由主義は自由放任主義を絶対視することなく、政府は経済的社会的に不利な立場にある者のために積極的に介入し、彼らを援助すべきであるとする。すなわち、こうした政府の活動によって各人の自由は形式的な原理を越えて実質的なものになり得るからである。今や、生産活動の単位にしても個人ではなく法人であり、実態に即しても個人主義的理解は現実性を持たない。個人主義的自由主義はこうした経済活動の成果を専ら私的に享受しようと主張する点で、現実から遊離したドグマであり、イデオロギーと断定せざるを得ない。新しい自由主義は生産・経済活動の領域における組織化と統合化という現実に立脚し、その成果を個々人が享受し、全ての個人の自由と個性の開花のために用いるべきであるとする。経済活動の社会主義的統制はそのための不可欠の条件となる。デューイによれば、新しい自由主義は個人主義への反動として国家主義に向かおうとするものではなく、自由の尊重と個性の啓発という中心価値の観点から経済の仕組みを修正しようとしたものである。社会進化論がマルクス主義などの格好の攻撃材料になっていることに鑑み、自由主義に新たな生命を注ぎ込もうとしたのがこの新たな自由主義であったという。

この新しい自由主義は、例えば、アメリカにおいて自由主義という名称そのものを独占することになり、逆に、古い自由主義は保守主義といわれるようになった。これは極めて独特な（アメリカ的な）用法であるが、そこではこの二つは共に自由主義的であるというのが、大きな特徴である（教会や身分制といったものと結び付いた伝統的保守主義とこの保守主義は全くの別物である）。両者の議論の争点は経済活動とその結果に対する政府の役割をめぐるものであった。そして、二〇世紀中葉においてこの新しい自由主義が大きな影響力を持ち、やがて、一九七〇年代に至ってこの二つの関係が正に大きな問題として浮上してくることになる。

2　新しい自由主義の諸政策と理論

二〇世紀の政治と政策の流れを見る上で、新しい自由主義（これをリベラリズムと呼ぶことにする）は重要な役割を果たした。それが最初にはっきりと姿を現したのは世紀初頭のイギリスにおいてであり、そこでは自由放任主義と一体となっていた人間概念の見直しから国家の役割の評価、そして個々の政策論議に至るまで広範な論議が展開された。これは一方で古いマルサス主義的・マンチェスター派的自由主義に対抗するとともに、他方で台頭しつつある社会主義との対決を念頭においた、政治的中道の選択であった。先にも述べたように、個人を孤立したアトムと考える立場に対抗して人間の共同性や社会性が強調されるとともに、社会主義を個人の自由と人格の発達と矛盾するものであると批判した。ここから個々人の自由の尊重と個性の開花という究極的目的のために一連の社会改革を推進すること、国家はそのための担い手になるべきことが、その主張として出てきた。国家は一つの共同体であり、国家がその構成員の生活条件に配慮し、その改善を図るのは当然の活動であるということになる。こうして国家は自由放任主義の担い手から社会経済問題への介入の担い手になるが、それはあくまで人格の尊重や個性の発達という目的に対する手段に止まるべきものであり、自由を侵害するといったことは論外とされた。国家活動との関連で大きな焦点となったのは富の扱いであり、富は完全に私的な所有物であるよりは共同体の財産とされ、その社会的性格が強調されることになった。その結果、富はこの共同体の構成員の自由と個性の発達のために活用されるべき資源と見なされるようになった。ここから累進課税制度の導入をはじめ、経済面での集産主義（collectivism）がリベラリズムと結び付くことになる（collective liberalism という概念の誕生）。これはリベラリズムの自由放任主義との訣別を如実に物語るものであった。

こうした発想に基づき、イギリスでは二〇世紀前半から年金制度、失業保険制度、健康保険制度、公教育制度、ナショナル・ミニマムといった政策や構想が具体化してくる。それらは所得の再分配に焦点を合わせつつも、一つの共同体のメンバーとして相互に責任を負担し合うという理念がその底流にあった。リベラリズムは世界大戦を経て戦後政治のコンセンサスとして確立するわけであるが、そこには社会的目的のために国家が経済に介入することを認める混合経済の原理、労働組合や労働者階級の発言力の社会的正統性の承認、完全雇用政策と福祉国家の実現といった基本原理が含まれていた。こうした原則はニューディールを経て、アメリカのリベラリズムの政策目標ともなっていった。そして、社会民主主義は戦間期及び戦後の混乱期を経て、階級政治に訣別してこうした「コンセンサス政治」に結集していった。コーポラティズムといったものは、人格的・政治的自由を前提にした経済社会政策の面での「コンセンサス政治」を実現するための枠組みであった。リベラリズムは伝統的に敵対的関係、あるいは少なくとも警戒的関係にあった政府や国家の積極的役割を「発見」し、それを個人の自由や個性の発達といった自由主義の基本理念実現のために動員することによって、新しい政策空間を開拓した。それは総力戦と国家権力が全盛を極めた時代と重なっている。ある意味でそれは経済を中心にした「計画」の時代でもあった。そして、経済面を中心に考える限り、リベラリズムとファシズム、社会主義という三つの体制の間にはある種の歴史的な、あるいはシステム面での親近性があった。それはまた、経済問題をめぐって政治が展開され、政府が経済問題に対して解決策を持ち得、しかも、それを実行できることが固く信じられていた時代に属していた。また、T・H・マーシャルが市民とは、市民権、参政権そして社会権という三つの権利の主体として国民国家の構成員であると述べたように、社会権が市民概念の重要な部分となった。高度産業社会論や「豊かな産業社会」論はこの国家中心の政治的な仕組みを多元主義の方向で読み替え、社会がそれ自らの発展によってあたかも自己再生産、自己発展できるかのような構図を描いたものであったが、政府に対する信頼感を前提にしていたことは先に述べたところである。そして、実際にリベラリズムの時代は人類史上未曾有の「豊かな時代」を背景に利益政治が繰り広げられることになった。

こうしたリベラリズムの立場は、多くの政策や仕組みのルーズな集合体であった。また、実態においても自由主義の基本理念を社会経済の必要に迫られて調整し、新たな方策を工夫してきた面が強かった。リベラリズムの理論といったものはなかなか出現せず、ようやくその黄昏《たそがれ》が近付いた一九七〇年代になってJ・ロールズの『正義論』がこうした理論的状況を打破することに成功した。この作品は正義概念によってリベラリズムを基礎づけるとともに、その斬新な議論の進め方によって各方面の関心を集め、その後のリベラリズムをめぐる議論に基礎を提供した。彼の正義概念は公正（fairness）をその内容とするが、この正義概念は二つの原理によって構成されていた。第一の原理は「平等な自由の原理」である。すなわち、各人は他人の自由と両立する限りにおいて、その基本的な自由に対する平等な権利を持つ。第二原理は社会的・経済的不平等に関わる原理である。すなわち、そうした不平等はそれが最も不利な状況にある者の利益になると期待され、あるいは不平等を伴う地位や官職が万人に開かれているように制度化されている場合、正義の原理にかなうものとなる。この第二原理のうちの前半は「格差原理（difference principle）」、後半は「公正な機会均等の原理」と呼ばれている。そして、第一原理と第二原理の関係であるが、第一原理が第二原理に優先し、平等な自由を社会的・経済的利益と交換することは認められないとされる。改めて述べるまでもなく、第一原理は基本的人権とされるものの再確認であり、自由権のカタログがその内容を構成している。これに対して第二原理は財貨の配分及び権威・命令関係に関わるものである。後者については特に議論する必要はないであろうが、財貨についていえば平等である必要はないものの、最も恵まれていない人々に利益をもたらすような仕組みがなければならないことがはっきりと述べられている。

この財貨の配分原理が彼の正義論の中で最も多くの関心と議論を呼ぶことになった。そして、先にも指摘したように、この問題こそ、新旧の自由主義がもっとも対立した論点であった。ロールズは人間の間で能力や才能、力量に差があることを認めるが、彼が問題にするのはこうした差異の根拠、原因であった。これをめぐっては、この差異は専ら各人の努力の賜物であり、従って、そこから生ずる財貨の不平等は各人が甘受・享受するのが正義にかなうという立場がある。これは古い自由主義に連なる考え方である。これに対してロールズはこうした差異は各人の努力によるよりも個人にとって如何ともしがたい社会的条件（どういう家族に生まれるかに代表されるような）、いわば、各個人にとって偶然的条件に根拠があると主張した。従って、個人の努力によって経済的な不平等を正当なものとする議論には十分な道義的根拠がないことになる。ここからして、個々人の能力や力量は厳密にいえば各人に帰属するのではなく、社会全体に属するものとされ、一種の「共通の資産」として社会全体のために用いられるべきものとされた。

先の「格差原理」の趣旨は、こうした能力の差異が社会的に恵まれない者の利益になることを条件にして、そこから発生する財貨の不平等を正当なものとするということにあった。当然のことながら、多くの財貨を獲得した者は恵まれない者のために一定の貢献をなすべきことが、正義の原理からして要請されている。こうした議論には、個人の能力や才能が広い意味での社会的協同生活を前提としたものであり、相互性と連帯性（友愛）の理念に基づいて能力の持ち主が社会に対して償いをするのは当然だとの発想が見られる。これこそ、新しい自由主義が、孤立した人間イメージを前提にした個人主義的自由主義に対して主張した論点であった。ロールズの「格差原理」はそれを継承したものであった。こうして各人は自らが自由で独立した人格の持ち主として自らの生を計画し、それを実現するのに必要な第一次的善に与かることができる。この第一次的善の中には財貨が当然に含まれている。

ところでロールズの議論を次の二点についてさらに確認しておこう。第一は、この正義論の実際的な意味内容である。ロールズは正義概念が特定のグループや個人の状況を直接問題にすることを目的とするものではなく、あくまでも、政治制度や主な社会制度を規制するための原理であると位置付けている。こうした観点からすれば、彼の議論が立憲主義とともに、経済活動に対する政府の広範な関与を含むことは当然に予想されるところである。資本主義体制の場合、政府は完全雇用実現のために施策を実行するのみならず、市場の機能を補完するために所得の移転を行い、富の偏在を防止するために、及び上記のような政策を実行するために活発な課税活動を行うことが想定されている。勿論、政府は独占といった市場機能を歪める事態を阻止するためにも活動するが、その役割が圧倒的に市場機能の是正と矯正にあることは明白である。

第二に、ロールズの功利主義批判を手掛かりにその立論の特徴について若干検討をしておきたい。ロールズの議論は人格の尊厳と自由を基本的な枠組みとし、その意味で、カント的であるといわれていた。これは「公平な観察者」

が利益と幸福の極大化のために社会的な資源をどう効率的に運用すべきかについて指示する功利主義の立場に対して、個人の自由と社会的・経済的利益との取引を断固として拒否する立場である。そして、個々人がその自由と尊厳とを維持しつつ、相互利益のために協力し合う社会の原理を示すことが彼の関心であった。ところでロールズは自らの正義論をあるアプリオリな原理から導き出すという手法を採用することなく、原初状態（original position）における契約からの帰結であるという手法を採用した。ここで注目すべきはこの契約の当事者にさまざまな制限が加えられていることである。契約当事者はある意味で歴史的・具体的人間ではなく、自由で平等な道徳的人格を担う抽象的存在である。契約当事者の普遍性を保持するために、彼は当事者にさまざまな「無知のヴェール」をかける。例えば、各人は自らの能力がどのような意味で卓越しているかや、いかなる社会的地位にあるか、社会状況がどうなっているかについて無知であるとされている。これは当事者が特殊主義や自己利益によって左右されることなく、あくまで合理的存在として正義の原理について合意するための措置と考えられる。また、羨望《せんぼう》（envy）が排除されているのは結論としての「格差原理」と無関係とは考えられない（一定程度の不平等を受け入れるということは、羨望の排除と表裏の関係にあるからである）。こうした制限的条件の下、当事者たちはまず何よりも自由の原理を平等に要求し、その上で、リスクを最小限にするような原理――自らが才能において劣る場合であっても、人間としてふさわしい生活ができるような歯止めになるような原理――を選択することになる。ここに全体の幸福と利益の下に各人のあり方が計算される功利主義ではなく、あくまでも各人の自己尊厳と相互尊重を基本とする正義の原理が導き出されることになった。

3　保守主義の反撃

一九七九年のサッチャーの勝利、八〇年のレーガンの大勝は、リベラル・コンセンサスの終焉を告げるものとして大きな話題になった。例えば、アメリカにおいては保守主義はニューディール体制下の諸政策の抜本的見直しを掲げ、それからの大転換に自らの政治的メッセージの主眼を置いた。サッチャーの演説には、政府の主たる任務を国防と「法と秩序」の維持に限定し、経済問題における能力の限界の承認が見られる一方で、国民の責任意識の喚起を踏まえて、国民は政府に頼ることなく自力で問題解決に努力すること、財政規模の拡大は重税と機会の減少を意味すること、市場こそ経済成長と自由な選択のための最善の制度であることといった文言が並べ立てられている。一言でいえば、個人主義的自由主義の息吹が帰ってきたかのようである。

アメリカの保守主義の発端は第一に六〇年代の政府の社会政策に対する批判にあった。六〇年代、アメリカ連邦政府は一方でヴェトナム戦争を戦うとともに、国内においては「貧困との戦い」という新しい社会福祉政策に乗り出した。つまり、機会の平等といったそれまでの制度的原理を擁護することから一歩踏み込んで、貧困問題の直接的解決に乗り出したのである。これは正しく自由放任主義や個人主義の文化と正面から衝突するものであり、保守主義はこれまでも道徳的見地からこれを批判して止まなかった。しかし、やがて批判はもっと洗練された内容を備えるようになった。第一に、こうした「貧困との戦い」といった政策はその目標を達成することに失敗したのみならず、実は事態をもっと悪化させたというのが保守派の主張であった。その原因は上からの政策によってこうした目標を実現しようとしたことそれ自体に加え、人間社会の複雑な構造に対して十分な配慮を行わなかったことにあった。例えば、貧困家庭に対する公的扶助は結果的には貧しい人々から労働への意欲や家族生活の維持に対する責任感を却って失わせ、ますます公的扶助に対する要求を増大させることになった。つまり、公的扶助は家族を中心にした生活の安定を維持するために導入されたが、扶助すべき家族そのものを破壊するという「意図せざる結果」を生み出したというのである。しかも、貧困問題が人種問題と深く結び付いていたアメリカにおいて、人種暴動の続発は政府の政策の失敗の証しとして大いに利用された。保守派によれば、人間の抜き難いエゴイズムを無視した政策は成功するはずがなく、およそ、社会や人間について「根本原因」にまで遡って全面的な改革を行うという発想そのものが間違っている。また、貧困問題は基本的に経済問題ではなく、文化的問題であるという指摘もなされた。下層階級においては将来を考えて勤労に励むとか、自己抑制をしたりするという文化がなく、人々は刹那《せつな》的な行動に走り、しかも、暴力的である。こうした人間たちにいかに勤労の機会や充実した学習環境を提供したとしても、それは彼らの状況を改善するのにほとんど役に立たない。こうした中で社会改革を課題と考える人々の同情や善意は下層階級の期待感を煽り、暴力的行動を触発することになるというのが、保守派の議論であった。

第二に、こうした社会政策が政府権力の肥大化と自由の侵害につながるという点が指摘された。差別是正のために行われた雇用の場における割当制度などが保守派の批判の標的になった。例えば、雇用の場において割当制度は人間の能力や自由とは全く無関係に個人を一定の集団の中に還元する集団主義であり、個人の自由を守るアメリカ憲法体制と両立しないし、「機会の平等」という理念を権力によって「結果の平等」で置き換えようとする企てであるとして批判された。そして「結果の平等」は権力の肥大化と手を携えてのみ実現可能であり、平等主義は権力と手を組んで自由に敵対しつつあるというのが、彼らの定式化であった。ある論者はトクヴィルの議論を援用して今や「柔和な専制」がアメリカで出現しつつあると論じたが、その趣旨は人道主義、平等主義の装いの下に、権力の肥大化が進行していることを警告することにあった。人間が権力を介することなしに生み出した社会的多様性と自立性に対して、平等主義は「結果の平等」の論理によってこれを画一化・平準化しようとしているが、この「結果の平等」の理論的担い手がロールズであるという。保守主義にとってリベラリズムとロールズは「結果の平等」を権力の広範な動員によって実現しようとするものであり、これに対して自らは「機会の平等」と自由、社会的多様性の擁護者として現れる。ここに諸々の社会政策はその効果が上がらないのみならず、自由を侵害する「大きな政府」の問題を浮上させたとして批判の的になる。権威は保守主義にとって決して批判すべきものではなかったのに対し、権力は批判と警戒の対象であった。

次に議論の焦点になったのが経済政策の領域であった。七〇年代後半においてアメリカ経済は深刻なスランプに直面し、ブレトン・ウッズ体制の崩壊に見られるようにその国際経済的な地位は急落した。「豊かな産業社会」論が前提にしていた経済生活の合理的・技術的管理は急速に怪しくなった。一九世紀以来、豊かな国としてその例外性を誇ってきたアメリカ——社会革命や社会主義が必要でないほどに豊かであるとされてきたアメリカ——にとってこうした事態は深刻なアイデンティティ・クライシスを意味した。ここに「アメリカの再生」を掲げて新しい経済論が台頭してくる。そしてリベラリズムが経済運営の能力を失ったことは、「ケインズ時代の終焉」といった形で表現された。それに代わる新しい経済理論が台頭し、それらはいずれも「大きな政府」、福祉国家、ケインズ経済学を批判の焦点に据えた。

マネタリズムの理論家であるM・フリードマンは自由を権力や強制と対比し、それが実現するのは自発的な人間の協同関係が現れる市場においてであると論じ、経済的自由に自由そのものの根源を求める議論を展開した。これに対して政府は強制の担い手であり、従って、可能な限り政府の役割を縮小し、市場の自由に委ねることが自由にとって重要な意味を持つ。フリードマンによれば、大恐慌は資本主義体制の自己崩壊を意味するのではなく、政府の市場への誤った介入に原因があったという。その後における政府機能の拡大は効果をあげることなく、その自己拡張と特殊利益の横行を許し、閉塞状態を現出するに至ったのである。この閉塞状態を打破するために必要なことは、可能な限り、多くの領域を政府による規制と統制から解放し、自己愛（self-love）と市場メカニズムに委ねることだという。これが彼のいうところの「選択の自由」の趣旨である。例えば、最低賃金法を廃止し、職業についての免許制度を廃止し、さらには学校の選択権を親に与えるといった提案がなされる。そして「選択の自由」の幅を拡大することによって自由に対する脅威が少なくなるとともに、貧困は着実に克服され、経済的不平等も長期的には軽減されることになる。その上、宗教的・人種的差別も経済活動を通して間接的に軽減されるという。そして各人が自己責任で生きる社会が到来し、政府に依存する体質が改められる。従って、こうした考えこそ自由主義にふさわしいのであって、政府による介入の支持者がリベラリズムという名称を独占することは理不尽だというのである。

ところで資本主義をエゴイズムや自己愛との関係で議論する立場に対して資本主義の道義性を堂々と主張すべきだという見解も出現した。そうした議論はサプライサイド経済学に見られ、その最も有名な論者であるG・ギルダーは「資本主義に神学を与え、資本主義のもたらす結果に正義の保証を与える」ことを自らの課題とした。彼によれば、資本主義は「与えよ、さらば与えられん」という原則に従って動いているという。すなわち、資本主義は需要が予め与えられたことを前提に活動するのではなく、供給が先行するところに大きな特徴があるのである。資本主義にあっては需要に先立って供給のための投資が行われるが、この一種非合理な投資こそ一種の贈与であるというのである。従って、資本家は自己愛の塊であるどころか、「与えよ、さらば与えられん」を地で行く利他主義者ということになる。資本主義の成否は創造的で革新的な、そしてリスクを恐れずに敢えて投資する徳目をもったこれら企業家の存在にかかっている。逆にいえば、需要の確定を前提にして供給を行う社会主義体制の方が合理主義的であり、これに対して資本主義は非合理的な「企業家精神」に依存している。かつてJ・シュンペーターは資本主義の衰退原因の一つとして「企業家精神」の枯渇をあげたが、正しく、アメリカの問題はこの「企業家精神」の衰弱にあるというのが彼らの議論の核心であった（資本の欠如ではなく、精神の欠如が問題の核心）。そして、資本主義体制がこうした「創造的破壊」の担い手に依存している以上、彼らがその勤勉と努力、リスクに見合った所得に対して正当な権利を持つことは当然のことになる。従って、大減税政策の推進（限界税率の引き下げ）による投資の促進こそがその中核的目標として掲げられることになる（均衡予算という保守主義の議論からのはっきりした逸脱現象として注目される）。この「企業家精神」の重視とその再活性化を志向する議論は、そうした精神に無縁でひたすら安定を求める大企業の経営者や政府の福祉政策に頼る貧困層に対して極めて厳しい態度をとる。そこで期待されるのは巨大な組織によって裏付けられた組織資本主義の世界ではなく、ベンチャー企業の世界であった。

保守主義はさまざまな角度からそれまでのリベラリズムの政策の見直しを提案した。第一に、人間の抜き難い自己愛を前提にした上で、その活用を考えるという立場に立っている。自己愛中心の社会像を政府の権力を媒介により共同体的なものに変えようとしたのがリベラリズムであったわけであるが、こうした行き方は基本的に失敗したというのが保守主義者の総括である。すなわち、人道主義の立場に立つ諸施策は「意図せざる結果」に陥ったのみならず、実は、政府及びそこに働く人々の利益に最も適っていたというのである。諸施策の受益者であるはずの人々よりも、実は公的部門の人々の利益が自己増殖的に実現されたという議論は保守派の得意とする論法である。社会正義の旗の陰にはやはり自己愛――公的部門の人々の――が存在していただけだというのである。政府は問題解決能力を持っているどころか、政府自身が問題であるというのが、その基本的な立場である。

保守主義は第二に、民主政治が「政治参加の過剰」「民主政治の過剰」によって財政赤字を膨張させ、インフレ体質に深く染まっていることを批判のターゲットとした。これは政府の活動領域を制限し、市場原理を働かせるべきだとの主張になる。実際には、政府がどのように機能するかは政府が決めることになるが、政府が市場原理を攪乱するような政策を採用しないように自己抑制し、あまつさえ、失業の増加を覚悟の上で通貨量の厳格なコントロールを行うといった形で市場原理の徹底を図るべきだという主張になる。伝統的に保守主義は均衡予算主義を掲げてきたが（そのことは先のフリードマンの議論にも見られた）、八〇年代以降の議論においては大減税が政策の中心的な要素として登場した（先のサプライサイドの経済学はその典型）。そのため、均衡予算論と大減税政策との綱引きが保守主義の内部で見られることになった。

第三に、具体的な議論としては政府活動の縮小のために規制の撤廃や公的に提供されていたサービスの抜本的改革が唱えられる。規制撤廃は業界保護・雇用保護の見直しと競争原理の導入を意味するが、特に重大な意味を持ったのは、内外の金融市場の規制緩和であった。これによって資金が瞬時にグローバルに動き回る環境が整備された。また、教育、年金、医療といった公的サービス領域においては給付水準のカットと並んで競争原理の導入による効率化が課題とされた。そして、エネルギー産業や通信・運輸産業などの領域における国有企業や公営企業についてはその民営化が唱えられた。民営化はこうした企業の非効率性の是正とか、政府の経済活動への関与の縮小という観点から議論されたが、それは同時に政府が株式の放出によって新たな財源を得る可能性を秘めたものであった。

これらの個別的な政策領域において保守主義は「大きな政府」「福祉国家」に対する有権者のシニシズムに訴え、それを政治的に動員しようとした。その意味で政策論議のイニシャティブをリベラリズムから奪い、政策論議の主軸を変えることにかなりの程度成功した。特に、直接税の増税といったものが事実上、不可能になり、減税への流れが国際的な潮流として定着し始めた。その結果、政府の財源に天井感が出てき、施策の幅が狭まることを意味した。しかし他面において、福祉国家の最大の受益者は大多数を占める中流階級であり、選挙を考えれば実際にレトリックのように福祉国家を解体することはできないという現実があった。そのため、大減税は実行できても歳出の削減は思うに任せず、従来以上に財政赤字が拡大する結果を招くことにもなった（レーガン政権）。その結果、マクロ政策としてはかつてのケインズ主義と違わないのではないかとか、自己責任の原理が現実には空洞化しているのではないかといった批判が浴びせられることになる。こうした不均衡がかつてのようにインフレにつながらなかった要因の一つは、財政赤字が国際金融市場を通して埋め合わされたためであった（但し、そういう評価を国際金融市場で受け得るのは基軸通貨国アメリカの最大の特権であり、どの国にとっても利用可能な政策ではなかったが）。リベラリズムが基本的に一国内における需要の管理を中心に経済施策を考えていたのに対し、アメリカの保守主義は国際金融市場へ依存した新しいタイプの民主政治を準備したのであった。リベラリズムが一国主義に立ちながら各国を横並び的に考えていたとすれば、金融システムの規制緩和は明らかに国境の壁を突き崩すとともに、当該国の国際的地位に応じて大きな自由度の差異を生み出す原因となった（非対称性の拡大）。保守主義にはナショナリズムの要素が濃厚に見られたが、それは国際市場への依存を断ち切るといった構造にはなっていなかったのである。恐らく、断ち切っていたならば保守主義もリベラリズム同様、極めて傷付きやすいものになったであろう。

保守主義とリベラリズムとの主たる争点は経済政策の領域にあったわけであるが、保守主義は文化や倫理の問題により強い注意を払った。これは自己責任といった徳目を強調しようとすればそれにふさわしい人間のあり方を想定せざるを得ず、貧困問題の原因を個人の生活態度や文化に求めるところにもそうした関心が窺われた。リベラリズムが個々の人格の尊重と個性の開花という大枠を擁護しつつ、その具体的な内実についての判断を各人に委ねたのに対し、保守主義は倫理の領域でのいわば自由放任主義の問題点を大きく取り上げた。保守主義の間に見られる伝統的な家族生活への憧憬、社会的権威や宗教への関心といったものは、いわゆる社会的争点とされるものであるが、これらは自己愛中心の社会モデルには解消し切れない保守主義の倫理的問題への関心を示すものである。特に、経済的自由といったものには余り縁のなかった有権者——例えば、余り豊かでない階層や主婦層、そして、労働者階層など——をひきつける上で、この文化的保守主義は一定の役割を果したのである。そして妊娠中絶反対運動といった形で耳目をひく大衆運動が保守主義の中から台頭したのであった。

4　グローバル化状況

リベラリズムにしろ保守主義にしろ、その原点は一国の政治経済体制の運営——所得再分配を中心にした——に関わる立場の違いに由来するものであった。ところが保守主義の唱える市場原理重視の立場は国内に限定される必要もなければ、予めその領域を限定する必要もない性格を備えていた。これに対して、リベラリズムはより一国体制との結びつきが強かった。そのためグローバル化の推進役は保守主義の手に委ねられ、保守主義は、冷戦の終焉を機に旧社会主義圏を巻き込むグローバルな「帝国」体制へと国際関係を再編成するイニシャティブを握ったのであった。かくして保守主義は国内政策の選択肢からネオ・リベラリズムという装いの下、世界を席巻する政治思潮となった。左翼の側から「帝国」論が生まれたように、思想面でもその影響は否定しがたいものとなった。

受け身に立たされたリベラリズムの側が打ち出した次なる戦略が「第三の道」路線であった。これはグローバル化を拒否して一国に閉じこもる立場と訣別しつつ、他方で市場原理重視主義と一線を画そうとしたものであった。何よりも、「第三の道」は競争力の強化と富の創造というネオ・リベラリズムと共通の目標を掲げ、富の再配分という伝統的施策を個々人の潜在的能力を可能な限り磨き、高めることへの投資へと置き換え、こうした形で経済的不平等の広がりに対抗して平等の原理を擁護しつつ、人々を「包摂」することを主張した。正に労働を通しての自尊心の涵養と生活の向上に焦点を合わせ、そのために必要な訓練と教育に政策の中心を置くことになった。ブレアが政府の優先課題について、「教育、教育、教育である」と述べたのはその典型であった。貧困の固定化とその悪循環を防止するための鍵が教育に求められたのである。その鍵とされたのが人的リソースの充実であった。かつて教育は差別の是正のための重要な手段としてリベラルによって重視されたが、今や経済的な成功と競争力強化の条件として位置づけられたのである。

「第三の道」は社会的不平等を経済的活力の原点であるかのように考えるネオ・リベラリズムとは異なり、社会保障の単なる削減を主張しないが、同時に、これまでの政府からの給付に依存するような体制の見直しを主張した。これが彼らの「ポジティブ・ウェルフェア」という概念であり、受給者は個人と社会とのパートナーシップ関係を踏まえ、積極的な社会奉仕活動などを義務付けられるべきとした。「権利は必ず責任を伴う」という大原則に基づいて、それまでの権利主張に偏した風潮を見直し、社会全体を社会投資国家として捉えなおすべきだという主張がここに見られる。また、「第三の道」は対外的にもコスモポリタン国家を目指し、グローバル・ガバナンスに積極的に関与する国家像を打ち出した。安定し、繁栄する世界を構築するために積極的に関与する国家というこのイメージには、グローバル市場をこうした観点から必要に応じて規制することに努めることも含まれている。特に、膨張し、猛威を振るう金融市場に対する規制の必要性は繰り返し力説されている。「第三の道」は二〇世紀型一国体制とそこでの利益政治の時代が終ったことを踏まえつつ、同時に、政府の役割を単に否定的に捉えるのではなく、市場の中で人々が安定的に労働・生活するための条件を整備する上で極めて重要な役割があることを明確に指摘した。その限りにおいて市場重視を専ら掲げるネオ・リベラルとの差異は明らかであった。

ネオ・リベラリズムという形で保守主義が新たな展開を遂げる中で、保守主義にも解体現象が出て来た。一九八〇年代初頭の保守主義には市場メカニズムへの熱狂的な支持とナショナリズムとが素朴に共存していたわけであるが、これは現実には常に可能な組み合わせではなかった。市場メカニズムへの支持は経済的繁栄という結果への期待に支えられていたわけであるが、市場は決して特定の「結果」を特定の社会に保証するものではない。そして、時間の経過とともに、この素朴な共存のシナリオは一過性のものであることが明らかになった。それはグローバル資本主義と民主政治との強引な継ぎ合わせであることが判明したからである。この継ぎ接ぎ関係は多様な相貌を帯びていたが、確かなことは、市場メカニズムは国家の壁を突き崩し、世界を席巻し始めたが、個々の民主政治がそれによって直ちにハッピーになるという保証はなかったということである。勿論、両者の関係が比較的調和的な時期もあったが、多くの場合、金融市場を中心にした市場の激しい変動が国民生活を巻き込み、特に、中流階級の没落やその解体が進行することになった。それは当然のように、政治的不満と「怒れる有権者」を生み出す。かくしてかつての保守主義はネオ・リベラル派と移民問題などを手掛かりに台頭した極右勢力（一国主義者）とに分裂し始める。

冷戦が終焉したとき、F・フクヤマは民主政治と市場経済が思想的に最終的な勝利を収めたとし、「歴史の終焉」を話題として取り上げた。当時のユーフォリアからすれば、それはそれなりの説得性のあるメッセージであった。彼の議論はあくまでも思想のレベルでのメッセージであり、これらの理念が現実に実現したことを述べる趣旨ではなかった。冷戦の終焉以降、確かにネオ・リベラルの唱える市場経済体制は世界に深く浸透し、また、新民主政治体制の急速な広がりもまた否定できない現実である。これはネガとしてのかつての社会主義体制に対するポジとしての側面である。

しかしながら、このフクヤマの議論で隠されていた問題がいよいよ浮上してきたという現実も無視できない。それは民主政治と市場経済との親和性の問題である。どちらも人間の自由と平等を基盤とした参加型の社会体制であるが、政治の方は一人一票を大原則に統合を試み、それを基にした集団的な決定を行う活動であるのに対して、経済の方は差異性と多様性を基にした競争とそれを通しての効率性の追求を目標とした活動である。当然のことながら、この二つの仕組みが自然に親和的である保証はなく、両者の関係は時には緊張を孕みながら、その時々の状況に応じてパッチワーク的に処理されてきたというのが実態であった。この二つの体制が比較的親和性を持ちえたのは労働集約型の産業社会があったからであり、産業革命以後の二世紀にわたる歴史的な経験はそれを裏書きしている。特にこの親和性が強く実感されたのが、基本的に一国経済体制モデルが現実味を持っていた一九七〇年代までの時期であった。ところがその後古い通貨体制の崩壊や大胆な規制緩和などさまざまな経済環境の変化があったが、特に九〇年代以降、実体経済の規模に対して金融資産が数倍の規模に上るようになり（第二部第八章を参照のこと）、グローバル経済が金融市場主導型になるにつれて、両者の親和性の問題が浮上してくる。二〇世紀型政治経済体制は急速に過去のものになりつつあり、そのことは所得格差の拡大や失業率の急上昇など枚挙に暇がないほどである。ジャーナリスティックな言い方をすれば、「先進国はなお存在するのか」という問いかけになろう。

ネオ・リベラルが主権国家体制を超えて市場原理が貫徹する「帝国」体制を志向したことは確かであり、自国通貨の変動に対し政府が基本的に直接責任を持たない変動相場制の導入は市場原理優先構造を如実に物語っている。それまでの政府が金本位制であれ、ブレトン・ウッズ体制であれ、自国通貨の固定相場の維持に対して責任を持ち、それに伴う多くの困難な国内政策的な課題を自ら引き受けたのとは全く異なる状態が発生した。それは政府にとって負担の軽減であり、困難な国内的調整に多くのエネルギーを費やす必要がなくなった。レーガン政権が大減税と大軍拡を掲げて登場した時、多くのエコノミストは大インフレを予想したが、実際にはそうはならなかった。アメリカの特殊性を念頭に置くとしても、これによってこれまで到底不可能と思われていた政策パッケージが可能になったのである。その意味では政府を拘束から自由にした面があったが、その一方で金融市場・金融資産の膨張は市場原理の名の下に放置され、アメリカでも金融制度の規制緩和は一九九〇年代に急速に進んだ。その結果、金融市場の動きが実体経済を左右する（俗に、「尻尾が頭を振り回す」）ようになり、それが政府にとって暴力的な打撃を与えるようになった。一九九七年のアジア通貨危機は極めて短期間のうちに幾つもの国の経済に破滅的な影響を与え、当該地域の政治的・経済的ストレスを一挙に高めた。いわゆるＩＭＦによる経済運営の代替がこの地域で広範に見られるようになった。巨大化した金融資産とその激しい動きによって、実体経済と国民生活は深刻な打撃を受けるという事例はこの後珍しくなくなった。

先に紹介した「第三の道」という路線は、民主政治の側から民主政治と市場経済との共生可能な関係を探った議論であったが、そこでは金融システムに対する規制――特に、その投機的な動きに対する――が重要な課題として掲げられていた。ユーロ圏は多くの国々が一つの通貨を共有することによって金融市場に対して巨大な防壁を構築する壮大な構想であったが、今やユーロ圏参加国の財政リスクの差がソブリン・リスクとして意識され、却って、国際金融市場の格好のターゲットになるに至った。ソブリン・リスクに起因する各国財政に対する市場からの「紀律化」の容赦のない圧力は当該国の民主政治を事実上大きく変質させた。ユーロ圏の国々が通貨統合と政治統合とのギャップをどう埋めるかは今後の課題であるが、二一世紀の新しいこうした挑戦が金融市場の抱える問題に対する危機感に発しつつも、自ら危機に陥ったことは問題の根深さを感じさせる。いずれにせよ、二一世紀の政治思潮の一つの中心テーマは金融市場と民主政治との持続可能な関係を、さまざまな制度作りを通して、もう一度構想し直すことである。金融市場の生み出す度重なるバブルとその破裂、それに伴う膨大なコストを政府が払い続けるという構図を何時までも続けることは、民主政治の将来にとって背負いきれない重荷であろう。

逆の方向から問題を見るならば、金融市場にとって民主政治は果たして好ましいものと映るかどうかという問題がある。民主政治はとかく意思決定に多くの時間を要し、定期的な選挙という手続きを内包している。これに対して金融市場の動きは速く、こうした民主政治の手続きとの時間差は否めない。実際、ユーロ圏においても、選挙の度ごとに市場は動揺を繰り返しており、見方によっては金融市場と民主政治は一種の悪循環を生み出しかねないところがある。そうでなくとも、金融主導の市場経済は格差を広げ、失業を増やすなどという批判が絶えないのであって、両者の親和性どころか、非共生性が話題にならないとも限らない。従って、より権威主義的な体制に対する再評価といったものが市場の側から出てこないという保証はない。但し、権威主義体制に親和的な経済体制はしばしば国家資本主義の体質が強く、ネオ・リベラルの警戒するところかも知れないが。

市場経済という形を通してグローバルな規模での権力の再編成が進む中で、それに対抗する動きがグローバルに出てくることが予想される。俗に、反グローバル化運動と呼称されるものがそれであるが、二一世紀の進展につれて、国境を超えたこうした運動の連帯が進むことは容易に想像される。ネグリ／ハートは「帝国」体制の裏側で生産される無数の多種多様性を内包したマルチチュードの存在に着目したが、人民や民衆といったある種の同質性を内包したものとは違う、コミュニケーション・ネットワークを結節点として共同行動に「開かれた」集団がそれであるという指摘は現代の特徴を的確に言い当てている。こうした動きは基本的に抵抗と反対の運動であろうことは容易に想像されるが、そうした運動を触発するさまざまのテーマは限りなく提供されよう。

二〇世紀後半の政治が利益政治と利益配分を軸に展開されたことはよく知られている。二一世紀に入ると共に、ますますはっきりしたのはこうした二〇世紀型政治の有効性に疑問符がつきはじめたことである。利益政治のこの閉塞感は人々の関心を反射的にアイデンティティ・ポリティクスや「差異の政治」へと向けさせることにつながる。かくして、政治は文化や価値の問題と直面する可能性が高まり、地域によっては新右翼やファンダメンタリストの台頭に見舞われる。その上、環境問題のように既に広範な関心が共有されている問題領域がある。利益政治を通して統合を図るというかつての基本構造が動揺する中で、文化や価値に関わる課題の噴出は政府の統合機能を維持する上で更に困難な課題を突きつけることになろう。既に随所に見られる政治的統合力の衰弱現象は政治の基盤の液状化現象の反映である。このため、世界の安定に寄与できる余力のある政治権力を見出すことは困難になりつつある。

二一世紀は皮肉にも「テロのグローバル化」によって幕を開けた。二〇〇一年九月一一日のアメリカの同時多発テロがそれである。政治・経済主導のグローバル化の戦略本部とでもいうべきアメリカの中枢機能が相次いでテロの標的になった。このテロはある意味では奇妙なテロであった。通常、テロは特定の目的の実現を企図するものであるが、このテロは不特定多数の人間を巻き込んだ大規模な暴力と破壊それ自体が目的であり、それが今後も継続しうるということ以外、その目的を確定することの出来ないものであった。それは現状の国際的なシステムに対する抽象的な破壊意志の表明であって、それだけに全てのものが潜在的なターゲットになり得ることを示唆していた。その意味では抽象的な政治的なメッセージをテロという鮮烈な形で世界に伝達した出来事であった。何よりも、政治や経済の国際秩序に不満を持つ人々、その巨大な塊としてのイスラム世界の存在をクローズアップさせることがその目的であったと考えられる。そして「文明の衝突」モデルという思考様式を広め、対決を煽ることがテロリストの意図であったが、アメリカは動揺しながらも最終的には「文明の衝突」モデル（十字軍モデル）に陥ることなく、「世俗化」「近代化」

を前提にした宗教宗派を超えた国際的な連合を構築して対テロ戦争に臨むことになった。この段階でもなおフクヤマは「歴史は終焉した」と説き続けた。しかし、見えない敵との戦いである対テロ戦争は市民の監視体制や自由の束縛などといった副産物を広範に生み出すことになった。更に軍事力の行使にしても、その具体的な手法や効果が繰り返し問題になった。やがて、そうした中から軍事力を武器にした中東世界の旧体制との訣別、新体制の樹立を唱えるネオコンがアメリカで急速に台頭した。それはアメリカ的体制、すなわち、市場経済の定着と民主政治の推進といった体制輸出を唱える立場であり、中東世界をドミノ的に「近代化」「世俗化」しようという主張であった。しかし、こうした主張のナイーブさと限界はその後の展開の中で容赦なく明らかになった。

この一連の出来事は、市場のグローバル化という表面の動きと並行して、独自の宗教や文化の自己主張の強まり、それによる政治的動員の余地が少なくないことを示した。「帝国」論を唱える人々は帝国対マルチチュードという構図を提案しているが、マルチチュードは再び国民やナショナリスト、更にはテロリストに変貌しかねないということである。いわゆる民主化が果たして「世俗化」「近代化」につながるかは速断できない。例えば、「アラブの春」に見られるように、当面、それは政治体制のイスラム化への誘因になることは明らかである。更に、急速な経済成長を手にした地域ではナショナリズムの昂揚が広範に見られることになる。従って、市場のグローバル化が進めば進むほど、「差異の政治」のグローバル化も同時に進展するということを視野に入れておかなければならない。その結果何が起こるかは予断を許さない。

リベラリズムや保守主義が提起した論点の中には今なお有効な視点が少なくないが、それは基本的に一国体制を前提にしたものであった。しかし、民主政治を取り巻く環境が急速に変化していることは明白な事実であり、そのことを無視した単なる繰り返しでは議論の有効性に大きな限界がある。市民社会論や討議的・対話的民主政治論、市民教育論、公共哲学などといった議論は、複雑化する状況に対面しながら新たな思考にチャレンジすることの必要性の高まりとそれへの応答の試みと理解することができる。それは煎じ詰めれば、民主政治の意義を国家や特定の集団の活動に還元してしまうのでなく、市民が民主政治の抱える課題を直接に引き受けるということにつながる。民主政治が国境を越えたパースペクティブを持つといわれるのも、こうした前提があるためである。市民が利益集団の構成員として振る舞えば万事がうまくいくと信じられた時代は過去のものとなったし、また、特定の文化的集団やエスニック集団を熱狂的に支持すれば全ての問題に決着が着くという「幸せな時代」は到来しそうにもない。そうであるとすれば、市民の判断力で新たに民主政治を動かす工夫をしなければならないことになる。先にあげたさまざまな応答はそうした観点から読むべきものであろう。

むすび　政治判断について

「政治学とはどのような学問であるか」という問題は、政治学にとって避けられない問題である。しかし、政治学の他の概念がそうであったように、これもまた論争的な話題である。何よりも、政治学史はそのことを如実に示している。「はじめに」においてこの問題にどう接近するつもりかについて予め示唆しておいたが、それはあくまで示唆にとどまるものであった。しかし、少なくとも政治活動の具体性や個別性を認識しつつ、他面でそれに流されるだけではなく、何らかの意味での「合理的なるもの」を追求することの必要性をそこでは指摘しておいた。その後、原論と現代民主政治論という具体的な素材を通してこの課題への接近を試みてきたが、ここで一種の総括的な議論を試みてみたい。

本書の行論からも窺われるように、この大問題には伝統的に二つの立場があったというのがここでの出発点である。第一はアリストテレスのそれであり、第二はTh・ホッブズのそれであった。アリストテレスは学問を三つに分類し、その一つを実践学（praktike）とし、政治学をはじめ、倫理学、修辞学、家政学などがこれに帰属するとした。ここでいう実践学というのは変わりうるものを対象にする学のうち人間の行為に関わる学であった。それは人間の力ではどうにも変わり得ない対象を扱う理論学やものを作る技術学（制作学）とは区別された。実践学の内容は、第一に人間の行為のあり方を「よりよき」ものへと変えることを目指すものであった。従って、働きかける主体の実践的判断力（prudence）が大きな焦点となっていく。その際に強調されたのは第二に、実践学は個別的な現象に関わるものであって、機械的にどこでもいつでも適用できる知識を提供するものではないという点であった。アリストテレスは、実践学に数学のような厳密な知識を求める態度を教養のなさの表れと評している。従って、実践学は個々の具体的な状況における実践的判断を文字通り教えるものではなく、その行使のための大枠を予め示す学に止まらざるを得ない。従って、実践学の実践性は事柄の性質上、ある程度、抽象性の域に止まることになる。しかし、これによって理論学の一般理論とは異なる学問領域が独自性を持つものとして地位を与えられたのである（そうした領域はしばしば偶然性や特殊性の故に、切り捨てられる可能性が高かった）。

これに対してホッブズはこうした実践学の伝統を学問の名に値しないものとして排除し、厳密で一義的な知識のみが学問としての資格に与かる条件であると論じた。デカルト主義は確実性を欠く臆見の世界を排し、幾何学的厳密さを学問の資格要件としたが、これは先のアリストテレス的議論の基盤を奪うものであった。アリストテレスの学問論が多元主義的であるとすれば、ここでは学問概念の一元化が急速に進行することになる。そしてこの枠組みに入らない学問（と称するもの）は学問の世界から排除される。そこでは普遍的・客観的知識や概念を把握し、それを対象に適用し、対象をコントロールすることが学問の理念となる。ホッブズが自ら、政治学は自らの作品に始まると宣言したのはこの意味での政治学が彼に始まったという趣旨においてであり、アリストテレス的伝統に対する公然たる批判を前提にしていたのである。『リヴァイアサン』は幾何学的精神に裏打ちされた新しい政治学のパラダイムとなるべきものであった（ホッブズ自身、学問の無力さを嘆きながら執筆した作品でもあった）。このデカルト－ホッブズ型の発想は形を変えながら生き続け、一九世紀の実証主義を経て二〇世紀の行動論にまで陰に陽に及んでいる。本書の序論はこうした知的伝統の問題点をさまざまな角度から取り上げ、具体的に論じたものであった。そして、この二つの学問的潮流は一九六〇年代以降、大まかにいえば社会科学の技術主義的理解と実践学的理解との違いとなって現れ、前者が人間の行動についての因果法則の上からの適用と行動のコントロールの主張となり、後者が対話型の実践世界と行動の内面的理解・意味付け中心モデルを生み出した（これは説明と解釈との対立ともいわれた）。いずれにせよ、多くの哲学流派がこの論戦に参加し、多くのメタ理論を作り出した。こうした中で「政治学とはどのような学問であるか」について多くの考察が加えられたのであった。

本書はこうした経緯を踏まえ、実践学としての政治学に傾斜した立場にたっている。そのことは例えば、諸概念について既成の一定の内容――そういうものがあったとしてのことであるが――を記述することで満足するといった態度をとることとなく、諸概念の論争性を指摘するとともに概念の持つ現実・実践構成的な役割を強調したことに表れている。つまり、概念は客観的・叙述的性格を持つだけではなく、政治の見方や政治的対立と深く関連していることを指摘した。従って、政治学の対象は変化し得るものであり、人間を「自己解釈する動物」と規定したのもこうした趣旨においてであった。そのような変化の可能性を留保しつつ、どのような政治の動きが見られるかを考察することは必要でもあるし、ましてや、それを無視すべきだというわけではない。政治現象についての研究はわれわれが政治判断を行う場合に欠かせない与件の一つである。問題は、人間の政治活動についての一定の因果的説明をドグマ化し、それを「学習する」ことが政治学だといった発想である。これは明らかに倒錯した発想である。従って、先の議論からすれば、アリストテレスの見解に基本的に立ちながら、政治活動についての経験的な事象をその中に吸収していくのが、ここでの立場である。それは「政治についてどう考えるか」という問題が基本であること、その場合には、いわゆる事実に関することも価値に関することも単純に峻別されるだけでは済まないこと、そうした指摘とも関連している。そして、「政治についてどう考えるか」は最終的には「政治をどうするか」につながっていくことは否定できない。俗にいうところの価値判断なるものはそれだけとってみれば知性とは無縁なエモーショナルな叫びのようなものに過ぎないであろう。しかし、政治について思考するためには複雑な概念と判断基準を動員しなければならないのである。政治判断をあたかもエモーショナルな価値判断の叫びのように考えるのは基本的な過ちである。これまで本書において展開してきたさまざまな概念や類型といったものは、各人が個別的な争点や問題について自ら判断を下し、あるいはそれに従って行動する際の一つの手掛かりを示したものに他ならない。従って、こうした思考の過程に参加する経験もなく、ひたすら生地の価値判断を露出させる人々とは自ずから違った地点に立って、政治を思惟する条件を具備したはずである。勿論、本書が示しているのは一つの素材であって、将来、新しい概念を動員して新たな問題を発掘したり、その解決を図ったりすることはいくらでも可能である。これは人間が新しい現実を生み出していく限り、避けて通れない事態である。

政治判断の性格について以下、考察を加えておきたい。第一に、政治判断は基本的に意見や臆見の世界に属する。すなわち、超越的な絶対的真理とは異なった領域に属する。それは厳密性を欠き、多かれ少なかれ、部分性を持たざるを得ない。これは主体の複数性が政治の世界において不可避なことと表裏一体の関係にある。もし、一つの絶対的判断しか存在しないならば、他の政治判断は存在の余地がなく、判断の自由そのものが失われてしまうであろう。政治に関わる概念は多かれ少なかれ論争性を帯びざるを得ず、人間はその部分性の中で判断し行動しなければならない。仮に、概念の理解が共有されている場合であっても、その適用をめぐっては新たな論争が始まるといったように、政治判断は甚だ脆い地盤の上に成立している。従って、普遍妥当的な法則を演繹的に適用するような感覚とは全く無縁な世界であるが、しかし、これこそは人間の自由の現実に根差した状況に他ならない。また、それ故に政治判断を磨くことの重要性が明らかになるのである。

第二の特徴は政治判断が他者との判断の共有を求め、あるいは必要としている点である。同じく実践的判断といっても、道徳の領域と比べてみるとこの特質が一層、浮かび上がる。それというのも、政治判断は他者との共同行動や共存と不可分の関係にあるからである。自らの運命についてどう考えるかが政治判断のテーマではなく、共同行動や共存関係を構築するために政治判断は常に社会の中で伝達され、他者を説得しなければならないという性格を有している。しかし、この他者の説得や理解を得るという場合、第一の点について述べたように、政治判断自身が盤石の基礎の上に成立しているわけではないという、それ自身の脆さから自由になることはできない。その意味で意見の世界に居を置きながら、常に、他者を説得し、その支持者を拡大して行かなければならない運命にある。

第三に、政治判断はその内実において独自性を備えている。それは集団活動とその基礎となる共同体全体――国家から国際社会に至るまで、その範囲は拡大可能である――のあり方についての考察を任務とする。逆に言えば、個人の利益や生命への関心といったものにばかり目配りした判断は政治判断とはいえない。政治判断は基本的に自らの属する政治的共同体に対する責任感やコミットメントによって支えられており、全体としていかなる共同体であることが望ましいか、あるいは望ましくないかを敢えて問題にする判断である。このことは判断主体の視野が重要であり、「誰でも」「どこでも」こうした政治判断を担う資格を具備しているとはいえないことを意味する。自らのこと、眼前のことしか考えない人間が政治判断と無縁であるといわれる所以はここにあり、政治判断には「拡大された精神」や「万人の代わりに思惟する能力」が求められる。プラトンが哲人王の条件として優れた知的・道徳的能力と並んで「気宇壮大さ」を要請しているのは、こうした論点と関係している。また、政治家たちが口を開けば、「国家、国民のため」と語るのは職業的本能の表れといえよう。但し、現実には政治判断を生業とする政党が眼前の利益しか眼中にない行動をしたり、国会議員が共同体全体への配慮などはお構いなしに「地元の利益」のために暴走することは珍しくない。しかし、今日、これまで以上に「拡大された精神」なくしては民主政治は立ち行かないという状況にあることは一つの現実である。さらにいえば、政治判断は「拡大された精神」活動であるのみならず、現実を動かすための活動に対する一定のコミットメントとつながっている。活動が常に具体的なコミットメントと不可分なものである以上、政治判断は観客的判断の域を越えるものである必要がある。政治判断には冷静な判断と実践的熱意が結合されていなければならないとされるのはこのためである。「政治とは、情熱と判断力の二つを駆使しながら、堅い板に力を込めて徐々に穴をくりぬいていく活動である」(ウェーバー)。

第四は政治判断の包括性である。政治判断は共同体全体のあり方を問題にする以上、生活のあり方としての倫理的問題を完全に無視するわけにはいかず、一定の範囲でそれとの接点を持つことは避けられない。また、何をどのように実現するかという目的・手段の関係についての判断を欠いた政治判断はあり得ない。その際、制度的・経験的認識が大きな手掛かりを与えてくれる。勿論、現状についての情報は不可欠である。その意味において政治判断は多様でお互いに異質な要素を結び付けた判断であるという性格を持たざるを得ない。さらにいえば、どの範囲の事柄や問題に目配りすればそれで十分なのかについて予め決定できない構造があることも重要な側面である。こうした政治判断の性格からして、事実と価値との二元論を金科玉条とするような政治観は政治判断を貧しくする特効薬のようなものである。

第五は政治判断の妥当性に関わる問題である。政治判断が間主観的にテスト可能なデータに基づく議論のみによって成り立っているわけではなく、政治体全体についてのある種のイメージ、倫理的コミットメント等、多様な要素の合成物である以上、それについて一義的な真偽を問うことは初めから問題にならない。真偽を問うことが直接的にできないとすれば全ては恣意に流れるのであろうか。これは実践的判断が出会う難問であるが、これについては真偽ではなく、「適切」、「不適切」という基準が有効である。「適切」、「不適切」という基準は、われわれが一定の概念枠組みを用いて物事を判断し、それを互いに伝達し合っているという事実と深く関わっている。勿論、こうした枠組みの一義性は期待すべくもないが、そうした中で行われる判断については適不適が唯一の評価基準であろう。あるいは、政治判断の適不適とは、人々の共有する思考の枠組みを巧みに動員しながら、現下の諸情勢を念頭に置きつつ、共同体の課題について説得的な課題設定と解決策を提示できるかどうかにかかっている。勿論、既成の支配的な政治判断が必ずしも適切なわけではないし、さまざまな新たな問題提起の余地があることは本書で繰り返し述べたところである。そしてこの適不適という基準は、パスカル流にいえば、幾何学的精神に対応する精神の働きではなく、むしろ繊細な精神の働きに対応するものである。その判断には鋭敏な洞察力が必要であり、政治判断を趣味判断や美的判断とのアナロジーで論ずることにはそれなりの根拠がある。歴史的経験の吟味を通してこの洞察力を体得するといったことが古来行われてきたが、これもこの問題への接近の一つの手掛かりである。

第六は政治判断の公的空間に関わる問題である。政治判断の適不適についてはそれに応答する公的空間（政治的意味空間）が必要であり、それ以外に政治判断の住処《すみか》はない。こうした政治判断に呼応する公的空間は政治にある方向性を与えるか、少なくとも、そうした可能性を潜在的に有している。このささやかな空間の動向によって政治の現実が直ちに変わるわけではないが、これがなければ、あるいは貧困であれば、政治のみならず、政治生活や政治参加が方向性を見失うであろう。「自分のこと」「今のこと」しか関心のない私主義が横行することのコストはやがて歴史の中で支払わなければならないであろう。政治判断の政治的有効性は限られたものであり、政治が簡単に動くものでないことは改めていうまでもない。問題はそこからどのような帰結を導き出すかである。「従って、何をしても無駄だ」と結論付けるか、「それにもかかわらず、政治判断のためにエネルギーを注ぐべきだ」と結論付けるかである。これらは五十歩百歩のように見えるが、しかし、政治生活の運命を決したのは政治判断の小さな違いの累積の結果であり、小さな違いが雲泥の差を産み出し得ることを直視すべきであろう。

最後は政治判断の主体の問題である。民主政治は全ての市民にこの主体としての権限を認め、それを制度化した。共和主義の伝統は市民の高い政治的関心のみが自由な政治体制の再生産を可能にするといった議論を展開したが、それは望むべくしてなかなか実現できない。分業体制の下で生活するという現実からして、政治判断の主体には二種類のものを想定しなければならないであろう。第一は、自ら政治判断の提示者になるか、専門家として政治判断についての判断を生業とする集団である。これは政治家、政党、高級官僚、ジャーナリスト、評論家、研究者などによって構成されている。彼らはオープン・スペースの中で互いに政治判断の競争を繰り返す。第二は、こうした政治的意味空間の担い手ではないが、そこで展開される政治判断について、その適不適を判断する集団である。これは市民一般に他ならない。政治的意味空間への参加において両者に違いはないが、そこでの役割には一定の違いがあるのである。こうした区別そのものを批判する見解も少なくないが、問題はこの分業体制が良質な形で運営されているかどうかである。特に、前者の集団の政治判断能力は政治社会全体の運命にとって極めて重大な影響を及ぼす。この集団の機能が不全であれば、一般の市民の応答も被害を被らざるを得ない。この政治的な専従者集団は政治判断の専門家であるはずであり、その政治教育をどのように推進するかは政治学教育の究極の課題である。

初版あとがき

本書には二つの顔がある。第一に本書は、大学において「政治学原論」（「政治学入門」ではない）と呼ばれている講義についての私の試みを明らかにしたものである。仄聞《そくぶん》するところによれば、どこの大学でもこの種の講義には扱いに困り、さまざまな衣更えが事実上なされているという。それもスクラップ・アンド・ビルドの御時世の流行現象としてはやむを得ないかもしれないが、それを例えば、日本政治論で置き換えれば簡単に問題が済むというものではないというのが、本書の基本的な立場である。私自身、元来が政治学史の研究者であり、こうしたことを考えるようになったのは、偶然から東京大学法学部において「政治学」（講座名は「政治原論」）という講義を担当してからである。そして本書は十年余りにわたる講義の中から、その最近の骨格部分を書き下ろしたものである。

勿論、この種の講義については定番と呼ぶべきスタイルはない。どのような構成にしてどのような内容を盛り込むかは当方の判断に委ねられている。これは諸外国においても概ね事情は変わらない。問題は「政治をどのように読み解くか」に関わるのであって、読み解き方に一つの回答しかないということはあり得ないし、それだけに当事者がこの読み解き方を自らの責任において、踏み込んで示さなければならない。どこかで流行している図式やモデルを並べれば事足れりということにはならない。当然に読み解き方のクセがある程度顔を覗かせるのは避けられない。経験的事象や実証の陰に隠れるような装いでは長持ちはしない。その意味では本書もまた一つの実験である。

そのことと関係することであるが、第二に本書は「政治をどのように読み解くか」、「政治についてどのように思考するか」という問題に意識的に焦点をあて、従って、広くこの種の事柄に興味と関心を抱く人々を読者として想定している。実際、学生がこの種の事柄に最も興味のある集団かどうかはしばしば疑問であり、彼らにとっては単位修得の必要性という圧力の方が大きいかも知れない。従って、アリストテレスならずとも若者は政治学には向かないと言いたくなる時もないわけでもない。いずれにせよ、その意味で本書は学生を政治学に入門させるための入門書ではなく（そういうものが必要なことは否定しないが）、政治について考えることに興味を既に有している人を念頭においている。

本書はまた、大学の教料書にありがちな最新鋭の学界動向や学説の紹介で重武装したものでもない。先に述べたようなある意味で平凡な、しかし、人間的な課題に私なりに正対したものであり、それ以上のものであるというつもりはない。上記のような事情もあってやや堅苦しい表題になっているが、政治家やジャーナリストは勿論のこと、この人間的な課題に関心のある市民の方々にもそれなりにお付き合いいただけるものと考えている。政治学の究極の課題が政治に参加する人々に「政治をどのように読み解くか」、「政治についてどのように思考するか」を示唆することにある以上、これは当然のことである。ところがこの平凡なことへの配慮が政治学においてこれまで十分になされてきたかどうかについては、率直に言って疑問がある。いろいろな経験的事象の分析が大事なことはいうまでもないが、政治についての思考力、判断力を鍛え、高めるということはこれによって直ちに解決するわけではない。そして、この思考力、判断力の点において些か憂慮すべき現実があることは否定できない。それ故ここでは政治についての思考力や判断力の充実という問題設定を敢えて行ったところである。しかし、この問題設定にどのように応答するかはそれ自体難問であり、その成否の判断は読者に委ねることにしたい。

最後に弁解とも釈明ともつかない二つの点を述べておきたい。第一は、この問題設定を解く道具として政治学史についての私の知識にかなり多くを頼ったことである。学界にもしばしば見られる縦割り関係からして、この点は違和感を喚起するかも知れないが、これは能力の問題として寛恕していただくしかない（私自身はそうした考察によって有意義な観点が導出されたと考えているが）。第二に、「政治をどのように読み解くか」という問題は価値判断の問題に他ならないという、しばしばありがちな発想には立っていないということである。本書を一読していただければ、本書が事実認識と価値判断との二元論といったものに与していないことは明らかなはずであるが、さればといって、先の問題は全て価値判断の問題だとする立場に決して賛同するものではない。この論点についてここで立ち入るつもりはないが、仮に価値判断の問題を扱う政治学の領域を政治哲学であるとすれば、本書は決して政治哲学の書物ではないし、そうしたことを意図したものではない。

巻末に一応参考文献をあげておいたが、これはあくまで学生のための心覚えであり、私自身、ここに収録できなかった多くの方々、多くの著作から示唆を受けている。この点で先輩諸兄姉の御海容をお願いしたい。

最後に学内行政で何かと時間をとられる中で本書の刊行になんとか漕ぎ着けることができたのは、東京大学出版会の竹中英俊氏の熱意のお陰である。改めてその熱意に対して御礼を申し上げたい。

一九九八年十一月

佐々木　毅

著者略歴

1942 年　秋田県に生まれる．
1965 年　東京大学法学部卒業．
　　　　助手，助教授，教授，東京大学総長等を経て
現　在　日本学士院会員・東京大学名誉教授．

主要著書

『マキアヴェッリの政治思想』（岩波書店，1970 年）
『プラトンと政治』（東京大学出版会，1984 年）
『現代アメリカの保守主義』（岩波書店，1984 年）
『いま政治になにが可能か』（中央公論社，1987 年）
『現代アメリカの自画像』（日本放送出版協会，1995 年）
『プラトンの呪縛』（講談社，1998 年）
『政治学は何を考えてきたか』（筑摩書房，2006 年）
『政治を動かすメディア』（共著，東京大学出版会，2017 年）
など多数．

政治学講義［第 2 版］

1999 年 1 月 8 日　初　版
2012 年 11 月 15 日　第 2 版第 1 刷
2021 年 5 月 10 日　第 2 版第 2 刷

［検印廃止］

著　者　佐々木《ささき》　毅《たけし》

発行所　一般財団法人　東京大学出版会
代表者　吉見 俊哉
153-0041 東京都目黒区駒場 4-5-29
http://www.utp.or.jp/
電話 03-6407-1069　Fax 03-6407-1991
振替 00160-6-59964

印刷所　株式会社三陽社
製本所　誠製本株式会社

ISBN 978-4-13-032222-5　Printed in Japan

人名索引

ら　行

事項索引

参考文献

＊　ここでは，多くの入門書については割愛させていただいた．

はじめに

Arendt, H., *Lectures on Kant's Political Philosophy*, 1982. (『カント政治哲学の講義』法政大学出版局，1987 年)

Beiner, R., *Political Judgment*, 1983. (『政治的判断力』法政大学出版局，1988 年)

Oakeshott, M., *Experience and Its Modes*, 1933.

——，*Rationalism in Politics and Other Essays*, 1962. (『政治における合理主義』勁草書房，1988 年)

Steinberger, P. J., *The Concept of Political Judgment*, 1993.

Vollrath, E., *Die Rekonstruktion der politischen Urteilskraft*, 1977.

序　論

第 1 章　現代政治学の展開

Beard, Ch. A., *Politics*, 1908.

——，*An Economic Interpretation of the Constitution of the United States*, 1913. (『合衆国憲法の経済的解釈』研究社，1974 年)

Bentley, A., *The Process of Government*, 1908. (『統治過程論』法律文化社，1994 年)

Berlin, I., "Does Political Theory Still Exist?" in: Laslett, P. et al. (eds.), *Philosophy, Politics, and Society*, Second Series, 1962. (『自由論』第 2 巻，みすず書房，1971 年)

Bryce, J., "The Relations of Political Science to History and to Practice," *American Political Science Review*, 3 (1909).

Crick, B., *The American Science of Politics*, 1959. (『現代政治学の系譜』時潮社，1973 年)

Dahl, R. A., "The Behavioral Approach in Political Science," *American Political Science Review*, 55 (1961).

Easton, D., *The Political System*, 1953. (『政治体系』ぺりかん社，1976 年)

——，"The New Revolution in Political Science," *American Political Science Review*, 63 (1969).

Farr, J./Seidelman, R. (eds.), *Discipline and History*, 1993. (『アメリカ政治学の展開』SANWA，1996 年)

Gunnell, J. G., *Imagining the American Polity*, 2004. (『アメリカ政治学と政治像』御茶の水書房，2007 年)

石田雄『日本の社会科学』東京大学出版会，1984 年．

Lasswell, H. D., *Psychopathology and Politics*, 1930.

———, *Power and Personality*, 1948.（『権力と人間』東京創元社，1954 年）
Lippmann, W., *Public Opinion*, 1922.（『世論』岩波書店，1987 年）
丸山真男「科学としての政治学」（『丸山真男集』第 3 巻，岩波書店，1995 年）.
Merriam, Ch. E., *New Aspects of Politics*, 1925.（『政治学の新局面』三嶺書房，1996 年）
Rawls, J., *A Theory of Justice*, 1971.（『正義論』紀伊国屋書店，1979 年）[rev. ed., 1991（改訂版，紀伊国屋書店，2010 年）]
Ricci, D. M., *The Tragedy of Political Science*, 1984.
蠟山政道『日本における近代政治学の発達』実業之日本社，1949 年（ぺりかん社／新泉社，1968 年）.
Seidelman, R., *Disenchanted Realists*, 1985.（『アメリカ政治学の形成』三嶺書房，1987 年）
田口富久治『日本政治学史の源流』未来社，1985 年.
内田満『アメリカ政治学への視座』三嶺書房，1992 年.
Wallas, G., *Human Nature in Politics*, 1908.（『政治における人間性』創文社，1958 年）
山川雄巳『アメリカ政治学研究』（増補版）世界思想社，1982 年.

第 2 章　理論・概念・価値判断

Beard, Ch. A., “Conditions Favorable to Creative Work in Political Science,” *American Political Science Review*, 24 (1930).
Connolly, W. E., *The Terms of Political Discourse*, 2nd ed., 1983.
Easton, D., *The Political System*.
Gallie, W. B., “Essentially Contested Concepts,” *Proceedings of the Aristotelian Society*, 56 (1955-56).
Gunnell, J. G., *Philosophy, Science, and Political Inquiry*, 1975.
Habermas, J., *Erkenntnis und Interesse*, 1971.（『認識と関心』未来社，1981 年）
Hampshire, S., *Thought and Action*, 1959.
Kuhn, T. S., *The Structure of Scientific Revolutions*, 1962.（『科学革命の構造』みすず書房，1971 年）
Pitkin, H., *Wittgenstein and Justice*, 1972.
Quinton, A. (ed.), *Political Philosophy*, 1967.（『政治哲学』昭和堂，1985 年）
Skinner, B. F., *Beyond Freedom and Dignity*, 1971.（『自由への挑戦』番町書房，1972 年）
———, *About Behaviorism*, 1974.（『行動工学とは何か』佑学社，1975 年）
Taylor, Ch., *Philosophical Papers*, vol. 2, 1985.
Weldon, T. D., *The Vocabulary of Politics*, 1953.（『政治の論理』紀伊国屋書店，1957 年）
ウォリン『政治学批判』みすず書房，1988 年.

第1部　原　論

第1章　人間

Buchanan, J. M., *The Limits of Liberty*, 1975.（『自由の限界』秀潤社，1977年）

Buchanan, J. M./Tullock, G., *The Calculus of Consent*, 1962.（『公共選択の理論』東洋経済新報社，1979年）

Dahrendorf, R., *Class and Class Conflict in Industrial Society*, 1959.（『産業社会における階級および階級闘争』ダイヤモンド社，1964年）

——，*Essays in the Theory of Society*, 1968.（『ホモ・ソシオロジクス』ミネルヴァ書房，1973年）

Downs, A., *An Economic Theory of Democracy*, 1957.（『民主主義の経済理論』成文堂，1980年）

Easton, D.（ed.），*Varieties of Political Theory*, 1966.（『現代政治理論の構想』勁草書房，1971年）

Gadamer, H.-G., *Wahrheit und Methode*, 4. Aufl., 1975.（『真理と方法』法政大学出版局，1986年）

Gehlen, A., *Der Mensch*, 8. Aufl., 1966.（『人間』法政大学出版局，1985年）

Hirschman, A. O., *Exit, Voice and Loyalty*, 1970.（『離脱・発言・忠誠』ミネルヴァ書房，2005年）

——，*Shifting Involvements*, 1982.（『失望と参画の現象学』法政大学出版局，1988年）

小林良彰『公共選択』東京大学出版会，1988年．

Lasswell, H. D., *Psychopathology and Politics*.

——，*Power and Personality*.

Olson, M., *The Logic of Collective Action*, 1965.（『集合行為論』ミネルヴァ書房，1983年）

Parsons, T., *The Structure of Social Action*, 1937.（『社会的行為の構造』木鐸社，1976年）

Plessner, H., *Lachen und Weinen*, 1941.（『笑いと泣きの人間学』紀伊国屋書店，1984年）

——，*Die Frage nach conditio humana*, 1976.（『人間の条件を求めて』思索社，1985年）

Ramseyer, J. M./Rosenbluth, F. M., *Japan's Political Marketplace*, 1993.（『日本政治の経済学』弘文堂，1995年）

Taylor, Ch., *Philosophical Papers*, vol. 1, 1985.

Wilson, E. O., *On Human Nature*, 1978.（『人間の本性について』思索社，1980年）

Wolferen, K. van, *The Enigma of Japanese Power*, 1989.（『日本／権力構造の謎』早川書房，1990年）

Young, R.（ed.），*Approaches to the Study of Politics*, 1958.

第2章　政治

Arendt, H., *The Human Condition*, 1958.（『人間の条件』筑摩書房，1994年）
——，*On Revolution*, 1963.（『革命について』筑摩書房，1995年）
Crick, B., *In Defence of Politics*, 1962.（『政治の弁証』岩波書店，1969年）
——，"Freedom as Politics," in: Laslett, P./Runciman, W. G. (eds.), *Philosophy, Politics and Society*, 3rd ser., 1967.（『政治理論と実際の間』1，みすず書房，1974年）
Dahl, R. A., *Modern Political Analysis*, 5th ed., 1991.（『現代政治分析』岩波書店，1999年）
Easton, D., *A Framework for Political Analysis*, 1965.（『政治分析の基礎』みすず書房，1968年）
川崎修『アレント』講談社，1998年.
——『「政治的なるもの」の行方』岩波書店，2010年.
Lasswell, H. D., *Politics*, 1950.（『政治』岩波書店，1959年）
佐々木毅『いま政治に何が可能か』中央公論社，1987年.
Schmitt, C., *Der Begriff des Politischen*, 1927.（『政治的なものの概念』未来社，1970年）
杉田敦『政治への想像力』岩波書店，2009年.
Weber, M., *Politik als Beruf*, 1919.（『職業としての政治』岩波書店，1980年）
Wolin, S. S., *Politics and Vision*, expanded ed., 2004.（『政治とヴィジョン』福村出版，2007年）

第3章　権力と政治権力

Arendt, H., *Crises of the Republic*, 1972.（『暴力について』みすず書房，2000年）
Dahl, R. A., "The Concept of Power," *Behavioral Science*, 2 (1957).
——，*Modern Political Analysis*.
Foucault, M., *Power/Knowledge*, 1980.
Galbraith, J. K., *The Anatomy of Power*, 1983.（『権力の解剖』日本経済新聞社，1984年）
Habermas, J., "Hannah Arendt's Communications Concept of Power," *Social Research*, 44 (1977).
Hampshire, S. (ed.), *Public and Private Morality*, 1978.
桑田礼彰／福井憲彦／山本哲士編『ミシェル・フーコー』新評論，1984年.
Lasswell, H. D./Kaplan, A., *Power and Society*, 1950.
Luhmann, N., *Macht*, 1975.（『権力』勁草書房，1986年）
Lukes, S., *Power*, 1974.（『現代権力論批判』未来社，1995年）
Meinecke, F., *Die Idee der Staatsräson in der neuzeitlichen Geschichte*, 1922.（『近代史における国家理性の理念』みすず書房，1960年）
Merriam, Ch. E., *Political Power*, 1934.（『政治権力』東京大学出版会，1973年）

Mills, C. W., *The Power Elite*, 1956.（『パワー・エリート』東京大学出版会，1969年）
Parsons, T., *Politics and Social Structure*, 1969.（『政治と社会構造』誠信書房，1973年）
Russell, B., *Power*, 1938.（『権力』みすず書房，1951年）
杉田敦『権力の系譜学』岩波書店，1998年．
――『権力』岩波書店，2000年．
Weber, M., "Soziologische Grundbegriffe," in: Weber, *Wirtschaft und Gesellschaft*, 4. Aufl., 1956.（『社会学の基礎概念』恒星社厚生閣，1987年）
Wolferen, K. van, *The Enigma of Japanese Power.*
Wrong, D. H., *Power*, 1979.

第4章　政治システム・政府

Almond, G. A., "Comparative Political Systems," *Journal of Politics*, 18 (1956).
Blondel, J., *Comparative Government*, 2nd ed., 1995.
Deutsch, K. W., *The Nerves of Government*, 1963.（『サイバネティクスの政治理論』早稲田大学出版部，1986年）
Easton, D., *A Systems Analysis of Political Life*, 1965.（『政治生活の体系分析』早稲田大学出版部，1980年）
Finer, S. F., *Comparative Government*, 1970.
Huntington, S. P., *The Third Wave*, 1991.（『第三の波』三嶺書房，1995年）
Linz, J. J., "Totalitarian and Authoritarian Regimes," in: Greenstein, F. I./Polsby, N. W. (eds.), *Handbook of Political Science*, vol. 3, 1975.（『全体主義体制と権威主義体制』法律文化社，1995年）
――, *Crisis, Breakdown, and Reequilibration*, 1978.（『民主体制の崩壊』岩波書店，1982年）

第5章　正統性

Dahl, R. A., *Modern Political Analysis.*
Habermas, J., *Legitimationsprobleme in Spätkapitalismus*, 1973.（『晩期資本主義における正統化の諸問題』岩波書店，1979年）
Habermas, J./Luhmann, N., *Theorie der Gesellschaft oder Sozialtechnologie*, 1971.（『批判理論と社会システム理論』木鐸社，1987年）
Lipset, S. M., *Political Man*, 1960.（『政治のなかの人間』東京創元社，1963年）
Luhmann, N., *Legitimation durch Verfahren*, 1969.（『手続を通しての正統化』風行社，1990年）
Schmitt, C., *Legalität und Legitimität*, 1932.（『合法性と正当性』未来社，1983年）
Walzer, M., *Obligations*, 1970.（『義務に関する11の試論』而立書房，1993年）
Weber, M., "Soziologie der Herrschaft," in: Weber, *Wirtschaft und Gesellschaft*.（『支

配の社会学』創文社，1960-62 年）

第 6 章　リーダーとリーダーシップ

京極純一『政治意識の分析』東京大学出版会，1968 年．

Lasswell, H. D., *Politics*.

Maslow, A., *Toward a Psychology of Being*, 1962. (『完全なる人間』誠信書房，1964 年）

Michels, R., *Zur Soziologie des Parteiwesens in der modernen Demokratie*, 1911. (『現代民主主義における政党の社会学』木鐸社，1973-74 年）

Mosca, G., *The Ruling Class*, 1939. (『支配する階級』ダイヤモンド社，1973 年）

Pareto, V., "Un'applicazione di teorie sociologiche," *Rivista Italiana di Sociologia* (1900). (『エリートの周流』垣内出版，1975 年）

高畠通敏『政治学への道案内』三一書房，1976 年（講談社，2012 年）．

第 7 章　公共の利益と公民の徳

Lippmann, W., *Essays in the Public Philosophy*, 1955.

Lowi, Th. J., *The End of Liberalism*, 2nd ed., 1979. (『自由主義の終焉』木鐸社，1981 年）

Macedo, S., *Liberal Virtues*, 1990.

齋藤純一『公共性』岩波書店，2000 年．

第 2 部　現代民主政治論

第 1 章　民主政治

Dahl, R. A., *A Preface to Democratic Theory*, 1956. (『民主主義理論の基礎』未来社，1970 年）

———，*On Democracy*, 1998. (『デモクラシーとは何か』岩波書店，2001 年）

———，*On Political Equality*, 2006. (『政治的平等とは何か』法政大学出版局，2009 年）

Dahl, R. A./Tufte, E. R., *Size and Democracy*, 1973. (『規模とデモクラシー』慶応通信，1979 年）

Dryzek, J. S., *Discursive Democracy*, 1990.

Finley, M. I., *Democracy Ancient and Modern*, 1973. (『民主主義——古代と近代』刀水書房，1991 年，講談社，2007 年）

Fishkin, J. S., *When the People Speak*, 2009. (『人々の声が響き合うとき』早川書房，2011 年）

福田有広／谷口将紀編『デモクラシーの政治学』東京大学出版会，2002 年．

Habermas, J., *Theorie des kommunikativen Handelns*, 1981. (『コミュニケーション的行為の理論』未来社，1985-87 年）

Held, D., *Models of Democracy*, 2nd ed., 1996. (『民主政の諸類型』御茶の水書房，

1998年)
——, *Democracy and the Global Order*, 1995.(『デモクラシーと世界秩序』NTT出版, 2002年)
Jouvenel, Bertrand de, *Du pouvoir*, 1945.
Macpherson, C. B., *The Real World of Democracy*, 1965.(『現代世界の民主主義』岩波書店, 1967年)
——, *The Life and Times of Liberal Democracy*, 1977.(『自由民主主義は生き残れるか』岩波書店, 1978年)
March, J. G./Olsen, J. P., *Democratic Governance*, 1995.
Pateman, C., *Participation and Democratic Theory*, 1970.(『参加と民主主義理論』早稲田大学出版部, 1977年)
Pranger, R. J., *The Eclipse of Citizenship*, 1968.(『現代政治における権力と参加』勁草書房, 1972年)
Sartori, G., *Theory of Democracy Revisited*, 1987.
Schumpeter, J. A., *Capitalism, Socialism and Democracy*, 1942.(『資本主義・社会主義・民主主義』東洋経済新報社, 1962年)
Shapiro, I., *The State of Democratic Theory*, 2003.(『民主主義理論の現在』慶應義塾大学出版会, 2010年)
篠原一『討議デモクラシーの挑戦』岩波書店, 2012年.
Walzer, M. (ed.), *Toward a Global Civil Society*, 1995.(『グローバルな市民社会に向かって』日本経済評論社, 2001年)

第2章　民主政治の諸条件

Almond, G. A./Verba, S., *The Civic Culture*, 1963.(『現代市民の政治文化』勁草書房, 1974年)
——, *The Civic Culture Revisited*, 1980.
Dahl, R. A., *Polyarchy*, 1971.(『ポリアーキー』三一書房, 1981年)
——, *A Preface to Economic Democracy*, 1985.(『経済デモクラシー序説』三嶺書房, 1988年)
Friedman, M., *Free to Choose*, 1979.(『選択の自由』日本経済新聞社, 1980年)
Lipset, S. M., *Political Man*.

第3章　民主政治の制度

Duverger, M., "A New Political System Model," *European Journal of Political Research*, 8 (1980).
Grofman, B./Lijphart, A. (eds.), *Electoral Laws and Their Political Consequences*, 1994.
Helms, L., *Presidents, Prime Ministers and Chancellors*, 2005.
Lijphart, A., *Democracy in Plural Societies*, 1977.(『多元社会のデモクラシー』三一

書房，1979 年）
――，*Democracies*, 1984.
――，*Electoral Systems and Party Systems*, 1994.
――，*Patterns of Democracy*, 1999.（『民主主義対民主主義』勁草書房，2005 年）
Linz, J. J., *Crisis, Breakdown, and Reequilibration*.
Linz, J. J./Valenzuela, A.（eds.），*The Failure of Presidential Democracy*, 1994.
Poguntke, Th./Webb, P.（eds.），*The Presidentialization of Politics*, 2005.
Sartori, G., *Comparative Constitutional Engineering*, 2nd ed., 1997.（『比較政治学』早稲田大学出版部，2000 年）

第 4 章　投票行動と政治意識

Berelson, B. R./Lazarsfeld, P. F./McPhee, W. N., *Voting*, 1954.
Burnham, W. D., *Critical Elections and the Mainsprings of American Politics*, 1970.
Campbell, A./Converse, P. E./Miller, W. E./Stokes, D. E., *The American Voter*, 1960.
Fiorina, M. P., *Retrospectice Voting in American National Elections*, 1981.
蒲島郁夫『政治参加』東京大学出版会，1988 年.
Key, V. O., *The Responsible Electorate*, 1966.
小林良彰『現代日本の選挙』東京大学出版会，1991 年.
Lippmann, W., *Public Opinion*.
――，*The Phantom Public*, 1925.
Marcus, G. E./Hanson, R. L.（eds.），*Reconsidering the Democratic Public*, 1993.
Merriam, Ch. E./Gosnell, H. F., *Non-Voting*, 1924.
三宅一郎『投票行動』東京大学出版会，1989 年.
Page, B. I./Shapiro, R. Y., *The Rational Public*, 1992.
Shafer, B. E.（ed.），*The End of Realignment?* 1991.
谷口将紀『現代日本の選挙政治』東京大学出版会，2003 年.
Wallas, G., *Human Nature in Politics*.
――，*The Great Society*, 1914.

第 5 章　政党

Calder, K., *Crisis and Compensation*, 1988.（『自民党長期政権の研究』文藝春秋，1989 年）
Crozier, M./Huntington, S. P./Watanuki, J., *The Crisis of Democracy*, 1975.（『民主主義の統治能力』サイマル出版会，1976 年）
Dodd, L. C., *Coalitions in Parliamentary Government*, 1976.（『連合政権考証』政治広報センター，1977 年）
Duverger, M., *Les Partis Politiques*, 1951.（『政党社会学』潮出版社，1970 年）
Farneti, P., *La democrazia in Italia tra crisi e innovazione*, 1978.（『危機と革新の政治学』東京大学出版会，1984 年）

Inglehart, R., *The Silent Revolution*, 1977.（『静かなる革命』東洋経済新報社，1978年）
岩永健吉郎『西欧の政治社会』東京大学出版会，1977年．
Kam, Ch. J., *Party Discipline and Parliamentary Politics*, 2009.
Katz, R. S./Mair, P., "Changing Models of Party Organization and Party Democracy," *Party Politics*, 1 (1995).
川人貞史『日本の政党政治　1890-1937年』東京大学出版会，1992年．
Kirchheimer, O., "The Transformation of the Western European Party Systems," in: LaPalombara, J./Weiner, M. (eds.), *Political Parties and Political Development*, 1966.
北岡伸一『自民党』読売新聞社，1995年（中央公論新社，2008年）．
Lijphart, A., *Politics of Accomodation*, 1968.
Neumann, S. (ed.), *Modern Political Parties*, 1956.（『政党』みすず書房，1958-61年）
西川知一編『比較政治の分析枠組』ミネルヴァ書房，1986年．
西川知一／河田潤一編『政党派閥』ミネルヴァ書房，1996年．
岡沢憲芙『政党』東京大学出版会，1988年．
Panebianco, A., *Modelli di partico*, 1982.（『政党』ミネルヴァ書房，2005年）
Samuels, D. J./Shugart, M. S., *Presidents, Parties, and Prime Ministers*, 2010.
Sartori, G., *Parties and Party Systems*, 1976.（『現代政党学』早稲田大学出版部，1980年）
佐藤誠三郎／松崎哲久『自民党政権』中央公論社，1986年．
Schumpeter, J. A., *Capitalism, Socialism and Democracy*.
篠原一編『連合政治』岩波書店，1984年．
Toward a More Responsible Two-Party System, 1950.
Webb, P./White, S. (eds.), *Party Politics in New Democracies*, 2007.
Webb, P./Farrell, D./Holliday, I. (eds.), *Political Parties in Advanced Industrial Democracies*, 2002.
Weber, M., *Politik als Beruf*.

第6章　官僚制

Aberbach, J. D./Putnam, R. D./Rockman, B. A., *Bureaucrats and Politicians in Western Democracies*, 1981.
飯尾潤『日本の統治構造』中央公論新社，2007年．
猪口孝／岩井奉信『「族議員」の研究』日本経済新聞社，1987年．
Johnson, Ch., *MITI and the Japanese Miracle*, 1982.（『通産省と日本の奇跡』TBSブリタニカ，1982年）
村松岐夫『戦後日本の官僚制』東洋経済新報社，1981年．
日本経済新聞社編『官僚』日本経済新聞社，1994年．
日本政治学会編『現代日本政官関係の形成過程』（『年報政治学1995』）岩波書店，

1995 年.
西尾勝『行政学』（新版）有斐閣，2001 年.
佐藤誠三郎／松崎哲久『自民党政権』.
新藤宗幸『行政指導』岩波書店，1992 年.
辻清明『新版・日本官僚制の研究』東京大学出版会，1969 年.
内山融／伊藤武／岡山裕編『専門性の政治学』ミネルヴァ書房，2012 年.
山口二郎『大蔵官僚支配の終焉』岩波書店，1987 年.

第 7 章　利益集団

Dahl, R. A., *Dilemmas of Pluralist Democracy*, 1982.
Goldthorpe, J. H. (ed.), *Order and Conflict in Contemporary Capitalism*, 1984.（『収斂の終焉』有信堂，1987 年）
猪口孝『現代日本政治経済の構図』東洋経済新報社，1983 年.
Lehmbruch, G./Schmitter, P. C. (eds.), *Trends toward Corporatist Intermediation*, 1979; *Patterns of Corporatist Policy-Making*, 1982.（『現代コーポラティズム』I・II，木鐸社，1984, 86 年）
村松岐夫／伊藤光利／辻中豊『戦後日本の圧力団体』東洋経済新報社，1986 年.
中野実『現代日本の政策過程』東京大学出版会，1992 年.
大嶽秀夫『現代日本の政治権力経済権力』三一書房，1979 年.
辻中豊『利益集団』東京大学出版会，1988 年.

第 8 章　政治経済体制と民主政治

Berger, S./Dore, R. (eds.), *National Diversity and Global Capitalism*, 1996.
Bremmer, I., *The End of the Free Market*, 2010.（『自由市場の終焉』日本経済新聞出版社，2011 年）
Calder, K. E., *Strategic Capitalism*, 1993.（『戦略的資本主義』日本経済新聞社，1994 年）
Dryzek, J., *Democracy in Capitalist Times*, 1996.
Fallows, J., *More Like Us*, 1989.（『日本封じ込め』TBS ブリタニカ，1989 年）
Gamble, A., *Britain in Decline*, 2nd ed., 1985.（『イギリス衰退 100 年史』みすず書房，1987 年）
Hall, P., *Governing the Economy*, 1986.
Hardt, M./Negri, A., *Empire*, 2000.（『〈帝国〉』以文社，2003 年）
——，*Multitude*, 2004.（『マルチチュード』日本放送出版協会，2005 年）
樋渡展洋『戦後日本の市場と政治』東京大学出版会，1991 年.
Hollingsworth, J. R./Schmitter, P. C./Streeck, W. (eds.), *Governing Capitalist Economies*, 1994.
飯尾潤『民営化の政治過程』東京大学出版会，1993 年.
Johnson, Ch., *MITI and the Japanese Miracle*.

Johnson, S./Kwak, J., *13 Bankers*, 2010.（『国家対巨大銀行』ダイヤモンド社，2011年）
Katzenstein, P. J., *Small States in World Markets*, 1985.
Lash, S./Urry, J., *The End of Organized Capitalism*, 1987.
三谷太一郎『ウォール・ストリートと極東』東京大学出版会，2009年.
Okimoto, D., *Between MITI and the Market*, 1989.（『通産省とハイテク産業』サイマル出版会，1991年）
Olson, M., *The Rise and Decline of Nations*, 1982.（『国家興亡論』PHP研究所，1991年）
Phillips, K., *Politics of Rich and Poor*, 1990.（『富と貧困の政治学』草思社，1992年）
Polanyi, K., *The Great Transformation*, 1957.（『大転換』東洋経済新報社，1975年）
Reich, R., *The Work of Nations*, 1991.（『ザ・ワーク・オブ・ネーションズ』ダイヤモンド社，1991年）
Reinhart, C. M./Rogoff, K. S., *This Time Is Different*, 2009.（『国家は破綻する』日経BP社，2011年）
Sartori, G., *Theory of Democracy Revisited*.
佐々木毅『現代アメリカの自画像』日本放送出版協会，1995年.
――「日本政治と国際金融市場」（佐々木・清水真人編『ゼミナール現代日本政治』日本経済新聞出版社，2011年）.
Sorkin, A. R., *Too Big to Fail*, 2009.（『リーマン・ショック・コンフィデンシャル』早川書房，2010年）
Strange, S., *States and Markets*, 1988.（『国際政治経済学入門』東洋経済新報社，1994年）
――，*The Retreat of the State*, 1996.（『国家の退場』岩波書店，1998年）
Streeck, W., *Social Institutions and Economic Performance*, 1992.
谷口将紀『日本の対米貿易交渉』東京大学出版会，1997年.
内山秀夫／薬師寺泰蔵編『グローバル・デモクラシーの政治世界』有信堂，1997年.
宇野重規『〈私〉時代のデモクラシー』岩波書店，2010年.
Wolferen, K. van, *The Enigma of Japanese Power*.

第9章　エスノポリティクス

Anderson, B., *Imagined Communities*, rev. ed., 1991.（『増補　想像の共同体』NTT出版，1997年，『定本　想像の共同体』書籍工房早山，2007年）
Connolly, W. E., *Identity\Difference*, 1991.（『アイデンティティ＼差異』岩波書店，1998年）
――，*Pluralism*, 2005.（『プルーラリズム』岩波書店，2008年）
Gellner, E., *Nations and Nationalism*, 1983.（『民族とナショナリズム』岩波書店，2000年）

早川誠『政治の隘路』創文社，2001 年．
Huntington, S. P., *The Clash of Civilizations and the Remaking of World Order*, 1996.（『文明の衝突』集英社，1998 年）
Ignatieff, M., *Blood and Belonging*, 1993.（『民族はなぜ殺し合うのか』河出書房新社，1996 年）
Kymlicka, W., *Multicultural Citizenship*, 1995.（『多文化時代の市民権』晃洋書房，1998 年）
Lijphart, A., *Democracy in Plural Societies*.
Minc, A., *La vengeance des nations*, 1990.（『民族の復讐』新評論，1993 年）
Rothschild, J., *Ethnopolitics*, 1981.（『エスノポリティクス』三省堂，1989 年）
Schlesinger, A. M., Jr., *The Disuniting of America*, 1991.（『アメリカの分裂』岩波書店，1992 年）
関根政美『エスニシティの政治社会学』名古屋大学出版会，1994 年．
Taylor, Ch. et al., *Multiculturalism*, 1994.（『マルチカルチュラリズム』岩波書店，1996 年）

第 10 章　政治思潮とイデオロギー

Bell, D., *The Cultural Contradictions of Capitalism*, 1976.（『資本主義の文化的矛盾』講談社，1976-77 年）
千葉真『ラディカル・デモクラシーの地平』新評論，1995 年．
Dewey, J., *Liberalism and Social Action*, 1935.（『自由主義と社会的行動』研究社，1975 年）
Friedman, M., *Free to Choose*.
Fukuyama, F., *The End of History and the Last Man*, 1992.（『歴史の終わり』三笠書房，1992 年）
Gamble, A., *The Spectre at the Feast*, 2009.（『資本主義の妖怪』みすず書房，2009 年）
Giddens, A., *The Third Way*, 1998.（『第三の道』日本経済新聞社，1999 年）
Gilder, G., *Wealth and Poverty*, 1981.（『富と貧困』日本放送出版協会，1981 年）
Hardt, M./Negri, A., *Empire*.
———，*Multitude*.
Hayek, F. A., *The Road to Serfdom*, 1944.（『隷従への道』東京創元社，1954 年）
Ignatieff, M., *Empire Lite*, 2003.（『軽い帝国』風行社，2003 年）
———，*The Lesser Evil*, 2004.（『許される悪はあるのか？』風行社，2011 年）
Kagan, R., *Of Paradise and Power*, 2003.（『ネオコンの論理』光文社，2003 年）
Marshall, T. H., *Citizenship and Social Class*, 1950.（『シティズンシップと社会的階級』法律文化社，1993 年）
Mouffe, C., *The Return of the Political*, 1993.（『政治的なるものの再興』日本経済評論社，1998 年）

Nisbet, R., *Conservatism*, 1986.（『保守主義』昭和堂，1990 年）
Rawls, J., *A Theory of Justice*.
———，*Political Liberalism*, 1993.
Reich, R., *Tales of a New America*, 1987.（『新アメリカ物語』東京新聞出版局，1988 年）
Sandel, M. J., *Liberalism and the Limits of Justice*, 2nd ed., 1998.（『リベラリズムと正義の限界』勁草書房，2009 年）
佐々木毅『現代アメリカの保守主義』岩波書店，1984 年.
———『政治学は何を考えてきたか』筑摩書房，2006 年.
佐々木毅／金泰昌編『公共哲学』全 10 巻，東京大学出版会，2001-2002 年.
豊永郁子『サッチャリズムの世紀』創文社，1998 年.
Walzer, M., *Spheres of Justice*, 1983.（『正義の領分』而立書房，1999 年）